国家古籍整理出版专项经费资助项目

清代徽州乡土文献萃编

李琳琦 主编

新安女行录·新安女史征

[清] 程云鹏◎编撰

[清] 汪洪度◎著

董家魁◎校注

安徽师范大学出版社

图书在版编目(CIP)数据

新安女行录·新安女史征 /(清)程云鹏编撰;(清)汪洪度著;董家魁校注.—芜湖:安徽师范大学出版社,2018.3

(清代徽州乡土文献萃编 / 李琳琦主编)

ISBN 978-7-5676-3481-7

Ⅰ.①新… Ⅱ.①程…②汪…③董… Ⅲ.①女性 – 社会生活 – 徽州地区 – 古代 Ⅳ.①D691.968

中国版本图书馆CIP数据核字(2018)第064432号

国家社科基金重大项目"六百年徽商资料整理与研究"(13&ZD088)阶段性成果
全国高等院校古籍整理研究工作委员会资助项目
文化名家暨"四个一批"人才工程资助项目
安徽师范大学学术著作出版基金资助项目

新安女行录·新安女史征　　[清]程云鹏◎编撰　[清]汪洪度◎著　董家魁◎校注

XINANNÜXINGLU　XINANNÜSHIZHENG

策划编辑:孙新文

责任编辑:胡志恒

装帧设计:任 彤

出版发行:安徽师范大学出版社

　　　　芜湖市九华南路189号安徽师范大学花津校区

网　　址:http://www.ahnupress.com/

发 行 部:0553-3883578 5910327 5910310(传真)

印　　刷:江苏凤凰数码印务有限公司

版　　次:2018年3月第1版

印　　次:2018年3月第1次印刷

规　　格:700 mm × 1000 mm　　1/16

印　　张:14.5

字　　数:255千字

书　　号:ISBN 978-7-5676-3481-7

定　　价:49.80元

校注前言

一、程云鹏及其《新安女行录》之编撰①

《新安女行录》二十卷,为歙县程云鹏所编撰,美国国会图书馆藏清乾隆十五年(1750)刻本。书前有"积学斋徐乃昌藏书"阳文长方形红印,有徽州府知事沈一葵所撰"叙"、江南督学使者胡润所撰"序"、绩溪县知事范龙威所撰"叙"以及凡例、目次,书后有"跋"。是书载文127篇,以传、表(赞)、序(叙)、记、哀辞、诔、跋、书后、墓志铭、墓表(碑、碣)、祭文、行状、纪异等十多种文体,记录了徽州一府六县约350位妇女的事迹,为研究徽州妇女史的重要史料。

程云鹏,字华仲,一字培风,号兮斋、凤雏,别号香梦书生、章堂先生,歙县岩镇樟森塘人,族人多贸迁扬州。程云鹏母亲汪氏,为歙县丛睦汪镜士之女,伯父汪继昌收养为己女。四岁,其母黄宜人教以《女孝经》《闺范》,五岁,伯父考中进士,恰好汪镜士远游,即能以己意授家人作贺书。嫁程琦,平居喜读《左氏传》,有笺注:"左氏失之诬,然其用意与杜诗最近。释其所以然,而诬者正矣。且《公》《榖》纪事异辞,我辈未身历,亦止求其理之是耳。"其兄

① 关于《新安女行录》的研究,所见成果主要有2篇论文:童岳敏《美国国会图书馆藏〈新安女行录〉述略》(《安庆师范学院学报(社会科学版)》2016年第6期),认为:"美国国会图书馆馆藏《新安女行录》以文体归类,不仅详细地记载了徽州节烈女性抚孤、守节等彝伦懿行的生活侧面,反映了地域伦理秩序与宗族的建构,也折射出时代的风云遽变及文化思潮,具有相当的史学价值与文化意义。此书作者程云鹏善文,吴宽对其文脉详加圈点批注,这也是进一步研究史传文学传统在徽郡传衍的重要依据。"赵敏《美国国会图书馆藏孤本〈新安女行录〉》(《图书馆杂志》网络出版时间:2017-05-03 06:44:32),指出:"《新安女行录》二十卷,仅见美国国会图书馆收藏,属孤本。作者程云鹏,清代歙县人,江夏籍,关心时务,喜游历,有文名。他以二三十年搜集、整理之功,撰成此书,收录一百二十余篇文章,记载了数百位明清徽州女性的事迹。此书只有乾隆十五年刻本,受文字狱的影响,刻成后有剜改,以致有不少阙文。作为集中记载新安女性的专门著述,该书保存了丰富的徽州风俗史料和大量女性社会生活资料,是进一步研究徽州妇女问题的重要参考文献。"

汪梅坡赞赏有加,为赋诗以见意。惜年四十六因病而亡,以孝称于乡间。仅生云鹏一子。云鹏后居汉上,补江夏博士弟子员,娶岩镇潘氏,识书达理,孝事舅姑,年二十六,以积瘁哀毁而亡。妾童英,汪氏授以《春秋》,善吟咏,亦能武,年二十二以病亡。而程云鹏之三男二女皆夭折于惊与痘。程云鹏伤痛之余,弃儒学医,阅家藏医书1790卷,昼诵夜思,遂通医术。著有《灵素微言》《脉覆》《医人传》《伤寒答问》《医贯别裁》《种嗣玄机》等,仅《慈幼筏》(又名《慈幼新书》)十二卷存世,为门人成聘所梓行。张希良于清康熙五十年(1711)为之所作的序中写道:"昔宁都魏丈冰叔谓凤雏之医,神动变化,大似武侯用兵。凤雏闻之曰:'武侯,吾岂敢?吾师邓禹耳。邓禹有言:吾将百万兵,攻城陷阵,未尝妄杀一人。'"可知程云鹏医术之高明。张希良又说:"凤雏受知蒋慎斋先生,称吾楚文章巨子。自余司铎江夏时,故心识之矣。后稍稍接见,乃知凤雏非特能文章,其胸中浩荡之气,实将空当世一切之所有,医事其一端已。"程云鹏喜谈治国方略,精通天体学说中的宣夜说,即认为所谓的"天",是无边无涯的气体,日月星辰就在气体中飘浮游动,著有《简平仪》;通河工、兵学,考察淮河,撰成《河务心书》,被猾吏抢去易换书名后献给河督。单骑出塞外,至黄河之源,将其诗作合为《北征草》。重修元代休宁县陈栎《新安大族志》为十卷,撰《士行录》未成而终。

徽州为程朱故里,受理学思想影响深厚,而女子于节操尤为看重。并且徽州地处万山之中,即丰收年份,所产粮食不够敷用,男丁多从事商贾,或游学做官,女子在家侍奉舅姑,照顾儿女,胡适曾说过"一世夫妻三年半,十年夫妻九年空",即为真实写照。当丈夫不幸死亡,妇女悲痛之下,殉烈相随,时常发生;但更多的是默默地承担起家庭重任,赡养老幼,其家庭贫穷者,以十指做针线供奉堂上、抚养儿女,自己则饥肠辛劳,其苦楚实难以言说。故徽州女子的节烈行为,比于他地尤多。雍正元年(1723),两江总督表奏所属贞女节妇有245人,其中安徽91人,歙县一地即有26人,而郡邑给额旌门的,几乎比屋可封。程云鹏的女儿守节茹苦养育二子吴宁、吴宽,俱以文学显世;女儿的祖姑吴母方安人守节孝养舅姑;程云鹏媳妇的姑姑蒋母汪氏守节养子,而程云鹏的母亲、妻子以及妾童英,又是女性中的佼佼者,这些足让程云鹏感慨良多。雍正元年谕旨:"恩诏内开旌表节义,乃彰善大典。每见直省地方有力之家,尚能上达,而乡村贫婆之人,则多湮灭无闻。著该督抚学臣及有司遍加采访,务使苦寒守节之家,同沾恩泽。至节妇年逾四十而身故,计其守节已历十五载以上者,亦应酌量旌奖,遵旨议定。"二年,恩诏下达各乡村,各地建祠立坊,堪为千载盛事。司马迁曾说:"闾巷之人,欲砥行立名者,非附青云之士,恶能施于后世?"程云鹏认为青云之士,即所谓的不在位而能立言传世者。而程云鹏恰巧晚年在歙县老家为守先人庐墓,专注于著述文章,至是,四方前来乞文者颇多。

程云鹏根据传闻、请托以及家谱等资料撰写《新安女行录》,恐传闻等与事实不符,必定亲自过其地核实情况,以为县、郡、省志以及国史备用,并向徽州府六县发出公告,其中凡例中说道:"穷谷病叟,身享太平,思报国恩,独惟文章。予未知者,祈六邑同志诸公矜悯潜德,各摭所闻见或家乘传状,或核实懿美,详悉邮寄歙西岩镇本家庆源堂撰论付梓,梓成列叙台衔,以彰扬挖风化之功。"古代女子所行,大都为闺门细事,如果叙述平淡,很难引起人家的兴趣,故"繁处略,简处详,变化不离其宗",而且"辞不敢溢,欲传信也;不徇俗,欲传远也;称名不称字,备史局采也"。其"题跋书后,或畅发人事之当然,或托物比兴,以显其人、传其事,总归于扬挖风化,鼓舞彝伦"。《新安女行录》几乎每篇文章后皆有点评议论,就其人物事迹,或文章风采,或舒发感慨。歙县岑山渡程鉴字夔州、程梦星字午桥,临河程襄龙字夔侣,莘墟吴瞻泰、吴瞻淇,以及程鸣字友声,休宁吴启元字青霞等名流及其门人王炳、舒桂芳、成聘等以及亲友郑胄周、汪虞声、方典麓、程翼山等皆在文末作有点评,称赞程云鹏行文"或奇峰高插云霄","或垒石嵯峨","或长江万里","或曲涧潆洄","或周诰殷盘","或葳蕤驳沓",每每让人称奇,脱胎于司马迁之人物传记,颇让阅读者一洗耳目。《新安女行录》内守节者甘其茶苦,贞烈者矢死靡他,皆缘情而起义,引人入胜,颇有可读可传性。八年,程云鹏卒,《新安女行录》亦已完稿,然并未出版。二十年之后的乾隆十五年(1750),其外孙吴宽为之作跋并付梓传世。

《新安女行录》内有缺文缺页现象比较严重,如卷十四《节孝坊题名记》有贴纸云"此处缺字,因无他本,无法补写",当是收藏者所为。又卷十九《公祭许节母文》从正文内容来看,原页十一最后一行为"至阅六十余年,始得见",而次页"掷毒灰四射,人人皮肉痛烂逃去。英计缠头所得,足偿吴鸩"与前页内容毫不相符,应该是记载程云鹏之妾童英的事情,而目录《公祭许节母文》之后即为《懿孝程孺人行状》,又无关童英之目录。又卷七《程门列女内传》、卷十《奇节徐氏、许氏传》、卷十二《汪烈妇传叙》、卷二十《贫婆传》皆有缺文。

二、汪洪度及其《新安女史征》之著述

《新安女史征》不分卷，清代歙县千秋里汪洪度著，陈鹏年、汪绎、汪树琪作序。是书载文46篇，记录了徽州约60位列女的事迹。该书于清康熙四十五年（1706）刊刻出版，其后毁于火。乾隆三十七年（1772），其侄孙汪淳修号默人重刻并序，另增有淮南阮学浚一篇序。此次重刻，《节孝吴母传》没有收入，另外《柏颂》最后一段为程翼所识亦未收入。今校注以乾隆版为底本，参照康熙版，将未曾收入者按序补入。《新安女史征》每篇文章风格不相雷同，并且文后皆有点评，如对人物事迹的看法，以及文章精彩的评论，言其"庐陵衣钵，当于神髓中求之"，"奇人奇事，非借奇文不传"，"得班马三昧"，"深雄雅健"，"辞得九歌之髓"等，点评者有吴瞻泰字东岩、宁都魏禧、孙枝蔚字豹人、歙县仇兆鳌、汪懋麟号蛟门、施璜字虹玉、鲍寀字虞师、程喈字修驭、黄冈杜于皇、梅庚号雪坪、王士祯号阮亭、汪应铨号默林等，皆为名流。

汪洪度，字于鼎，号息庐，又号黄萝，千秋里（今松明山）人，汪道昆曾孙。出生于清顺治三年（1646），与弟汪洋渡俱以诗文见知于王士祯，称为"松山二汪"，曾为其编定全集，对其中的诗篇颇为赏识。其诗文多反映现实生活，挖掘深厚，描景状物，以形象感人，隐见情思，含有深意。沈德潜认为有些诗"愁惨之音，几不忍读"。早年得交浙江、许楚、程守等遗民，崇敬抗清殉难的金声、江天一等徽州先贤，加上性耽山水，不乐仕进，终身不入仕途。亦常游金陵、扬州间，与方以智、吴嘉纪、屈大均等友善。清康熙年间，歙县县令靳治荆修县志，延请汪洪度编撰山水志。著有《息庐集》六卷、《新安女史征》不分卷、《黄山领要录》二卷等。

《新安女史征》以重修唐代章氏二孝女庙疏开篇，认为章氏二孝女搏虎救母，开新安列女风化之先，此后，"历唐宋以迄于今，列女之名载国史列志乘者百千余人"，皆赖其力。一般来说，史家叙传，例得其先人，故《新安女史征》以汪洪度分别为其嫡母、庶母、生母作传殿后。汪洪度嫡母程氏，歙西牌边人，归汪子喻后，因子喻长年业盐广陵，大母喜爱家乡田园风光，又舍不得嫡母离开，于是留在歙县侍奉大母。子喻在广陵居数载后，复娶洪度之庶母苏氏，大梁人，居广陵。幼读书，知大体，秉家政。子喻重病几不能活，庶母见医药无功，于是割臂和药以进。当是时，庶母才生下女儿未满月，因割臂痛绝昏晕而殁。陈继儒以"义烈"谥之，并题其像赞，为作传记。庶母生有二

子:汪鉴、汪钰。庶母亡后,汪鉴十五岁,汪钰十三岁,皆归歙县由嫡母抚养。汪子喻复娶洪度之生母袁氏。袁氏为歙县人,三岁时父母俱卒,姚思孝继母为其大姨,作为女儿抚养,居广陵。袁氏性通敏,善书算,归汪子喻后,能佐其贸易,岁时祭祀,宾友馈遗,丰约适宜,生洪度、洋度两子。因姚思孝有"身名为重,富贵可轻"之名言,袁氏平时皆以以八字训戒洪度、洋度兄弟,又令兄弟两人时常来往外祖父之家,"凡进退周旋、宴飨服饰,以及书法名画、彝鼎琴樽,悉令浸淫浃洽于心"(《新安女行录·先生姚状附》),后因生病误医而亡。汪洪度、洋度亦归至歙县,由嫡母教育成人,随父亲汪子喻隐居黄山炼丹峰,读书其中,并以书画自娱。汪子喻去世后,汪洪度竭力侍养嫡母四十年如一日,毫不怠慢,人称为"孝子"。

　　千秋里汪氏世有妇德,称闺范者,必归之其家,可以说家族女性的事迹对汪洪度撰写《新安女史征》的影响是极大的。汪道昆曾作《七烈传》收入《太函集》,载其同宗之女或妇7人在三十年间殉夫而亡之事。汪洪度《新安女史征》则分别为其伯母、叔母、堂嫂5人守节、孝养、割臂、义烈等事迹作传等。汪洪度的堂嫂汪瑶光之妇歙县棠樾鲍孚誉次女,十七岁夫亡,守节六十年,抚养孤子甫嵩,曲事祖姑与舅姑,名载《通志》与郡县志,入节孝祠。洪度另一堂嫂吴安人,出溪南望族,归嵩如。嵩如经商广陵,时郡寇乱,村人走避山谷,会舅病剧,无从问医,堂嫂割左臂以进,病遂获愈。堂兄归后得知,喜称其肉为返魂丹。堂兄后以暴疾亡,堂嫂复割右臂肉以荐灵。王士禛为作割肉诗以颂之。汪洪度大叔母歙县江村江世济之女,十八岁归汪道昆堂弟汪道宏之子汪士熊。士熊师从李维祯,不幸以苦读劳瘵而亡,大叔母时年二十二岁,于是毁容断发,不出闺门,守节六十二年。死之日,会葬者数百千人。汪洪度伯母西溪南吴士立之女,十六岁归汪国政,不一年,国政即世,遗孤宏嗣三月,不久,舅姑相继去逝。家故饶,族中有觊觎其产者与之构讼,而产业渐削。不久遭遇明代天启年间吴养春黄山木植大案,被人诬陷。为了绵延后嗣,伯母送宏嗣剃发于寺院,自己则回到母家,将家业置于不顾不问。事平后,归来发奋教育儿子,家道复兴。汪洪度堂叔母闵孺人与堂叔汪先明居扬州,生二子,清顺治二年四月,扬州被清兵屠城,以不受辱而与清兵殊死争斗,被杀而亡。

三、两种文献的写作风格与价值

汪洪度卒于康熙六十一年,所著《新安女史征》刊刻于康熙四十五年,据说莘墟吴瞻泰字东岩、吴瞻淇字漪堂伯仲欲刻《新安列女传》,汪洪度遂出平日著述中有关女德者出以应之,命之《新安女史征》,得以刊刻传世。程云鹏《新安女行录》从雍正二年开始撰写,与《新安女史征》的出版仅相差18年,两书虽然存在着数篇相同人物事迹的文章,然而风格写法却是各有千秋。比如明崇祯十七年(1644)休宁汪伟自缢殉国,其夫人耿氏同死,汪洪度作《书耿夫人死难事后》,认为《国变录》所载的汪伟与夫人自缢时,耿夫人突然觉察到两人左右位置不对,虽然处在颠沛之际,但不可失了夫妇之序,于是从容解帛易位而死,为天下人所称述,而太仓张采、曾五典所纪的耿夫人入室自缢死,汪伟知其已死后,关门自经,虽然平凡,却是真实可信。张采与汪伟同年进士,而曾五典为汪伟崇祯十六年(1643)癸未科所得进士,其言信而有征,却没有说到易左易右之事,可见易位之事为好事者所杜撰。程云鹏作《耿夫人殉难传》,即以易位之事简略叙之,并予以评论,认为天倾地坼之际,妇人殉义亦不失礼节,如此从容,岂是一时的义奋?必然素来如此。另相同人物事迹的文章有:顺治十六年(1659),徽州东山营唐士奇叛掠村舍,在潭度获得绿衣女,绿衣女奇烈不从,死于刃下,汪洪度作《绿衣女墓碑》,程云鹏作《绿衣女传》。又冬梅为歙县许世达使女,许世达死时,其儿子仅二岁。不久,其妻重病临死之际,将孤儿托付给冬梅,是时,冬梅年仅十三。冬梅为了养孤绵衍宗祀,终身未嫁。汪洪度作《义女谥议》,程云鹏作《冬梅传》。罗田方以仁继妻黄氏,明经史,善属文,其夫卒于嘉禾,黄氏扶棺载鹤而归,营二圹后服鹤顶之血而死。鹤绕尸数日,亦不食而死,汪洪度为作《鹤冢铭》,而程云鹏作《黄烈君传》。歙东源洪家彦女适潜口汪士升长子汪祥麟,康熙十七年(1678)祥麟病亡,洪氏不食绝粒殉烈,康熙四十五年,祥麟之弟梦麟乞汪洪度作《汪烈妇洪氏传》。雍正四年,程云鹏正在编著《女行录》,梦麟复求其作传。

汪洪度《新安女史征》与程云鹏《新安女行录》所叙虽为闺门之事,却不乏历史事件,有着补史之作用。汪洪度在《先生姊状》中写道:"岁除日给国子生妻花粉,相传高皇后所遗。生姊受之,即驰寄先姊。"关于发放国子生花粉的来历,汪洪度的孙女婿在跋中提道:故老相传,明太祖朱元璋与帝后于冬至夜诣郊坛，经国子监，有诸生仰头张望。朱元璋怒，将置于法。帝后说："彼国子乎？我国母也。安有子不见母者哉？"于是定下送国子监学生妻花粉之例。并说道，此事可补国史之遗缺。清顺治二年，扬州城被清兵攻破，程云鹏从伯程宇死于兵，程宇之妻与女儿自缢，长子程清奋击抵抗被害，仅次子程汲坠城下乱尸中得免；呈坎罗仁美继室李氏率13人自焚于扬州新城，方苞为表其墓。而汪洪度的叔母闵孺人亦死烈于此时。虽然当时幸存者王秀楚撰有《扬州十日》，以及计六奇等人的有关书籍，因文字狱的盛行，清末之前大部分人对屠杀之事一无所知。而汪洪度与程云鹏两人作品中皆有所叙及，并且汪洪度所撰的《叔母闵孺人家传》中诉及清兵屠城之事，"戮丁男，掠妇子"，且公然有"闻昔城破，同日死者八十余万人"之言，这在当时深为避讳，却写得惊天动地，不愧为良史直笔。顺治十六年，徽州东山营游兵唐士奇叛乱，劫掠村舍，婺源、黟县、休宁皆进行抵御，不得犯，郡城亦攻不克，占据潭渡，有绿衣女不屈而亡，乡村皆受兵灾，程云鹏母亲等人亲历其事；又康熙五十七年（1718）六月二十五日夜，歙县、绩溪、宣城等地水灾，横尸遍沟港，皆可作为史实事件的互证。

　　整体而言，目前学术界对徽学研究主要利用了徽州文书、徽州方志、徽州家谱以及明清以来的文集资料等，而对于土生土长的徽州人所辑录的有关徽州地方见闻、典型人物的文献资料利用甚少。《新安女行录·新安女史征》无疑为我们通过徽州人之眼来观察徽州基层社会提供了丰富而生动的第一手资料。此书的整理出版将有助于徽学研究者"眼光向下"，进一步深化对传统徽州宗族、徽州基层社会尤其是徽州女性的微观认识。

四、校注说明

　　（一）《新安女行录》二十卷，清代安徽歙县程云鹏编撰。美国国会图书馆藏清乾隆十五年（1750）刻本，未见有其他版本，本次校注以此为底本。《新安女史征》不分卷，清代歙县汪洪度著。清康熙四十五年（1706）初刊，乾隆三十七年（1772）重刻，本次校注以乾隆版为底本。

　　（二）原文献中存在异体字、生造字、别字、俗字、错字及漏字等情况，校注时一律改正，于文中直接改为常用字，必要时采取页下注释的方式加以解释纠正；而对于字迹漫漶不清者，尽可能查证史籍予以补充完善，不能补充者以□代之。

（三）原文献中"己""已""巳"三字互相错用现象较为普遍，在校注中根据其正确意思而径直改正，不再特别说明。

（四）对于原文献中所加小字内容，疑为后人之评论或注释文字，有其一定价值。为保持原文风貌，本次校注时一并保留，并在页下作"原注"处理，以与今注相区别。

（五）原文献中有大量的生僻字和词，还有一些历史人物和典故等，本次校注尽可能查找其正确的释义，以页下注释的形式标注出来。

（六）本次校注一律采用简化字作标点断句、文字录入、注释和排版，并按现行行文规范进行合理分段，方便读者阅读和利用。

总 目 次

新安女行录

[清]程云鹏 编撰　董家魁 校注

叙

知徽州府事　沈一揆　誤

從來制作之難矣如史傳蓋所傳聞異辭非
博觀不足以細其事非至察不足以審其訛
非無私心而言不苟不足以信今而傳後三
者備而才華或不足以副之難稱官野史人
所不傳然而作者司馬班范之名布必得
王侯將相豐功偉烈而書之始覆展其所長

《新安女行录》书影一（清乾隆十五年刻本，美国国会图书馆藏）

歙縣萃仲氏程雲鵬編撰、

誥贈貞烈吳恭人傳

誥贈貞烈吳恭人者、

誥贈朝議大夫從伯宇公之配分守保定道從兄

汲之母也僑居揚州會乙酉揚州變作城破朝

議死於兵長子涑奮擊兵磚石同被害汲年十

四兵追之及及肩墜城下亂屍中得免恭人携

一

《新安女行录》书影二（清乾隆十五年刻本，美国国会图书馆藏）

叙

知徽州府事　沈一葵　撰

从来制作之难，莫如史传。盖所传闻异辞，非博观不足以绅①其事，非至察不足以审其讹，非无私心而言不苟不足以信今而传后，三者备而才华或不足以副之，虽稗官野史亦所不传。然而作者□司马班范之名，亦必得王侯将相丰功伟烈而书之，始获展其所长而舒其志气。若夫乡间猥屑、妇人女子，或自经沟渎，或守志守孤，不过闺房细行，间一为之，则黄绢幼妇之辞亦何难驰骋而树乎风声，乃同止一家人行而书之至数百余篇，各呈花样而鲜妍可喜，不至为陈饭涂羹为人憎恶者，固属难能也。

新安故多女行，奉圣天子奖励，岁有旌扬，而穷乡僻壤采录未尽者，程生云鹏编入《女行录》中。或已经题请，而其人懿行不得悉列条奏，亦皆拾遗撰著，以为其人家乘荣褒里巷程法。程生寄籍楚之江夏，终鲜兄弟，故归而守先人墓庐，不但以疾辞乎挨选，闻近推举贤良，亦谦让不敢以年力任受。兹且选言录行标序盛德，或有传闻，或由请托，必袖米徒步履其境地而核实以书，否则宁阙而不录。

呜呼！史之为任，弥沦一代，负海内之贵，而才之所及，又不在丰功伟烈，而始得展其所长。惜哉！穷老荒山，不见尚书之给笔札耳。程生载拜曰："生不及事吾亲，推吾亲之志而发幽光于潜德，吾愿足矣，他何慕焉？"予因喜程生之锡类，特书以为徽郡仁人孝子劝也。

---

① 绅：抽引，理出丝缕的头绪。

序

江南督学使者 胡润 撰

予与兮斋程子同籍武昌,幼偕研席,程子殚精古文,久膺岁荐,每谦益自下,曾推选新田,遽称疾,且让贫友。常谓:"国家恩举,唯文章可报。"及余释褐,视学新安,晤程子于紫阳,则学益邃,著书日益繁,因出《女行录》,命予序其指意。予既奉简命采风斯土,得瞻程朱之阙里,衣冠俎豆历数百年,依然^①见旧时山月也。圣天子俯念^②闾阎^③,采夫节烈贤孝,建坊立祠,光被海内,无隐不彰。新安奉程朱之遗教,人人自奋于春风化雨中,虽天子有逐年汇题之命,乃空山穷壤,犹或暂遗。程子广为搜缉,各著篇章,运嘉谟于笔底,发潜德之幽光,足令浩荡。麻为之芷,而兴行有自。猗欤盛矣! 程子具修为之才而性多懒癖,最恹林泉,然而一饭不忘君德,故所撰述多能辅翼圣明,他日编之国史而颂美夫恺悌,则遐不作人之誉,岂独新安之荣幸哉? 程子之功名,方且传诸奕祀如君家两夫子,岂予所可企及哉?

---

① 然:原文为"肰",古同"然"。

② 俯念:敬语。顾念。俯:原文为"俛",同"俯"。

③ 闾阎:里巷内外的门,后多借指里巷。此处泛指民间。

叙①

知绩溪县事　范龙威 撰

新安多佳山水,其崭峭而激越者蕴涵磅礴,灵淑所钟,每多忠孝、贞廉、节烈。自矢足以撑持宇宙,扶植伦常者出乎其间。如前明绩邑少保胡公襄懋,忠节功勋,卓卓可纪,余家海隅世食其德。自辛丑承乏来宰兹土,既肃事,即具溪毛祀胡公家庙。明年,胡门复有章氏徇烈,乃率同官亲为祭奠,然恐无以扬之,则其德不显,无以传之,则其实易湮,复为叙诸诗歌以行于世。迄今五年,政事之暇,每乐广搜闾阎节义,求一能文者采而辑之,风示来兹而未逮也。

今圣天子下诏求民间之善行可录者概施旌奖,扬清激浊,恩至渥矣。特以淑媛励节、贞女盟心,往往匿迹于蓬户,非惟地处隔绝,壅于天听,即有好古之士闻见无征,末由纪载,抑亦阙有成书。盖行之难,言之者尤难也。

嗟夫!闺门为风化之端,妇道为伦常之重,世之阃内苟②婴未经褒表,有司廉察,上请建坊立祠,得邀巨典者,盖百不获一。而贞心亮节不求闻达,或后嗣式微,湮郁而不彰者,不知凡几,皆将抑塞于荒墟寂历之中,与草木同腐,是可慨也。

歙邑岁进士华仲程先生沉酣古学,具一代史才,为《新安女行录》,凡所传述莫不显微阐幽,征所信从。余因而绎之,见夫柏舟誓于艰难之秋,藐孤托于属纩之际,虽屡焉巾帼,莫不根诸至性,确然强③立不回,有非外物所能夺者,卒之果无憾于所天。此在士君子读书明道,求其遗大投艰初终一致,犹或难之,而新安闺壶名节比肩接踵,人物之盛为何如哉?夫而后得先生之文而上达,则上不负朝廷之盛典,而下亦不患节义之沦没,况先生方且采士行而表录之,岂第为新安文献纪纲之重,而扶植经常,仰承圣化,鼓励人伦,将于是乎在矣,遂不禁喜而为之叙。

---

①该"叙"原在"凡例、目次"之后,现根据行文需要调至此处。

②苟:原文为"茍",应为"苟"。

③强:原文为"彊",同"强"。

后　序

外大父章堂先生著《女行录》成，客有问予小子曰："文贵一体，昔之《列女传》何其简且实，今则泛滥衍溢，不拘一格。或奇峰高插云霄，舟行数日犹若天际；或垒石嵯峨，一拳具足；或长江万里，奔流赴海，而沐日浴月，山林杳冥；或曲涧潆洄，仅容杯渡；或周诰殷盘，蛟螭班驳，而佶屈嗷牙；或葳蕤①驳遝②，竹肉纷飘，拊盆扣铃，顿忘钟鼓。今天下肉眼多，明眼少；堂下人多，堂上人少，得毋讥是书徒费精神而烦学者迷失故步乎？"嗟夫！客不可谓不知予大父之文也！

外大父周游晚归，每窃叹未谢尘事，不能涵咏道德，极文章之旨趣。四方乞文踵至，念其欲表先世出于诚孝，而恭值圣明，廉察衡茅，思报国恩，殚心著述。然世之为女子者，虽有贤孝节烈、贞静婉嬺③之德，卒不过门内之行，非若士大夫有勋名事迹暴见于天下，后世可以大书特书，故古人仅附数语于其夫之志状中，未尝有专传赞论也。果徒称列善行，人人所同，如市廛剂簿，何以行远而为乡愚所兴起发愤以求？至乎其途，不得不别其体制，推其义类，或平衍数语，曲尽低徊；或高睨大谈，倾波倒峡，一洗阅者之耳目。正如五百罗汉日与天龙神鬼相告语，自鼓自钟自呗诵，奋然自得；又如千佛胚胎，浮光熻耀变现而成伟丈夫，其母一乳，众皆具足饱满。盖予外大父尝爱先世太史迁，迁之书人文相见之书也。用此发舒其贤节孝烈、贞静婉嬺之德于人文相见之书，其人之名姓岂不与日月争光乎？国家之不废乎外史④臣也如此。此予小子所以因客言而敬述之。

时雍正上章阉茂月应仲吕葵生之爽曙外孙吴道宁百拜书。

---

①葳蕤：草木茂盛枝叶下垂貌。

②驳遝：亦作"驳踏""驳沓"。连续不断。引申为盛多貌。

③嬺：古同"昵"。亲近。

④外史：古代官名。掌管宣布京畿以外地区的王令、四方地志等。《周礼·春官·大宗伯》："外史，掌书外令，掌四方之志，掌三皇五帝之书。"[宋]陈亮《三国纪年序》："自当时之诸侯，国各有史，一言一动，罔不毕载。故四方之志，外史掌之。"[清]黄遵宪《三哀诗》："我已外史达，人实高阁置。"

凡　例

　　新安称闺门邹鲁，郡志载四百余人，录入名贤文集、诗篇传述者指不胜屈，郡邑给额旌门，几于比屋可封。今上雍正二年，恩诏遍廉田野，立祠建坊，千载隆遇。然或子孙力未及于呈请，或当事因繁而滞①格，固有幸不幸存焉矣。兹以予所知者，纂录成编，务使幽贞显著于世而采风者应易上闻，且各附其本家支谱之内，永堪百世。虽既奉旌表，何妨文章并传贤子孙，必无觉觉②。

　　刘中垒《列女传》分母仪、贤明、仁智、贞顺、节义、辩通六科，近世旌例仅登节烈。是集尽载诸淑德，其文或传或赞，或志、铭、诔、状、墓、表、堂记、寿叙、祭章及杂作小纪，有一端可表见，皆为撰录。

　　是书备国史采用，故只列家讳，不叙亲族，以示大公。唯称孺人③，以从乡俗。

　　太史公曰：闾巷之人，欲砥行立名者，非附青云之士，恶能施于后世。青云士谓不在位而能立言传世者。习俗移人，一二素封家乞求宦达，伪作炫堂谀墓，识者比于辱亲。是集固杨子云之太玄也，未肯阑入。

　　是集专载本郡，其直省他郡女行另载拙著文集，与士大夫纪传共传，兹不录。

　　穷谷病叟，身享太平，思报国恩，独惟文章。予未知者，祈六邑同志诸公

----

①滞：原文为"蹛"，同"滞"。停滞；屯积。

②原注："音永永，重视不见貌。"

③孺人：古代称大夫的妻子，唐代称王的妾，宋代用为通直郎等官员的母亲或妻子的封号，明清则为七品官的母亲或妻子的封号。亦通用为妇人的尊称。《礼记·曲礼下》："天子之妃曰后，诸侯曰夫人，大夫曰孺人，士曰妇人，庶人曰妻。"《旧唐书·后妃传下·睿宗肃明皇后刘氏》："仪凤中，睿宗居藩，纳后为孺人，寻立为妃。"《资治通鉴·唐玄宗天宝十一载》："棣王琰有二孺人，争宠。"胡三省注："唐制，县王有孺人二人，视正五品。"旧时对妻的通称。[南朝梁]江淹《恨赋》："左对孺人，顾弄稚子。"[唐]储光羲《田家杂兴》诗之八："孺人喜逢迎，稚子解趋走。"[宋]梅尧臣《岁日旅泊家人相与为寿》诗："孺人相庆拜，共坐列杯盘。"

矜悯潜德,各摭所闻见或家乘传状,或核实懿美,详悉邮寄歙西岩镇本家庆源堂撰论付梓,梓成列叙台衔,以彰扬挖风化之功。

文章万变而不可穷,莫如传。左、公、谷传《春秋》,或一事,或一人,太史公别而世家本纪,其实皆传也。四子皆驰骋乎文,唯班、范、庐陵,华实并具。然闺中人多庸行,若沾沾平叙,蜡言尔。繁处略,简处详,变化不离其宗。辞不敢溢,欲传信也;不徇俗,欲传远也;称名不称字,备史局采也。赞、诔、志、状、碑、表亦然。至记、序二体,逮及题跋书后,或畅发人事之当然,或托物比兴,以显其人、传其事,总归于扬挖风化,鼓舞彝伦。倘非母仪妇行足法,虽哀辞祭章,亦不苟作。①

---

① 此段文字的前面原有"《新安女行录》目次",依次为卷一至卷十"传",卷十一"表、赞",卷十二至卷十三"序",卷十四至卷十五"记",卷十六"哀辞、诔、跋、书后",卷十七"墓志铭",卷十八"墓表、碑、碣",卷十九"祭文、行状",卷二十"纪异"。因考虑到与校注者整理的本书详细目录重复,故此处作删除处理。

目　录

目

录

目

录

卷　一

旌节许母传

雍正元年，今上即位，仁政行而万物各得其所。于是闾阎细行无不被沐恩波，而文王之泽先施嫠妇。江南督部臣查弼讷等奉旨协题贞女节妇二百四十五人，内安徽所属九十一人，歙县二十六人。维时许节母吴氏实获首举，天子敕建坊祠祀，以示褒劝。草莽臣程云鹏撮其行而传之曰：

节母姓吴氏，澄溪吴汝翼女，以孝称于家庭。及妇唐模许昌贞，入门而姑病在寝，即解装入侍汤药。姑卒，又竭力奉继姑，事八十祖姑，咸如姑，无少懈。是时，昌贞殁，节母年二十，遗孤甫月余，桲椸①簟席②之间，哀怀蹙蹙，而姑前莫敢戚容。及励节二十三年，服斩衰丧四，齐衰期丧二，劳瘁疲荣③，呕血陨身。且夫公甫文伯之母、孟子之母善教其子，而共姜以柏舟特传，然孟子成大儒，祗母教于童子，则孟母为嫠妇可知。而宋儒和靖氏亦成于母教。许节母不假姑息，教其子起昆。起昆饩④学宫，负文誉，节母督以醇儒之道，曰："尔读书须上不负国家培养，下不辱尔先人，吾死何恨？"其言闻于学舍，故新恩及而诸生、掾吏、三老奔走吁请毋或缓，为天子所褒嘉。

呜呼！节母率先群妇，固以敬姜、孟母、尹母自矢，而起昆依松柏余休恣稽古，力将不阶浮云而建方来阀阅，其勿忘母氏言哉。

鲍东皋曰：浑朴坚栗，此昌黎蓁训诰之文，其波澜呼应皆不露锋颖，想

①桲椸：挂衣用的竿架。《礼记·内则》："男女不同椸枷，不敢县于夫之桲椸。"郑玄注："竿谓之椸。桲，杙也。"

②簟席：竹席。《礼记·丧大记》："大敛于阼，君以簟席，大夫以蒲席，士以苇席。"陈澔集说："簟席，竹席也。"

③荣：疲困的样子。

④饩：即食饩，明清时经考试取得廪生资格的生员享受廪膳补贴。

作者胸中必有毁之而喜、誉之而忧之意。

贞烈汪大姑传

江宁诸生陈梦鹤，侍御菁之子也。侍御以廉洁风义称于朝，故贫于其家①。梦鹤为子式玠议婚，欲得如古淑女者②，媒氏难之，闻国学汪龄女贤，因进缟赤绳。

汪，歙之富川人，籍于江宁，其女今所称贞烈汪大姑，部使者上闻者也③。大姑端静纯慧，得父母弟妹欢。好读书，于女史、列女传反复详味，会心处，手为诠释。有不慊，设自为身处地境而引类推求④。及父母缔陈盟，即弃谢铅华绮绣之饰，知不可以点清白吏也。式玠病，大姑忧形于色，暗焚香吁天⑤曰："彼清白吏，宜昌厥后，某虽未成妇，其身可代也。"父母窃闻之。玠讣至，戒家人勿言，遣女弟与同起居。大姑心动，或征之梦寐，泣数行下，语侍姬曰："我梦非幻，倘婿不测，我岂独生？幸以我所诠释书为殉⑥。"自是家人益逾防。间月，母往祝族姑寿，大姑扃阁私讯小婢子⑦得实，乃忍泣向先祖神主前焚香叩拜。抵暮母归，强颜迎侍如常。是夜，□自□□扬天子之休命⑧。

□□□曰：寒家进□□□□□得佳婿，极力表扬，此文据三党立言，允符圣天子采访贫苦□意，格局最高，□空□者。

贞烈吴孺人朱氏传

康熙乙亥，岩镇潘廷谏妻罗氏殉烈，大司成鳞潭吴公率绅士临圹祭奠，远迩妇人咸感激砥砺。越三十五年雍正己酉，司成公曾孙宣来以疾亡，配朱

---

① 原注："提陈在前，则大姑之为淑女易见，廉洁风义正为贞烈作波。"
② 原注："立案。"
③ 原注："提明书法。"
④ 原注："一句为殉身张本。"
⑤ 吁天：呼天诉苦。吁：原文为"籲"，同"吁"，为某种要求而呼喊。
⑥ 原注："应前。"
⑦ 小婢子：谦称自己的小女孩。
⑧ 原注："□□北雁。"

氏，年二十九，恸绝强起，上堂请为夫立继执旐①，仄轮②导夫梫，充充然如有穷而弗告也。返于堂，含涕拜祖翁，与翁姑伯姒谢所为夫事身事者。是夜，稍进薄糜，伴宿婢闲且懈，乃经寝室。

昔司成赠公奉节母方太淑人开基岩镇，闺门内代有节母承家。司成长君艮斋举孝廉③不就，次君漪堂太史偕在搜纂新安妇德，朱氏适遭其盛。绅士金谋葬于潘烈妇之右，六邑冠带躬临秖荐，咏歌嗟叹至旬日未已。郡邑详请上闻，较潘烈妇尤异。司成公道绍紫阳，俎豆紫阳书院，而闺门世守予家二夫子之训诫，不又为程氏之功臣欤？然而朱氏固亦派④衍于紫阳也。

洪书升曰：揑定司成公作主，探骊得珠。

十二节母列传

鲍廷臣妻汪氏，端严淑慎，于归后，不及事姑，独任家政，详礼度，明大体。申酉之际，廷臣佣力金华遇难死，耗音至，汪氏数殉身，既而念两幼孤，苟失所先人绪坠矣，遂立贞操开厥族。

程节母胡氏，临河程道佑妻。尝与先慈同舟就养仪真，先慈敬其贤，既没，先慈哭之恸，与云鹏妇言节母事，良足法。

程云鹏少时兄事吴灿、汪景渊二君，皆早世，灿妻江氏、景渊妻方氏，同励节三十余年，两家子成立，节母益著令闻。

堨田汪氏，适予门人江广渊。二十七岁，夫殁。事广渊生、继两父母，率循礼教，抚两孤。今见曾孙，闺门之内，雍如也。

王思曾，欲绍其祖壬辰进士、泉、衡二州推官仕云公业，读书羸苦。卒遗男子子一、女子子二。妻方氏，从冰僵雪窖中，槁容楛指⑤，完婚嫁烝尝⑥事。女子适宋嵘，家贫力学，克肖思曾。

鲍氏，胡国萧妻，严母教，不椓孤性，不逸孤情，卒使孤翘然振拔，克成厥

---

① 旐：古代的一种旗子，上面画着龟蛇。引魂幡。

② 仄轮：古代一种特制的车轮。其外周的内侧柔软而外侧坚硬，供行山路用。

③ 孝廉：明清两代对举人的称呼。孝，指孝悌者；廉，清廉之士。分别为统治阶级选拔人才的科目，始于汉代，在东汉尤为求仕者必由之途，后往往合为一科。亦指被推选的士人。《汉书·武帝纪》："元光元年冬十一月，初令郡国举孝廉各一人。"颜师古注："孝谓善事父母者，廉谓清洁有廉隅者。"

④ 派：原文为"孤"，同"派"字。

⑤ 槁容楛指：容颜枯干，苦苦支撑。槁：枯干。楛：支撑。

⑥ 烝尝：本指秋冬二祭。后亦泛称祭祀。

家。殁后,乡人嗟叹其贤,宜昌后。

洪桥郑聚蒙妻方氏,聚蒙死,无嗣,抚遗腹女执针自活。邻光不可借,朔风不可抵,率以清晨拥败絮榻上,刺绣易薪米。是时,朱坊徐光高妻郑氏闻方氏励节曰:"吾郑所出也,吾安忍忝吾族方节妇哉?"故光高死,郑氏亦抚女守节四十四年。两家女先后皆归方茂基。茂基岁时率外孙展其墓。

初,辽阳雁堂靳公来治我邑,环山文学方淇芭等以其族三节请入歙志。阎氏,方道辉妻。道辉从族中方启大授孝经,时悲痛高曾三世未葬,经营其事,劳瘁死。诸族妇从阎氏讲孝经,得束脯资姑潃瀡①,乡人称曰"节孝女先生"。方彦芝妻程氏,十八岁夫亡,遗孤复夭,家窘甚,或竟日饮水不告人,卒年八十四,人未尝一日闻声嘻笑。方兆庸妻亦程氏,于归一岁夫亡,有子方免身,矢志延夫后,孤长□,节妇亡。三妇惟兆庸妻有二孙,贫不显。

联墅方公肇妻汪氏,夫死无子,食饮皆仰叔姑。即欲死,虑损叔姑财、遗夫子怨,宁隐忍依叔姑,代作力如佣保,始戚然,终泰然。

程云鹏曰:十二节母或守二三十年,或至五六十年,所抚皆卓荦见气概,而方氏、郑氏、阎氏、程氏、汪氏皆无后,鲍廷臣妻孙子最称繁衍,岂其身无兢兢为善之实,或天道有不可知欤②?然诸母愈穷而执节弥固,其居地稇③若幽星之绵连④,所闻见真切,訇然震动,夫岂徒哉?乃圣朝旌典未及,或者亦有其时欤。予固思之,而无从得闻也。

汪枢言曰:叙十二节母,笔笔变化,难与言传。

---

① 潃瀡:淘米水。古时调和食物的一种方法,用植物淀粉拌和食物,使柔软滑爽。此处指日常食用。

② 原注:"只用数虚字转换低回,而言外意跃然纸上。"

③ 稇:稠密。

④ 绵连:相连。《文选·何晏〈景福殿赋〉》:"其奥秘则魑蔽暧昧,仿佛退稇,若幽星之绵连也。"李善注:"绵连,相连之貌。"绵:连续;相连。

卷　　二

阕门双节传

闵佐古妻阮氏，年二十七，夫殁守节五十九年，卒年八十五。佐古侄本岱，佐古继子①也，初娶吴，生二女，继娶郑氏，数月往京口未归而殁。氏守节四十年，今六十一岁。佐古无子，继芳麟，早世，孙士基承其绪。本岱殁时，遗腹七月，生士玺，十余岁而殇，遂无嗣。

今夫夫妇之际，王事纲纪，妃匹之爱，君不能得之于臣，父不能得之于子，况乡俗妇女，兰形棘心，其操行安能一轨于中正？而伯道无儿，一起一偾，正不在截耳断臂以明不嫁，成一己励节之名已也？且名与后未可兼也，此中有气数存焉。圣人不与气数争，故立身行己，自有法度。阮节母甘心荼蘖②，代夫事母，鞠子及孙，而并鞠吴氏二女，以代为遣嫁。乃郑氏得安其所纲纪门内之行，不异苏子卿啮雪边庭③，使佐古之子若孙，绵乎世泽。予闻闵遵古少时殓金太史尸于白门，不顾血刃，卒济所事。本岱，遵古子也，傥其不死，必能推扬阮节母之懿范如遵古之慕义无穷也。

呜呼！士君子修幽闺之行，固不与浮薄争名，而独防闲于廉耻之丧，苟留心世道者，必将发潜德之光，不使其湮没，两节母行，岂无有任其责者哉？

程友声曰：议论叙事夹发，从国策苏秦传来，直是目空一世。

闵仰麓曰：格以变而见奇，意以严而不苟，光予家乘，挽及颓风。

---

① 继子：过继之子。

② 荼蘖：指蔬食度日。荼：古书上说的一种苦菜。蘖：树木砍去后从残存茎根上长出的新芽，泛指植物近根处长出的分枝。

③ 苏子卿啮雪边庭：苏子卿，即苏武（？—前60），西汉京兆杜陵人，字子卿。苏建子。武帝时以父任为郎，稍迁移中厩监。天汉元年以中郎将出使匈奴，以事被扣。匈奴单于威胁诱降，幽置大窖中，绝饮食，嚼雪吞旃毛，坚贞不屈，被迁至北海边，持汉节牧羊十九年。昭帝始元六年，匈奴与汉和亲，获释回朝，拜为典属国。昭帝死，武以参与议立宣帝，赐爵关内侯。年八十余病卒。

基祖父三世皆早归巨室，咸赖王母事嫜姑、抚后人，而伯母亦冰霜共矢，皆自以为妇道，当然不求人知者也。得荷先生一字之褒荣于华衮，兹非幸欤！阕士基敬跋。

慈节二程母传

呜呼！生人遭际，每在于忧患之中①。凡夫俗子卒与草木同其凋落，乃若孤臣孽子，往往与忧患同其终始。以余所见闾巷之间，妇人女子守其一节，固无异于孤忠纯孝，亦常自生于忧患，至老死而不辞，若岩镇慈节二程母者，非其人欤？

初，程其猷娶于王，生子女殇，娶侧室②吴，三年生女，又三年举子伟，又四年举次子偊。未数月，其猷病革，抚子女属③两孺人，两孺人盖同心鞠养焉。吴孺人之归其猷也，王孺人笃爱之，及奉遗命教育子女，两孺人益相亲厚，上慈下敬，里党以为难。是时，其猷弟思齐公讳其贤，方以长者称于乡，服属抚孤事，每委曲任之。两孺人亦甘心荼蘗，教子裕父克家。伟年十六而王孺人病，吴孺人躬祝药饵，涤除厕秽，窃呼吁神祇，冀欲自代，矢言曰："嫡存则家有主，而孤不至无恃。我则非也。况两孤毛羽未丰，非嫡之慈仁，奚足覆翼之乎？"于是人谓吴孺人识明而志正④。王孺人没，吴孺人哀痛更剧于其夫，良以己责之重，不敢更有所分也。既两子娶妇有孙，孺人冰霜之操，遗体之传将有托，而伟复卒。孺人恸长君弗禄，诸孙长者五龄，次方遗腹，偊业未振，子尤幼怗，孺人忧患日深而莫告也⑤，时时哽噎，竟亦云亡⑥，年五十六，溯夫没三十年，允符旌典未获。上闻学院韩城张公，表之曰"慈节可旌"⑦，准亲族之呈请也。其猷字仲嘉⑧，故赠儒林郎程维敬公次子，王孺人系出路口里村，吴孺人系出长林，皆名族。

程云鹏论曰：按《宋史》孙甫居谏院对君曰："所谓后者，正嫡也。其余皆

---

① 原注："庐陵得意处。"
② 侧室：姜。《汉书·西南夷传》："朕，高皇帝侧室之子。"颜师古注："言非正嫡所生也。"
③ 属：古同"嘱"。嘱咐，托付。
④ 原注："结王。"
⑤ 原注："点睛。"
⑥ 原注："结吴。"
⑦ 原注："撼东。"
⑧ 原注："补。"

偏婢,贵贱有等。"①汉文帝独自称高皇帝侧室之子。明有天下,庶不得诰封。然母以子贵,请封则称臣嫡母某、生母某,嫡祖母某、父生母某,俱得褒荣。自是以来,人人愿有其子若孙矣。乃或贫不能自拔,则湮没无闻。然妇人幽贞不二,精诚抑郁,不于其子,亦必昌厥后,若吴孺人者,其信然欤。其贤公亲睦九族,不特伟与傸也。公没,其子孙世守成法如公在时。《诗》曰:"毋教猱升木,如涂涂所。君子有徽猷②,小人与属。"③公之行,不加人数等欤?伟虽没,傸与诸孙岂不念之欤?

郑男蒲曰:旌有典制之内,亦有典制之外,故割肝刲股不旌,而丽水陈孝女则旌之。未成妇不准殉烈,而近世旌烈女甚多,盖法有变通,人之遭际有幸不幸耳。程氏两孺人慈节著闻同里,即不旌,亦当载之邑乘。作者操史笔以纪实,故不溢一辞而自可风百世。

程敏孝孺人传
雍正三年旌

程云鹏曰:人不间于其父母昆弟之言,闵子之孝也。饿死事小,失节事大,先程子之训也。程族繁衍,节母特多,然其出于闵也,每闻贤孝,岂其流风余韵,久而不衰欤!

予所见同里程母闵孺人者,系出闵子后,今汉麟公女。幼而孝敬慧纯,笃于父母,父母严择婿,得程敏孝,入门而翁媪④喜,家人宜。初,敏孝攻举子业,受《易》阮溪汪君某,既而念父久客,独子当事亲,因语孺人曰:"姑之事尔责,尔人而事姑;翁之事予责,予出而事父。"戊辰,敏孝父卒于旅舍,藉干执

· 23 ·

①原注:"拈史,单为吴孺人,以未旌,立案。"

②徽猷:美善之道。猷,道。指修养、本事等。《诗·小雅·角弓》:"君子有徽猷,小人与属。"毛传:"徽,美也。"郑玄笺:"猷,道也。君子有美道以得声誉,则小人亦乐与之而自连属焉。"[明]宋濂《龙渊义塾记》:"章君有见于斯,不效时俗封殖吝固以为肥家之计,乃辟塾聘师,以克绍先世之徽猷,其立志甚宏而为功甚溥。"

③原注:"引诗得史传咏叹□法。"

④翁媪:老翁与老妇的并称。亦指年老的父母。《梁书·武帝纪上》:"遂使阃尹有翁媪之称,高安有法尧之旨。"[宋]陆游《道上见村民聚饮》诗:"家家了租税,春酒寿翁媪。"媪:老妇人的通称;称谓,指母亲。

旐还丘陇，甫毕，奉遗命不敢庐居，凤驾邵埭，孺人载任家政①，竭力事姑。

越五载，敏孝疾作，束装附从叔岁贡生倬公归，汤药调护，从叔亲执烦劳。舟次严陵滩下，疾革，大呼曰："生不及事吾母，赖吾妇贤，讵不及见而死，此不亦悲乎？"犹强起举酒吊严陵先生，而子胥潮头适至，篙师拽舟东西荡激，洪涛泙湃②，声未绝而敏孝纩绝矣。遗言托从叔③至叔父秉外政，孺人闻信绝粒。姑既恸儿，且惧妇莫测，大哭失声仆地，孺人急起，扶姑枕膝上，抚摩弥时乃苏，指其子光祖曰："若虽襁褓，衣食计有叔翁在，若成立十余年耳。"遂屏去铅华躬操作，姑前不轻洵涕④，不倍摺膺⑤，不饰⑥忧容，不形瘠色。六年，姑复殁，殡送如子之承父事，执礼者颂焉。

孺人十七岁于归，二十九而守志，四十九而卒，里人私识曰："孺人贞顺节孝，无愧其先人。"然予闻敏孝有女弟二，适毕氏者早卒，适汪氏者常来其家，孺人加礼厚遇，曰："吾姑之遗体也。"又闻教光祖严而有法，光祖举子群，进乳妇择少者，孺人曰："少者乳诚佳，而寡妇之室非老成固莫可与入焉尔。"呜呼！节母岂中垒⑦所谓贤明而仁智者欤？光祖子若孙他日显荣，期必过闵子、程子之祠而祀之，以无忘两家先世之令德。

余天质曰：似平叙而波折潆洄，峰流舟漾，令人心目开明，尘襟涤尽。

郝氏三世节母家传

郝节母汪孺人，雍正三年年六十九，溯夫没，矢柏舟者四十二年。子怀怙，自仪征县号泣百拜，使者具书于程云鹏曰：

---

① 家政：家庭事务的管理工作。[宋]陈亮《凌夫人何氏墓志铭》："家政出于舅姑，而辅其内事惟谨，房户细碎，无不整办。"[明]方孝孺《与采苓先生书》之二："执事以高年厚德主家政，一门之内英才异能者如云。"[清]李渔《怜香伴·逢怒》："如今舍表妹自愿做小，要求令爱主持家政。"

② 泙湃：也作"澎湃"。波浪相激声；又指水势盛大。泙：水声；谓水波冲击。湃：原文为"碀"，同"湃"字。

③ 从叔：堂房叔父。

④ 洵涕：默默地流泪。洵，通"泫"。《国语·鲁语下》："二三妇之辱共先者祀，请无瘠色，无洵涕。"韦昭注："无声涕出，为洵涕也。"

⑤ 摺膺：捶胸，椎心。谓哀痛至极。《国语·鲁语下》："二三妇之辱共先者祀，请无瘠色，无洵涕，无摺膺，无忧容。"韦昭注："摺，拊也；膺，胸也。"摺：同"掬"。

⑥ 饰：原文为"餝"，同"飾"，见"饰"。

⑦ 中垒：西汉有中垒校尉，掌北军营垒之事，东汉省。刘向曾任此职，后世因以"中垒"称之。[唐]独孤及《送李宾客荆南迎亲》诗："宗室刘中垒，文场谢客儿。"

自不孝孤受先君遗体，先君没六月乃生，时王母汪太孺人身际酉戌龙蛇之运①，王父早世，家无寸储，霜寒月冷，鞠养先君，至是惟与吾母相依倚。人情席丰隆则骄处，贫窭则嗟怨，吾母虽抱哀怀而事姑每不形于颜色，是以王母七十五岁而终，临没且称"贤妇！贤妇"不去口也。

不孝襁褓至今四十二年，中间诵读应试之琐细，婚迎经费之劳，皆吾母丝枲②所出，庸讵识其身之瘵瘁也！及不孝举子三，吾母乃解颐曰："儿家苦单传，今若此，郝氏其将兴矣乎？"盖自先曾王母吴太孺人当崇祯时，家运方亨，而居孀帏者三十一年，三世冰操，支吾门祚，邑宰陆公师采入县志，窃自愧困厄，莫显扬也。敢再拜请附《新安女行录》中，死且不朽。使者持书百拜。

云鹏再拜，受书作而言曰："是予之责也夫，是予之责也夫。夫敷教之典，由近及远，善善之公，由亲及疏，良以目言与耳食异也。郝氏世家岩镇，怀怙曾祖讳□、祖讳□、父讳□，两汪孺人系出丛睦，怀怙与予为外兄弟。怀怙母孺人虽嫁于仪征而生时犹在丛睦，父镜士公、祖汝恭公皆有名当世。伯父继昌公顺治己丑进士，分守蕲黄道。伯兄鹤孙康熙癸丑庶吉士③，麒孙会稽教授④。从子⑤德容雍正甲辰探花编修⑥，振甲、援甲庚子举人。姑父运光

---

① 酉戌龙蛇之运：在地支中，酉与戌相害，龙与蛇相冲。此处比喻家运不好。

② 丝枲：生丝和麻。指缫丝绩麻之事。

③ 庶吉士：明、清官名。明初有六科庶吉士。洪武十八年使进士观政于诸司，练习办事。其在翰林院、承敕监等近衙门者，采《书》"庶常吉士"之义，俱改称为庶吉士。永乐后专属翰林院，选进士文学优等及善书者为之。三年后举行考试，成绩优良者分别授以编修、检讨等职；其余则为给事中、御史，或出为州县官，谓之"散馆"。明代重翰林，天顺后非翰林不入阁，因而庶吉士始进之时，已群目为储相。清沿明制，于翰林院设庶常馆，掌教习庶吉士事。庶吉士又通称"庶常"。

④ 会稽：郡名。秦置，今江苏省东部及浙江省西部地。教授：学官名。宋代除宗学、律学、医学、武学等置教授传授学业外，各路的州、县均置教授，掌管学校课试等事，位居提督学事司之下。元代诸路散府及中州学校和明清的府学亦置教授。[宋]高承《事物纪原·抚字长民·教授》："宋朝神宗元丰中，兴太学三舍，以经术养天下之才，又于诸大郡府，始各置教授一人，掌教导诸生。"[清]钱泳《履园丛话·耆旧·仲子教授》："至壬子癸丑，果连捷，中会榜第四，后补宁国府教授。"

⑤ 从子：侄儿。《左传·襄公二十八年》："卫人立其从子圃，以守石氏之祀，礼也。"杨伯峻注："从子，兄弟之子也。亦谓之犹子。"《三国志·魏志·夏侯尚传》："夏侯尚字伯仁，渊从子也。"[清]恽敬《逊庵先生家传》："无锡高世泰，忠宪公攀龙从子也。"

⑥ 探花：宋以后称科举考试中殿试一甲第三名。编修：官名。宋代有史馆编修。明清属翰林院，位次修撰，与修撰、检讨同为史官。

前进士大理寺丞①,伯父觐光前进士四川顺庆府推官②。孺人方且忘乎华胄,只以澹泊宁静勤其训诫,陆邑宰清慎负气概,不肯徇人,其采郝氏宁苟然乎?"次其言作《郝氏三节母传》。

吴青霞曰:通篇以汪孺人作主,串合两世,即据来书撰次,末但谱其家世,不下一辞论断,只用陆中尊数语为结,盖以陆公廉明为天子采风,其言足信,且与郝同外戚,嫌疑当避。文字峻洁,人所难能。

---

① 大理寺丞:官名,北齐于大理寺卿、少卿之外置大理寺丞,为卿的佐官。隋初沿置,炀帝时改为勾检官,与大理寺正分判狱事。唐代复为大理寺丞,员额六人,从六品上,掌分判寺事,正刑之轻重。其断罪不当,则由大理寺正纠正之。所以大理寺正是大理寺的高级法官,大理寺丞是次级法官,与别的寺丞为衙署内部事务官的性质不同。明大理寺自少卿以下寺丞、寺正等官都分左右两职,其用意在便于分区任事和互相稽察。寺丞正五品,其地位高于寺正(正六品)。清代以左右寺丞分掌左右二寺。

② 推官:官名。唐代在节度、观察等使下置推官,掌勘问刑狱。宋代在开封府置左右厅推官,各州与临安府置节度、观察推官,皆掌司法事务。元明于各府亦置推官,清初犹沿置。后废。

卷　　三

诰赠贞烈吴恭人传

贞烈吴恭人者,诰赠朝议大夫①从伯宇公之配,分守保定道从兄汲之母也。侨居扬州,会乙酉扬州变作,城破,朝议死于兵,长子清奋击兵砖石,同被害。汲年十四,兵追之,刃及肩,坠城下乱尸中得免。恭人携幼女仓皇出,闻夫死,乃避舍,牢扃户牖,投缳,缳束眹②女,女连呼曰:"娘死义也,儿岂独生?"缩身赘母缳上,数缠不脱,遂皆死。

初,朝议娶于吴,父某,贫不事事,未尝有忧婚嫁之心。每与客踦闾③而语,客多贪饕④,不闲理义,恭人窃闻之,婉容曲谏,父感动,卒为善人。及归朝议,朝议王母方太君守志抚孤,年七十外,孙子众多,娣姒敬肆奢俭不一,恭人独任太君事不分劳,加一饭,损一饭,寒暑无失其时。诸妇性钳忌者,更相排轧,恭人曰:"行无愧于心,虽有憎者,惟修己以待之。予何觖望⑤哉?"益修诚谨,诸妇率循无敢慢。方太君跻高寿而终,恭人力也。福王初即位,扬州变未作,恭人忧形于色,语朝议曰:"居歙则食少,饥而死,居扬则人侈,兵而死。死于兵,无宁死于饥乎?"朝议谋诸族人,金曰:"不便。"恭人语汲曰:"吾视尔当不死者,幸葬我仪征,庶或与贞义女相见乎?"后竟如所志。

从子云鹏曰:予家世居歙之岩镇,镇有六程,曰樟森塘,曰岳庙前、东,曰百忍堂,曰竹林巷,曰蔡家桥,皆晋太守元谭公后,序载世谱。而予家樟森塘

---

① 朝议大夫:官名。隋高祖始置,为从三品文散官。炀帝大业三年(607)罢。唐复置,为文散官正五品下。宋初沿唐制。明朝置为文散官,从四品。清为文职从四品封赠。

② 眹:"朕"的讹字。以目示意。

③ 踦闾:倚门,紧挨着门。《公羊传·成公二年》:"二大夫出,相与踦闾而语,移日,然后相去。"何休注:"闾,当道门。闭一扇,开一扇,一人在外,一人在内曰踦闾。"

④ 贪饕:贪得无厌。

⑤ 觖望:不满;怨望。

人最众，多贸迁扬州，至少百年来，犹七八十人。恭人所称食不给者，新安地少人多，大概然也。然而扬州男不耕、女不织，贫者猱糠及米①，牟利而无厌。富者竭所欲以自奉，虽僇辱②而不悔。妇女轻纨阿缟，搔头弄姿，不知节义为何物。天道恶盈，劫运至，则消归无有，此理数之常，无足异者。恭人早见及此，而从容就义，观其未嫁能感格父心，其于扃户投环③，不愧所事，岂异人任哉？居扬州，死扬州，名列扬州郡志，倘其返歙，岂讵以贞烈传哉？

江星周曰：程与吴皆由岩镇迁扬州，虽只载扬州郡志，亦应登镇之节孝坊。先生搜辑六邑，先始其乡，又先其家，观此叙述，不溢不漏，令人生敬生感，其中有为世道人心计者，幸毋买椟而还珠也。

汪母谢孺人家传今赠安人

汪母谢孺人者，歙谢村人也。父绍淮号双溪，前孝廉绍涮之弟也。涮兄弟崭崭谈名义④，以诵读世其家。孺人幽贞淑慎，既娴内则，益习庭训相黾勉⑤，及继室丛睦汪予襄公。公父熙承欲诸子缵王父大参公苍衡之遗绪，课业无虚日。孺人归，遭时多故，予襄公乃经营淮楚，家事逶之孺人。孺人率先诸妇，举无废事。孺人子文焕，甫数龄，熙承公命为叔子尚交公后，尚交妇程孺人青年守志，孺人教睦姒娌，于程孺人敬爱尤笃，闾里之颂程孺人者并颂孺人云。《易》：家人之道"利女贞"⑥，"乱匪降自天，生自妇人"。门内之教不修，风俗无所率，而情谊乖隔，偾⑦人宗祧⑧，谁生厉阶，至今为梗。且夫风自火出⑨，妇德不贞，廉耻日丧，不亦悲夫？

---

① 猱糠及米：比喻逐步侵蚀渐及全体。《汉书·吴王濞传》："语有之曰：'猱糠及米。'吴与胶西，知名诸侯也，一时见察，不得安肆矣。"颜师古注："猱，古舐字。舐，用舌食也，盖以犬为喻也。言初舐糠遂至食米也。"《史记》"猱"作"舐"。猱：古同"舐"，用舌头舔。

② 僇辱：戮辱，刑辱；侮辱。僇，通"戮"。

③ 环：原文为"镮"，古同"环"，泛指圆圈形物。

④ 原注："伏案。"

⑤ 原注："字不虚设。"

⑥ 原注："一断另起议论，为孺人生色，文章据胜在此。"

⑦ 偾：败坏，破坏。

⑧ 宗祧：宗庙。引申指家族世系；宗嗣；嗣续。

⑨ 原注："引出坠楼事。"

孺人当海棼①蹒江宁②，歙守弁煽乱，游徼卒抄掠乡村，猝至孺人室。孺人登楼，卒踊而迣③之，孺人噭④然跃于桴⑤而坠楼下，声不出，卒以为死也，舍之去⑥。家人匿夹壁，窥之顿足，亦以为死也。孺人固神色晏如，若有神焉翼之而无恙也。诸名下士有《坠楼诗》纪其事。

予襄公没二十年，既长君亦没，诸孙曾与文焕业骎骎起。每淮扬江宁家问至，孺人必殷勤教导以不坠先人遗绪，虽世风汰侈，宁讵贪渎贻先人羞？昔于公诚知后世昌大其门，惟植阴德耳。长孙玉书及文焕欲迎养孺人于銮江，孺人曰："老妇康强善饭⑦，文焕妇晨昏不忒，能适吾志。祠墓烝尝，老妇且躬先涤器，宗族姻娅，岁时存问，天幸以余年假我，我其敢忘所赐乎？"卒不许。然嗣是家政付嗣妇而寒暑楼居修持维摩之法⑧，师尼闻之来谒，以谓从所教也，辞曰："汝佛氏虚无寂灭，绝弃人伦，予岂信哉？予所学非尔尔也。"师尼惭而退。年八十八微疾以终，乡人称曰："立节字孤⑨，贤母师也。"诚哉！

程云鹏论曰：予先慈系出丛睦，识外家最详。当游卒索室时，先慈侍外祖母黄太安人居凭虚楼⑩，黄太安人级邻妇肩入覆板，先慈欲上不得，卒逐邻妇，先慈将缘牖跳而下，忽门外吹角声，卒竟去，与谢孺人同日事也。谢孺人得于家学，临患难如素所措置，有所由来矣⑪。文焕等好行其德于门之训，夫岂偶然哉？

汪莛园曰：孺人秉礼度义，足为女宗，坠楼一事，尤堪千古，非此妙笔，亦写照不出。

·29·

①棼：通"紊"。纷乱。

②原注："接。"

③原注："音谪。"迣：逼迫。

④原注："音叫。"噭：古同"叫"，呼喊，鸣叫。

⑤桴：铺在高低不平处的跳板。

⑥原注："写坠楼一段出神入化，千载亦如亲见其人。"

⑦原注："两述孺人，语皆照起处。"

⑧原注："映坠楼。"

⑨字孤：抚爱孤儿。语本《左传·成公十一年》："已不能庇其伉俪而亡之，又不能字人之孤而杀之，将何以终？"南朝梁任昉《奏弹刘整》："马援奉嫂，不冠不入；泛毓字孤，家无常子。"[唐]张说《为人作祭弟文》："字孤之情，不待遗意。"《宋史·李宗谔传》："二兄早世，奉嫂字孤，恩礼兼尽。"

⑩原注："映楼。"

⑪原注："应起处。"

卷

三

汪节母程安人家传

今赠恭人,建坊崇祀。

丛睦汪母程安人以节孝特闻①。妇人节孝,恒其德贞,匪安人独得于天者厚也,盖安人嗣子②文焕贤者也。曷为乎嗣子文焕之贤也?文焕犹子③,父予襄公,安人所适尚交公予襄之弟也。文焕生而颖异,负至性,安人爱之。尚交公不幸早世,堂上④翁熙承公谓曰:"妇人殉夫,义也,非经也。公甫文伯之母、孟子之母、陶侃之母,要以能成子令名斯已耳⑤。文焕非尔出乎,实为尔后矣。"于是安人偕文焕生母谢安人抚文焕。

安人素娴《内则》《孝经》,明晓当世得失。文焕就外傅归,必叩其所学,尝训曰:"士先器识而后文艺。尔家自尔曾王父大参公至今成进士者,代有其人,尔一身系两父母之重,未可谓今日不学而有来日也。"文焕感泣,学益进。及长,安人乃曰:"吾乡地狭人众,非贸迁不足以资衣食,天下事有权有变,宁甘执兔园册子⑥,俾两未亡人⑦望断银栏乎?"文焕移经济才治生⑧,业自发蒙而振落也。家问至蒸尝备礼外,被服饮食,不事华靡,稍有赢余,惠恤三党,茕独之颠连无告者尤厚焉。至诸孙济济,能读先人遗书,长玉图蜚声黉

---

①原注:"特立一峰。"

②嗣子:旧时无子者以近支兄弟或他人之子为后嗣。

③原注:"句。"按:此"句"字,代省略号,表示缺句。犹子:指侄子。《礼记·檀弓上》:"丧服,兄弟之子,犹子也,盖引而进之也。"本指丧服而言,谓为己之子期,兄弟之子亦为期。后因称兄弟之子为犹子。汉人称为从子。[南朝梁]任昉《为齐明帝让宣城郡公第一表》:"太祖高皇帝笃犹子之爱,降家人之慈;世祖武帝情等布衣,寄深同气。"[宋]文天祥《寄惠州弟》诗:"亲丧君自尽,犹子是吾儿。"[清]冯桂芬《顾蓉庄年丈七十双寿序》:"先生少孤,事母孝。敦友爱,抚犹子如己出。"

④堂上:指父母。[清]吴骞《扶风传信录》:"凤缘已尽,别君去矣,君归为我谢堂上。"[清]陈康祺《郎潜纪闻》卷十二:"甲申而后,堂上健存,柴车屡征,忍耻一出。"

⑤原注:"知此则立节以成孝,不必曲为不殉分解,三母之成法具在有关名教之言。"

⑥兔园册子:本是唐五代时私塾教授学童的课本。因其内容肤浅,故常受一般士大夫的轻视。后指读书不多的人奉为秘本的浅陋书籍。出处见《新五代史·刘岳传》:"道行数反顾,赞问岳:'道反顾何为?'岳曰:'遗下《兔园册》尔。'《兔园册》者,乡校俚儒教田夫牧子之所诵也。"

⑦未亡人:旧时寡妇的自称。指寡妇。

⑧原注:"句。"

序①,安人喜曰:"吾始愿不及此②,吾可以报尔父地下矣。"乙亥遂卒,年五十有八。

安人父故儒程圣木,有高识,择婿得尚交公,意将高大于门,岂其光远而自他有耀哉。玉图早卒,玉球、玉珂与冢孙长发砥学立行,皆欲于青云而直上,圣木言若是其期也③。

程云鹏曰:天地生人之理,虽至微渺,其故可审而推之也。盈则亏,满则覆,劫运随焉。佛氏欲以其愿力救之而未识所以救之之方,固赖有王政行焉④。尔两安人晚年有见于佛氏救劫之法,每楼居寻究斯理。优婆尼不悟,数过安人而遭摈弃,有以夫。理学家往往执戈而争久,乃入乎觳中而不自觉,不若宋苏轼彰明较著,从事此中,尚不至为阴险误世也。诚使两安人身为男子⑤,其聪明必能学苏子打破虚空。文焕奉两安人教,时时施舍,为两安人资冥福,其亦有见而然欤?

程莪士曰:写情事无不毕尽,而论佛处尤见乎情,所谓不为威惕,不为利诱者,仁义以作干城也。文字之佳,乃其余事。

耿夫人殉难传

崇祯甲申三月十九日,休宁耿夫人从夫简讨⑥汪伟殉难。先日,伟知京城不守,誓为厉鬼杀贼,夫人耿氏请从。是日,城破,夫人执榼⑦请伟共酌毕,五拜起,伟缢于右,夫人缢于左。既就帛,夫人顾骇曰:"虽颠沛不可失夫妇之序⑧。"乃出帛,请伟易左右位以死。呜呼!天倾地坼,妇人殉义固亦有人,若耿夫人之从容易位,岂一时之义奋哉?必有讲于素矣。

程根洺曰:事不直截了当,则文不能不曲折盘旋。看此传,是何等文字。

---

① 黉序:古代的学校。《北齐书·文宣帝纪》:"诏郡国修立黉序,广延髦俊,敦述儒风。"[宋]朱熹《斋居感兴》诗之十六:"圣人司教化,黉序育群才。"黉:古代称学校。

② 原注:"句。"

③ 原注:"补圣木言作结,老极。"

④ 原注:"斩绝。"

⑤ 原注:"省多少葛藤。"

⑥ 简讨:明代翰林院史官名。本作"检讨"。避崇祯帝讳改。[清]王士禛《池北偶谈·谈异四·剑侠》:"日照李洗马,闻之望江龙简讨云。"

⑦ 榼:古时盛酒的容器。《左传·成公十六年》:"使行人执榼承饮。"

⑧ 原注:"事在夫人,故为夫人另传。"

· 31 ·

卷

三

旌节程母传

程母姓汪氏,歙潜溪人,以淑德闻,适郡南市太学生程应聘。是时,应聘首妻亡,遗孤在疚,念非淑德莫济乃事。母令闻攸昭,因往求之,谐所卜匪,惟琴瑟之和鸣也,易呱呱之以嬉以笑也。及其携母邻邦经营故业,聘也欹侧乎不拔之柱,迥阂①乎不关之途。母之力革,而幽神旅槚②矣。母年二十四,孤七龄,乃能返③灵魂于故都,礼仪克备。虽至寂寂穷居,而食孤以指,且纳孤以室。尝语家人曰:"先人乏木奴千头,而丘盘笙陇④、夕阳荒度,犹可上给官粮,不使征求于寡妇之室,吾愿足矣。"母年六十有六,天子赐坊表厥贞操,风励四境,自近暨远,凡诸媌嫠益正身俟时,第郡南市而已哉。

费执御曰:格高调古,风度与词华俱臻胜。此用张燕公之手笔、运董江都之理致者也。

草市二曹妇传

或问枫楼学士曰:"妇人夫死殉难乎?守难乎?"学士曰:"均难也。白日幽光,阴房鬼火,谁乐就之?苦雨凄风,漫漫长夜,谁愿耽之?然人不以难也,各行其是尔。"休属曹门二妇,一贞一烈,贞程氏曹应时妻,夫死子夭,手缳绕当赢而食二十余年;烈王氏曹文清妻,撤膏沐侍夫疾,号巫咸求替不得,蓍然七日不遽绝,投缳乃绝。二妇贫,同族思孝请邑令李乔岱旌于门,佽助其丧葬。

程芳亭曰:生同里巷,与知贞烈齐名,殁有文章,应后地天不老。

---

① 迥:争先。阂:阻隔不通。
② 旅槚:客死者的灵柩;谓暂寄灵柩。槚:棺材。
③ 返:原文为"迈",俗"返"。
④ 丘盘笙陇:山林里的竹木。

黄烈君传

凤德衰而禽莫灵于鹤,人非灵不依,依人必曰灵也。人负灵名而非灵,曰忠,曰孝,曰节,曰烈,声闻于天,非灵乎?然而有弗灵也。罗田方以仁继妻黄氏,明经史,善属文,夫殁①嘉禾,黄归樑故山,载一鹤随。既卜兆,撰文告夫,题于和,刺鹤顶血饮而死,鹤亦悲凄呜咽死其侧。甚哉!禽莫灵于鹤,而人莫灵于黄氏也。鹤乎鹤乎!可以人而不如乎?

吴艮斋曰:冥顽不灵者,难与语斯文。

贞烈吴女传

人不绝于微也,志不阈于年也,天地有正气,自生而具也。澄塘吴氏名复贞,侧室女,许字②程观凤。凤随父客外,遇盗落水死,复贞闻邻母言,绝食。嫡恶之不敢死,强笑语饮啖,咸以幼稚无定识忽之。越数日,缝纫衣祗革带③,自经牖下,发参鬖鬖④未尽束。故曰:志不阈于年也,人不绝于微也,天地有正气,自生而具也。

汪云尺曰:天地正气,不择人而付与,非吾表兄之良冶,亦铸他不出。

沈烈君传

吴期伸娶于松江沈氏,生男子一,女子一。我兵破松江,执期伸,期伸曰:"我,故明诸生,死则死耳,宁以刃挟哉?"就刃死。沈氏携子女匿屋后城濠曲⑤,兵渐逼,投女于濠,儿在地若有物压伏,提之不得起,亟舍去,自投于水。水涸,力撺淖污中而死。是时,大江南北,无不归诚,伸抱孤忠抗我王

---

① 殁:原文为"塲",同"殁"。终,死。《史记·白起王翦列传论》:"偷合取容,以致塲身。"裴骃集解引徐广曰:"塲音没。"

② 许字:许配。[明]陈楼德《陶庵先生年谱》:"先生曰:'城亡与亡,岂以出处贰心;出身之士,犹许字之女,殉节亦其所也。'"何其芳《画梦录·哀歌》:"她早已许字了人家,依着父母之命,媒妁之言。"

③ 衣祗革带:内衣与束带。祗:贴身的内衣。革带:皮做的束衣带。

④ 鬖鬖:毛发散乱貌。[唐]陆龟蒙《京口与友生话别》诗:"别离犹得在,秋鬓未鬖鬖。"

⑤ 城濠曲:城濠的弯曲处。

卷

三

师，沈亦沉身赴义，虽为有明励刚常大节，即为我兴朝培厚元气，恩例宣敷①，必不遗忠烈之大。且夫革运之际，男子尚有退却而需望者，沈氏一若出于自然，岂有所受而为之欤？夫期伸泽于诗书而勇往从义，岂沈氏固有闻于平日欤？呜呼！抑岂予能测之欤？沈氏，故明江西提学道匡济女。期伸，歙澄塘人。子翰征，有物压伏而未死者。

王粟斋曰：妇人节烈，每出于天性之自然，况当革运之际，隐而未彰者尚多，幸不恡搜罗以附青云而传后也。

---

① 宣敷：信然宣布。

卷　四

旌节宋母方孺人传

雍正三年，奉敕颁到诸嫠妇建坊银两，恩纶奖誉，珠川节母宋诚益妻方氏焚香北望，叩首受讫。比邻妇女色然而骇，转相传述，曰："吾辈可不效节母为人哉？节母不得于继姑，苦而逾甘，能致底豫，乃有今日。吾辈不学节母，非人也。"

按：节母幼有令仪①，事父母以孝闻。年十四归宋诚益，年十八夫亡，守节四十六年，躬值荣褒，感动闾里，于是草②莽臣程云鹏操彤管③而进曰：若节母者，可谓为所难为者矣。堂上翁老而悖，继姑严而悍，人情一日不能安。当是时，诚益虽有妇，非奉母命不敢私入寝室；节母虽有夫，非传姑命不敢辄与夫言。越鸟南枝，一室万里，波喳琐屑，时时闻疾风暴雨之声。诚益病笃哀鸣，乞与新妇诀别，节母哭而至卧所。诚益哭曰："处死境抱死志，吾知尔久矣。号泣旻天，吾不能回其圣善。吾死，命也；尔死，无乃显母过乎？"节母悲恸不能出声，诚益目瞑复数张。节母号曰："夫子遗言，敢不顺令？"诚益殁，姑诛让节母无虚日。或有讽之去者，节母曰："吾岂不能一死以谢吾姑，顾吾所以事之未至耳。况夫子藐孤在乎。"姑卒致感格。节母严正恭俭，教子治家，皆有法度，日夜蚕绩④不怠，尝语家人曰："布衣暖，菜根香，先姑训也，吾未敢忘故。"为孤娶妇举二孙，孙又娶妇举曾孙三人，咸始基于节母之勤且孝也。

----

① 令仪：指美好的仪容、风范。

② 草：原文为"艸"，同"草"。

③ 彤管：杆身漆朱的笔。古代女史记事用。《后汉书·皇后纪序》："女史彤管，记功书过。"

④ 蚕绩：蚕桑和纺绩。[唐]白居易《盐商妇》诗："盐商妇，多金帛，不事田农与蚕绩。"《清史稿·礼志二》："康熙时，立蚕舍丰泽园，始兴蚕绩。"

云鹏载论曰："节母不忘姑教，休声及远，得天子奖誉，宜哉！"雍正二年，奉诏廉访，时节母族宋必选妻江氏从病中跃起，命子德清纠合族众呈请，遂获旌扬。宋妇固多贤哉！

程梧冈曰：于人情所不能堪而守四十六年之节，化及乡邻，诚女行中希有也。

宋贤母江安人传

江安人者，珠川宋静庵必选之配也。静庵兴致磊落，尝欲遍游海内山川而未得，因搜辑书册中古迹编录几案间，以当卧游。安人时时承堂上欢心，庀其家事，无不克举，静庵得专志于外。安人晓大义，能持大体，妯娌族妇待之皆有恩意，教子妇有节法，赞夫子敦睦族人[①]，诸不能自橐馆[②]者济之，材如拆袜[③]者诲之。及夫子没，三子折一人，安人卒以其志矢二子，于是族之会宗葺祠、进主展墓、修谱继绝，二子莫不率族人而力为之。

呜呼！今妇人稍稍赢余，傥募[④]自伐[⑤]，虽履材之细，秉穗[⑥]之遗，铢两吝惜，不肯施与，视宗党如涂人，而缓急若乡邻之斗也。《诗》曰："毋教猱升木，如涂涂附。君子有徽猷，小人与属。"九族不亲，教化不行，岂细故哉？安人由以推恩度类，故平治道途，建亭阁以憩负担，夏设苦茗，冬赠絮衣，及疾卧床褥间，闻恩例举报节烈，踊跃而起曰："吾族有贤媛方氏宋诚益妻，芳年守志，无力上闻。"即令嗣君佥谋众老，独任所费而趣请于学官。夫施人以惠有终穷也，以善及人，百世犹将见之。

---

① 原注："主。"

② 橐馆：指衣食。《左传·僖公二十八年》："晋执卫侯，归之于京师，置诸深室。宁子职纳橐馆焉。"杜预注："宁俞以君在幽隘，故亲以衣食为己职。橐，衣囊；馆，糜也。"《明史·张居正传》："给事中徐贞明等群拥入狱，视具橐馆，亦逮谪外。"[清]顾炎武《松江别张处士悫王处士炜暨诸友人》诗："橐馆谁问遗，衣食但支吾。"

③ 拆袜：应为"拆袜线"，歇后语。袜子上拆下来的线，都是短的，用来讥讽人没有一点长处。[宋]孙光宪《北梦琐言》卷五："韩昭仕蜀，至礼部尚书文思殿大学士，粗有文章，至于琴棋书算射法，悉皆涉猎，以此承恩于后主。时有朝士李台嘏曰：'韩八座事艺如拆袜线，无一条长。'时人韪之。"

④ 募：疑为"募"，《〈汉书〉颜师古注》音荡。傥募：也作"傥荡"。行为不检点。《汉书·陈汤传赞》："陈汤傥募，不自收敛。"颜师古注："傥募，无行检也。"

⑤ 原注："此与后段皆卓然有关世教。"

⑥ 秉：同"棅（柄）"。[明]吴麟征《乙卯自戒》："朝持一秉，夕采一薪。"穗：用丝线、布条或纸条等扎成的挂起来往下垂的装饰品。

安人家产不及中人，而好行其德，善善之长，遂使幽贞得显于世。安人子孙咸谨愿被服安人之教，益修其德，传于无穷，宋氏其将显矣[1]。安人江氏，系出萧江。必选字上卿，《古迹类编》今梓行。子德清字启皇，德泽字惠远；长子子仕业，出继伯祖必超公后，从安人志也。

王商[2]齐曰：宋安人贤声藉藉，姻族奉为女师，两嗣君咸秉家教而为诚笃君子，将见崔山南昆弟子孙之盛，悉由于母德矣。得斯文，其名更即达于朝宁[3]，龙章宠锡，谨试目俟之。

龚节母丁孺人传

丁孺人系出海阳，侨居淮浦，父元健，素与龚世臣善。世臣久客，五十无儿，大妇程谓曰："君为宗祧计，岁月非可恃也。吾老矣，闻淮浦丁翁女贤，君业于彼，诚以礼求迎娶而居积在焉。奚必贩樵千里数数不毛地哉？"世臣往请，惬所愿。孺人年十八于归，三年生子云汉，又二年，生子云涛，又五年，世臣病。当是时，橐无盈羡，程孺人远隔故乡，节母竭力扶持，不□不梆，海滨之神祇无弗祷也，嫁时之簪珥无弗弃也。病革，世臣目两孤不瞑，节母泣受命，乃瞑。于是节母诣父母谢曰："儿为龚氏妇，当为龚氏死，不为龚氏死，宁不任龚氏责乎？且龚有家非淮浦也，龚有孤授儿抚也，龚不首丘，魂将安祔？儿从此辞矣。"是时，年二十八。父母泣，节母长号载拜，观者泪涔涔下。节母两手披两孤，父母持节母手痛哭失声，护丧诸子云从亦哭。既节母登舟昼夜卧楄柎[4]侧，潮声至，辄抱楄柎悲哀，呼曰："某与孤在，幸毋震骇也。"抵舍，敬程孺人如姑，程孺人待之如慈母于子。程孺人即世，节母代夫职供厥事，戚焉无废礼居，故群从伯叔共而姊姒，衿姑咸奉为女师。云从叠罹灾患，殁后，妻茕独，节母尤加敬爱。云汉娶潭渡黄氏于淮浦，云涛娶庠生汪淳女弟子于竭田，有孙皆成立。

呜呼！节母四十余年冰霜高洁，能以其才济其守。云涛虽弗禄，长者已

---

[1] 原注："善必先知之。"

[2] 商：同"商"字。

[3] 朝宁：犹朝廷。[明]张居正《谢赐敕谕并银记疏》："念臣顷以微情，上干高听，仰蒙矜悯，特赐允俞，犬马之忠，既少伸于朝宁，乌鸟之愿，兼追尽于家园。"《明史·詹仰庇传》："利填私家，过归朝宁。"[清]龚自珍《对策》："俊彦集于朝宁，而西陲特简爪牙。"

[4] 楄柎：古时棺中垫尸体的长方木板。《左传·昭公二十五年》："若以群子之灵，获保首领以殁，唯是楄柎所以藉干者，请无及先君。"杜预注："楄柎，棺中笭床也。"

见孙,贤能昌后,节母尚可亲受褒荣,为乡邑砥励,何其幸哉!

程云鹏曰:世臣有女侄归程瓒,夫死无后,为夫任祠墓蘋蘩①事,苦而能甘,其被服节母之熏陶至矣。瓒有婿汪洛中,能传其姓氏,亦未可谓非不幸矣。

汪楚衡曰:别淮浦一段如闻三峡猿声,读之而不堕泪者非人情也。

苦节程孺人传

程云鹏曰:"贫贱忧戚,庸玉女于成也。"岂非然哉? 难与浅见寡闻者道也。余近族程孺人,苦节妇也,为同里龚辅臣女。辅臣家世醇谨,素称长者,女生而贞淑,克洽父母欢。年十八归程瓒,先意承志,又克洽其父母以孝行闻。瓒故巨族,而家独贫,又抱痀疾,孺人安然无怨怼。四年失所天,绝粒几危,翁媪谓之曰:"尔冢妇也,如志徇②身得矣。吾两人衰老何依? 吾儿一子一女何鞠?"固示孺人大义,遂不敢死。

夫自古忠臣烈士、节妇义夫,概不乏人,要以慷慨一死,不足为难,而坚贞挺拔,百折不回,留残躯以力相周旋而曲尽所事之为难。孺人诚欲上将舅姑意,下抚遗孤也,乃彼苍不吊,不数月,孤又夭。嘻! 甚矣! 天所以困孺人者至矣! 然孺人卒念翁媪言,不敢死,衣百结,并日一食,犹供甘旨博堂上欢。窃暗中悲啼,不忍伤翁媪心而使耳渐③。两老人先后殁,岁时奉祀哭奠不忘。

呜呼! 孺人所以仰承天意而任受磨折,茕茕孤苦,不易初心,不挫馁,其志气亦诚难哉! 程族老钦其节而请为立传曰:

节至孺人真苦矣! 嫁四年夫没,没数月子殇,孺人乃执针察线奉两老

① 蘋蘩:蘋和蘩。两种可供食用的水草,古代常用于祭祀。《左传·隐公三年》:"蘋蘩蕴藻之菜……可荐于鬼神,可羞于王公。"[晋]左思《蜀都赋》:"杂以蕴藻,糅以蘋蘩。"泛指祭品。[唐]杜牧《闻开江相国宋下世》诗之二:"月落清湘棹不喧,玉杯瑶瑟奠蘋蘩。"[清]方文《宋遗民咏·方韶卿凤》:"葬之乃祖侧,岁时荐蘋蘩。"

② 徇:同"殉",为某种目的而牺牲生命。

③ 耳渐:因听见而受到熏染。

人，不妄受人咄嗟之惠，闺阁①之外不一履，唯阐闽②为其女相攸③曰："是先人遗，忍使失所乎？"及得里中汪洛中曰："是婿可以慰吾夫子矣。"洛中勤志笃学，厉行士也，欲迎养孺人，数请而后可。孺人至婿家，非其女、婢女不与言。婿屋湫隘，才数板，人罕闻其声。今上雍正二年，廉察乡村贫苦、节烈、贤孝，予族人及洛中咸代为请旌，孺人知，力止曰："旌，朝廷典也；节，妇人分也。尽吾分，安吾心，请旌何为？"

云鹏闻而叹曰：孺人识大体矣，节云乎哉！盖贤者也。自世不知节义之重而廉耻丧，自世不知廉耻之防而人欲流，松柏贞操之妇愈苦则其志愈坚，志愈坚则其厉愈卓，厉愈卓则休声愈远。孺人所见所为若此，诚本乎性，安乎遇无为而为者也。呜呼！显微阐幽之责，自可垂之千载，世之人，又奚必妄假福善祸淫之说，而自囿于人事所当然哉？

程自闲曰：寒家进玉，孺人苦节纯孝，合族素所钦敬。得此文表扬，语语真切，无一溢词，永为他日采风④者考信。

贤节二吴母传

程华仲曰：风俗之厚，岂不以敬宗收族为先务哉⑤？新安祫⑥庙多而谱牒少，非不作也，无私心而任事之难也⑦。祫祭虽合族，不过为酒食献酬，而实相视如涂人，且有仇雠不解，沴气⑧五色炀为烟云者矣。斯时，有一二旧族承先世源流以敬宗收族为己任，又或败于妇人之不率，忿愦小慧，渐毒废驰。曩予传杲山吴宜谦、宜暄兄弟，一述其修宗谱，一美其救族人急难，继而知两

· 39 ·

---

① 阁：原文为"閤"，用同"阁"。大门旁的小门。

② 阐闽：也作"挣挫"。努力谋取。[明]谢肇淛《五杂俎·物部》："彼蹉跎于壮年，而徒阐闽于末景也。"

③ 相攸：朱熹集传："相攸，择可嫁之所也。"后因以称择婿。[唐]张说《唐故广州都督甄公碑》："有鳏在下，淘复河滨，元女合佐，相攸于陈。"[清]王韬《淞滨琐话·卢双月》："侬欲择婿久矣，俾延嗣续，顾相攸不易，迟误至今。"

④ 采风：搜集民间歌谣。[隋]王通《中说·问易》："诸侯不贡诗，天子不采风，乐官不达雅，国史不明变，呜呼，斯则久矣，《诗》可以不续乎！"

⑤ 原注："握定脑子。"

⑥ 祫：古代天子诸侯宗庙祭礼之一。集合远近祖先的神主于太祖庙大合祭。三年丧毕时举行一次，次年禘祭后又举行一次，以后每五年一次。

⑦ 原注："吾乡传信之谱甚少，皆此之故。"

⑧ 沴气：灾害不祥之气。沴：灾害。

孺人贤节，能相夫子成厥志，复采而传之。

余氏，富山人，吴宜谦公妃①也。自为女时，非礼不动，非岁节上寿长者不履中庭，虽服属姊姒姑衿未尝识面而闻其笑语。宜谦公以妙年笃念支属统系，孺人于归后，公悉以门内事委诸孺人而驰驾宗党所在，殷勤咨访，参互考订，间终岁不归。孺人供子职，不使公内顾忧。公且死，孺人仰事二人，俯视幼雏羸鷇②，求死不得。及孤允文、允良器识坚定，孺人诲之曰："而祖而父志未就，而不克缵承前绪，罪莫大焉。而身为幸民，讵嗛嗛③财产为哉？"其亟成父志，于是文与良奉命阅十余载而谱系告成，变易簪珥襄厥工费。唐处④二十八年而卒，族人尸祝宜谦公者并及孺人。

吴宜暄孺人鲍氏，棠樾人，先世多宦达。孺人闲于礼度，幼擅女红，归吴又理学家，益修诚谨，闺门雍肃，未尝闻亵慢声。宜暄公客宿州，倾囊脱族人缧绁⑤，堂上翁喜，使侍御视孺人，孺人色彝气清，徐曰："士常患势卑不能推功德及人，苟为贪饕赢羡，视吾族如秦越，是蛩蹷⑥之相爱，尔今若此，吾贫到骨何损哉？"于是益勤针刺供老人膳。暄卒，独任家政，礼不可死，至允榕、允苓克自树，皆良善，娶妇举孙，曰："吾少可以报吾夫泉壤矣。"年六十一而卒。卒时，捡箧行存贮纸裹物，细碎琐琐，犹十余金，盖孺人勤劳非一日也。

华仲载论曰：两孺人同堂姒娣，并以贤节称。余孺人二子八孙，鲍孺人二子，孙、曾数十人，岂不大昌厥后哉？世有教猱升木⑦而自绝其本根，非天固欲祸之也。栽者培之，倾者覆之，事之明效大验，夫人而识之矣。

方二于曰：二母同秉礼度，知大义，贻厥孙谋，固宜益大昌厥后也。吴本理学渊源，自宋适今，族日繁大，视果山他姓之式微不可同日语矣。岂知母德亦有徽音之嗣乎？是知西岐之开国，非特□子之圣圣相传云尔。

---

① 妃：通"配"。婚配。

② 羸：瘦弱。鷇：须母鸟哺食的雏鸟。

③ 嗛嗛：不满足貌。

④ 唐处：独守空房。唐：虚空，徒然。处：居住，存在，置身。

⑤ 缧绁：捆绑犯人的绳索。引申为牢狱。《史记·太史公自序》："七年而太史公遭李陵之祸，幽于缧绁。"[唐]柳宗元《上江陵严司空启》："伏惟悯怜孤贱，特赐抚存，则缧绁之辱，有望蠲除。"

⑥ 蛩：原文为"蛩"，同"蛩"字。蛩蛩：古代传说中的异兽，青色，状如马。蹷：同"蹶"。《吕氏春秋·不广》："北方有兽，名曰蹶，鼠前而兔后，趋则跲，走则颠，常为蛩蛩距虚取甘草以与之。蹶有患害也，蛩蛩距虚必负而走。"后遂以"蛩蹷"比喻二者相依为命。

⑦ 教猱升木：郑玄笺："猱之性善登木，若教使，其为之必也。"后用以比喻教唆坏人为恶。[清]陈天华《论中国宜改创民主政体》："今以政府为不可少，干涉为不可无也，彼乃变易面目，阴济其私，是无异教猱升木，助桀为虐也。"

余髫时即与屏山吴闲放先生为忘年交,居恒衡论人品,惟以崇尚节义为先,故于二母之贤知之最悉。年来得交其子若孙,一皆循礼守义之士,固知其恪遵母教有自来也。读程君斯传,适与当时闲放之言历历不爽,不惟二母之贤藉以不朽,即闲放之言并堪藉以不朽矣。双桥晚生郑胄周跋。

婺源叶贞妇传

贞妇云庄人,适庆源詹民先,年二十夫亡。翁媪念无子而贫也,议将反适。贞妇啮指血书"王贞妇云山千古恨,金石一生心"句于镜台,翁媪泣而留之。呜呼! 王贞妇翁媪死,己不得独生;叶贞妇翁媪生,己曷敢便死? 终立继主先人祀。庆源之村,詹孙子其味乎斯名欤?

汪枢言曰:詹氏居庆源,今子孙赖贞妇续主先人祀,味村名直堪百世。

婺源七烈传

惨哉! 闽寇之蹒乎婺也。江氏大畈汪见知妻投崖死,程氏汪甲得妻坠井死,曹氏汪抡妻被执自刎死,吴氏汪元栻妻、江氏游锡复妻皆被杀,而方氏汪端母、胡氏汪杼母七妇同时被执,狠毒骂贼,独方与胡为贼所磔裂死,尤惨异。予迹其生平皆无愧于为妇,虽死于兵,犹其终于寝室也。东西南北,繄[1]唯父母之命,烈妇予知其无尤。康熙十五年。

程夔州曰:从来忠烈人只是看得生死分明耳。

祁门十烈传

顺治五年,贼陷祁门,王文妻谢氏居西隅,负殊色,贼既逼,曲膝坐蚕箔中,贼摄之不可动。钻以利镞,益坚如石。贼怒,遍钻其肤,讴詈而死。翁姑整裣服至膝,强屈莫伸,姑祝曰:"某在斯。"乃伸就裣。是时,城北马攻妻亦谢氏,贼至,投池中,贼擎而上,如新荷出水,贼故涎,欲急就,谢遽以匙戳喉中,忿杀之乃已。马攻族荫元妻廖氏闻变,跃于城河死。胡允甲妻叶氏同母及妹玉兰赴井死。城东庠生张健妻汪氏自经死。其邻王琦元妻徐氏,登屋

卷

四

---

① 繄:语气助词。《左传·隐公元年》:"尔有母遗,繄我独无。"杜预注:"繄,语助。"

见贼击扶夫不止，娇语绐贼。夫逸，徐挟利刃断喉，从屋山踬于阶下，贼惊去。攻荫元族女翠适汪景星，城破，死井中。女弟榴为胡氏妇，新寡，夜半贼入室，惧辱，坠楼死。先是其兄孝廉嘉会负大义自经，至今呼节烈马家云。

王粟斋曰：因谢而及马，以马作主而带数人，或略或详，各有错综之妙，不下一语论断，而十烈之贤自见。

又曰：先生文有多多益善者，有数语而如未尝着笔者，皆化工肖物也。

卷　五

吴母、蒋母列传

程云鹏曰：予读浦阳郑氏家训，曰"守家规不听妇人言"，未尝不叹其深入人情也。然而风移俗易，事或不然。丈夫子纲纪四维，经营四方，而门内之政，不得不诿于妇人。此非贤明而仁智能为一室之母仪者，孰能当此者乎？予于傅溪吴母、蒋母而有感焉。

吴母方安人，系出傅溪同里，夫子宗德君，治进士业，雅负经济。甲寅饶寇犯边境，当事招君参赞方略。君以母老不肯行。安人曰[①]："母，吾姑也。子职不修，吾与责焉。尔丈夫即不欲早著功名显扬父母，胡脉脉跂跂以枯于蓬蒿上哉？"君乃去。及君克敌制胜有功，将由国学授重职，安人曰[②]："君才见矣，归养北堂，返其初服，读书课子以全令名，所谓知止不辱也。"已而偕侍姑疾，治姑丧，克获竭其志力。宗德君客死于燕，安人呕血几绝，子女服属哀号，请留家督。初服属多异爨，安人顾姒娌曰[③]："生齿虽繁，即不敢援浦阳义类，吾固愿诸伯叔之有以训己也。"遂复合。自宗德君多境外交，侄敦简成进士，敦仁亦宦游，安人长君太学敦信、次君文学敦仪、三郎敦本皆好事好客，冠盖无虚日。安人捭挡其薪米，身无更衣，不矜不怨，既诸伯叔愿居姑孰，安人愿居故里，始相分异。祠墓烝尝，每独任之。安人无分寸私囊，遇人缓急，或市易细民蔬菜，必溢偿曲应，故道路感激称道安人贤。安人没，咸匍匐涕泣而不可已。

蒋母汪氏，岩镇人。父光启，原名家珍，郡邑试每高列，忽一日叹曰："大丈夫胡乃尔尔！"以名让族人，补博士弟子，世所谓璧人先生，今载郡志。光

---

① 原注："妇言。"

② 原注："妇言。"

③ 原注："妇言。"

启公两女,曰月姑,适临河叶氏,二十而寡;曰淑贞,即蒋母汪孺人也。生子秉铉,甫一岁夫亡,与月姑遥守厥志。傅溪数姓皆繁衍,蒋门户寝薄,而伯氏复迁瓜浦,烝尝伏腊松楸事悉孺人是问①。孺人一身揩拄②,无废无坠,门外耽耽而欲啮噬者化于孺人之贤,不敢发难。孺人时抚秉铉泣曰③:"儿孤则易骄。吾日夜望汝成立,然不望汝欲速也。寡妇子未便就外傅,汝舅氏嘉师也,其克顺命毋怠。"秉铉学成,升上舍。孺人家秉,推儿妇至姻娅之存问里党之殷勤,且厚于酬应,曰④:"吾非有所畏而凌厉吾子也,仁爱当及亲亲也。"父光启公没,哀毁如古之孝子。弟没,亦然。居平毋苟言笑,不鞭笞婢子⑤,称未亡人四十余年。没之夕,中外无不垂涕,呼曰"贤节三孺人",夫行三也。

云鹏载论曰:吴母,予女之祖姑;蒋,又予妇之姑氏,"二母没,傅溪无母",盖闻诸其乡月旦云。秉铉子若孙能振其家,将大其族,予婿才且贤,惜哉年不永,然二子道宁、道宽俱以幼稚擅文誉,其藉两母之徽音而发祥者欤?

程聚人曰:两母没,一乡无母,确论高文。

吴孝女传

妇从夫,何谓女? 女,未嫁之称。既为妇,又为母,犹追述其为女夫志也。夫志,谓何? 表孝也。孝女吴氏,辛墟人,父名宦后,身居约,志不得伸,郁伊多疾。女二三岁,彩衣播钱于侧,父忘乎志,女承乎颜十余年,而父病笃。女告天曰:"父草泽遗人,与天地元气相蓄泄;女泥沙尔,天未绝吾父,糜吾股肉进尔。"父乃愈。家人异之,既而守令闻焉,表诸棹楔⑥。越明年,郑刑部聘为子晋德妇。于是,妇道、母道克谐乎女道终焉,故曰:"夫志乎,其表孝也。"

程根洺曰:孝女名载邑乘及留溪外传,复见斯文,当与日月争光。

---

① 原注:"妇言。"
② 揩拄:亦作"揩柱"。支撑,支持。
③ 原注:"妇言。"
④ 原注:"妇言。"
⑤ 婢子:使女,婢女。
⑥ 棹楔:门旁表宅树坊的木柱。

绩邑五烈传

顺治乙酉九月十三日，我兵薄宣城，绩溪陈启暹妻葛氏携女玉姑赴南湖投水死，伯姒林氏继之，婢女一、仆妇一又继之。当是时，启暹妻子离散[1]，弟兄逃窜，弟为山贼执，将杀之，暹请代，贼将义而释去。葛氏不谋于夫林氏同殉其难，无知妾妇并殉其主。五人者，将有所为而为之欤[2]？非也，天理固结于人心，有莫知其所以然者，第五妇人哉。

吴蕙村曰：有文如此，未可与卖菜佣读也。

方节妇沈氏诗传

方节妇沈氏者，潭渡方启贤少室[3]也。大妻临河程氏，性至孝，善事其姑[4]，举男子五。始启贤读书吴门，补吴县博士弟子，好交游，客常满座，欲携程主中馈，程以姑老不遂行。既而，姑命启贤卜吴县沈氏而妻之[5]，即节妇也。生男子一，曰兆仁；女子一，曰福姑。启贤终以母故而挈之归[6]。兆仁九岁，启贤感疾终，节妇哀痛不肯生，或劝之曰："诸郎君已析爨，俱经营数千里外[7]，姑与程又先殁，孰抚若子与女？"乃忍泣不死。家无赢余，操缉绩[8]勤针刺，短檠遥遥，坐课儿读女绣。冬无絮衾，夏乏帷帐。邻有夫死而转适归宁者，服甚都，欲夸以诱之。顾逢然怒曰："饿死命也，岂可以贫故而失身乎？"兆仁稍长，读书僧舍，或粮垂绝，即自啖糠窍省饭倩童子将之，不令兆仁知也。兆仁既长，为之娶妇，妇亡，又为之续，并遣女，皆出其手足劳也。兆仁学成，补邑庠生，蓝衫拜堂上，节妇泣曰："秀才之上，更有在汝父志待汝成也。"嗟乎！自丛睦汪君迈瀛教授其里[9]，兆仁方介迈瀛与余交，索余文祝母

卷

五

---

① 原注："牵连得书。"

② 原注："只用两虚字，含蓄百千万言。"

③ 少室：小妻，妾。室：古指妻子（亦指为子娶妻或以女嫁人）。

④ 原注："伏"。

⑤ 原注："又伏。"

⑥ 原注："应。"

⑦ 原注："再应。"

⑧ 缉绩：纺织。缉：纺绩。

⑨ 原注："补叙。"

寿，余赋沈节妇诗四百字。十余年来，兆仁复殁，两孙贫窘，不获使潜德上闻。夫人有抱磊砢①之节②，行事特与世异，乃沦落于荒山野屋之中，无权势以要声誉，而声誉亦不足以动之。然所谓俯仰无奇③，挟其庸碌细行以诳于世，世独嚣然称道不衰，若节妇者，不诚可悲夫？

> 侧身天地间，万古一瞬息。
>
> 所贵千秋名，不与日月蚀。
>
> 世人尽巾帼，古道沦胥极。
>
> 何来如花人，具此大愿力。
>
> 春风吴苑中，夙诩仙仙质。
>
> 举止目端庄，宜男当可必。
>
> 方翁君子儒，关雎德化及。
>
> 百两惠前绥，衾绸同比翼。
>
> 黾勉佐中馈，小心理书帙。
>
> 门内洽欢心，闾里声洋溢。
>
> 曷意芙蓉城，夺我中天日。
>
> 虚房惨阴霾，叶落虫啾唧。
>
> 碎我头上珠，绝我盘中粒。
>
> 相从地下游，斯言宁可食。
>
> 有子月经天，哀哀谁与恤。
>
> 强起对亲邻，万恨填胸臆。
>
> 抚孤良独难，生理本自直。
>
> 昔为枝上花，今为沟中纤。
>
> 剪发谢铅华，子夜供纴织。
>
> 机声杂咿唔，霜寒星月黑。
>
> 悲风吹户牖，格格相战栗。
>
> 损饭饭孤儿，穄秕噎密室。
>
> 母道兼父师，敬姜论劳逸。
>
> 天心果可恃，吾儿诚岐嶷。
>
> 俯仰二十年，文心藉雕饰。

---

① 磊砢：亦作"磊坷"，亦作"礧砢"。指众多委积的石头。

② 原注："悲歌慨慷，全以神行，司马公论赞外罕有其匹。"

③ 原注："于此用然字一转落到节妇作结，离奇莫测。"

骥子跃长途，万里看成立。

寸丝积锱铢，婚嫁亦粗毕。

再拜泉下人，莫为生于悒。

蒸尝绵似续，永不绝纷铋。

卓哉贤母心，岂徒夫子德。

邦家与有光，众妇须矜式。

嗟予磊落才，大节尘中植。

师友既云亡，此事无人识[①]。

几案罗腥膻，康衢藏鬼蜮。

一饮一啄间，枘凿不相入。

何如阿母贤，芳称传不忒。

奉君为母师，解我中心惑。

汪虞声曰：吾友方涵木天才横溢，人咸以大器期之。孰意陨碎国宝，不得为节母请旌。天道固不以一人而私，有感召也，或者欲昌其后乎？诗与文固足不朽矣。

方丹崖曰：文中叙事擅班史之长，结处数行悲凉感慨，其神味似欧公之学史迁，六百余年绝响复见。

---

① 原注："识者难耳。"

卷　六

魁瑶江节母李孺人传

　　江宪龙妻李氏，休邑蓝田人，年十六，适①宪龙，循循执妇道。侍堂上媚姑，食饮寒燠，晨昏不懈。诸娣姒未谙礼者，诹②法度奉若嘉师③。盖孺人幼知大体，佩服《内则》《女孝经》《闺门训诫》诸篇什。父象周，食贫，孺人弱岁解麻枲织纴，佐父易米薪。至是移孝事姑，为妯娌敬爱而克洽于姑，宁曰异事！嗟乎！《春秋传》载井姬知为女而不知为妇，抑或擅能自圣，庸奴其夫如《张耳传》中溥女事，他日虽有贞操孤芳，为人传述，亦何足道？李孺人事姑既竭其诚，后八载而宪龙病笃，告天求代不已，刲股进之，终不可疗。夫故无嗣，殁而嘱孺人，孺人泣曰：“妾应相从地下，夫子继续诿妾，妾偷生尔。”封胡遇末中，择沄为夫后，殷勤教育，使式榖④似之而后已。

　　孺人二十四岁夫殁，寿七十一而终，历节四十七年。予过□瑶，闻其贤孝于礼度，从未逾闲，愈久而人钦之。及至蓝田，故老犹能述孺人幼时孝行。今上恩例，凡妇人守节二十年，俱得褒荣，而乡村穷僻如孺人淑问攸长者，尚未上闻，其他一节之良湮没无传者，何可胜量？然孺人守身立后，为宪龙绵百世之泽，而文章之力方且传之无穷。彼乌头四角不过一二百年倾颓剥泐于断烟荒草，子孙不识为谁氏，则孺人之幸，非徒一日之荣也。世乃有不汲汲于学士文章，而自谓于亲能竭其情者，其贤不肖为何如也哉？

　　①适：旧称女子出嫁。

　　②诹：在一起商量事情，询问。

　　③嘉师：善良的民众。[清]王夫之《连珠有赠》之六：“是以炎火在原，不伤慈于田祖；霜铁普震，实敷惠于嘉师。”

　　④式榖：亦作“式谷”，谓以善道教子，使之为善。《诗·小雅·小宛》：“教诲尔子，式谷似之。”朱熹集传：“式，用；谷，善也……戒之以不惟独善其身，又当教其子使为善也。”[清]钱谦益《父友竹先赠文林郎制》：“夫教非其辟咡之谓也，生而有气谊可见，殁而有风骨可诏，式谷之似，有深于提耳者与！”

移孝作忠，丈夫事也。江节母以孝亲之道孝于姑，可谓贤矣。文字整严中而有风雨离合波潮上下之势，此吾师所独得，未易一二为俗人言也。末段一句一转，尤如大珠小珠之落玉盘，非徒寓意感慨而已。此种文自是希世奇珍，千秋盛业，受者宝之。门人王炳识。

汪伯善孺人传

孺人姓郑氏，贞白里人，年十六，适水介山汪伯善。伯善家积窘①，营求外郡，孺人支吾甘旨，糠豆不赡，终日矻矻养二人及太姑。伯善志不遂，客死江湖，孺人年十八，遗腹子长毛方饮乳，或传夫信，掷长毛于地，乱撞墙枕②，声不出枕欹。翁自外闻异响③，遽入，躇阶走，蹶阶下池。姑方拾薪傍舍后，或有告者，号而归，视翁及妇皆死④，躇阶大叫，邻男妇咸震骇，挦挦然齐力。孺人苏，翁吐水斗余亦苏。长毛嬉笑索乳⑤，姑视长毛齈擤⑥，俄而恸且绝。

孺人乃请代子职⑦。时伯善无强近之亲，茹菽不足，朝锉烟不举，穷乡丝枲无所用，孺人亲执锹桥薙草种苘。长夏土龟裂，桔槔咿哑⑧暴日中，置长毛茂树下，惧瞵踬⑨触朽桥⑩倾跌，时时左右盷⑪；朔风破屋瓦，皲瘃⑫其手足，奉败絮偎拥翁姑，已拥长毛背，通旦不寐。既为长毛娶妇，送三老人终，皆如礼。长毛早卒，抚孙祖麟如抚长毛。祖麟今五十，曾孙二人，力不能请旌，常悲泣，乡人哀之。姻党吴应鹏述其详，论曰：

余少诵文王治岐之政，先施鳏寡，叹后世未行。及观历代国典，岁有赈养之费，然岐丰地小，恩泽易周，曷可与今之直省较也？余乡闱行较直省独

---

① 原注："通篇脑子。"

② 枕：楣枕。

③ 原注："如画。"

④ 原注："如画。"

⑤ 原注："妙。"

⑥ 原注："音戏狠。"齈：同"齈"。鼻去涕。鼾声。擤：捏住鼻子，用气排出鼻涕。

⑦ 原注："省。"

⑧ 咿哑：同"咿呀"，象声词。

⑨ 原注："音刻铳。"踬：原文为"趑"，"踬"的异体字，跋行。

⑩ 朽桥：腐朽的树桩。桥：古同"橜"，树木砍去后留下的树桩子。

⑪ 原注："如画。"盷：视，看。

⑫ 皲瘃：手足受冻坼裂，生冻疮。《汉书·赵充国传》："将军士寒，手足皲瘃，宁有利哉？"颜师古注引文颖曰："皲，坼裂也；瘃，寒创也。"[宋]司马光《投梅圣俞》诗："饥童袖拥口，手足尽皲瘃。"

多，孺人处凋窭，甘足枯槁，首鬞鬖①而面黎黑②，以承夫事，当其愿代子职，时有过人之志矣。

方斯佩曰：不用波澜翻剔，只平叙去，而巉峭不可攀跻。

方母闵孺人家传

程云鹏曰：余少与方君之铨同里居，见其谦抑谨厚，未尝以片言跬步失礼于人，虽人有懬懬③负其矜气者，见之咸磬折而不遑。君笃于孺慕④，语及其母太孺人三十八年苦节懿行，即悲号而莫可已。以余悉其家事而言不苟，尝嘱余文。今君既没，孙曾复以遗命请，谨胪次之。

母姓闵氏，父良知，郡邑称善人。所谓善者，好之者。孺人归本里方兆圣，兆圣营养江湖，不暇宁家。孺人身兼子职，堂上两尊人若不知儿之不在子舍也。二人前后相即世，含殡皆如礼。兆圣奔赴阖庐，惝然梦寐中必呼曰："非吾妇，曷克逭吾罪也。"兆圣业日益落，抱伊郁疾而终。

女一某，子二人：之铨、之铭。孺人曰："吾责重矣，先人之遗惟此。既贫无束脩，而蒙塾多不率，童子尤易戕其性。我妇人未学不知书，然先人尝以《周易》教，窃闻之。"因以所知授二子于谦益之道、家人之宜，每发明象彖之义。二子多率循焉，无敢越也。

呜呼！至哉！孺人朝绩麻，夜勤针刺，子女侍侧诵书。自堂上与夫子之变，筐箧无储，食或并日，必令二子食，曰："吾已先饱矣。"衣必二子暖，曰："吾筋骨坚致，不苦寒也。"里俗姻娅妇人有庆祝事，诸妇多宴会，童子随行，孺人礼毕即归。人问故，孺人曰："童子欲瞻视仪节耳，使与席，能不开其饮食嗜好之端乎？"

初，兆圣与程翁其贤莫逆，托二子焉，至今数十年，程与方犹笃世好。君子曰："正位乎内，妇人教也。"《易》："剥极则复，否极则泰。"物虽始于蒙泉，而非坤德之厚，不足以培。含章可贞，无成有终，孺人有焉；谦谦君子，卑以自牧，之铨有焉；有孚盈缶，终来有他吉，程翁有焉。

程自闲曰：自先君与维熊翁相契厚，及其文孙已三世矣。熟悉太孺人节

---

① 鬞鬖：毛发散乱下垂的样子。亦作"髭髵"，毛发等蓬松散乱的样子。

② 黎黑：（肤色）黝黑。

③ 懬懬：戒慎貌。懬：谨慎，恭敬。

④ 孺慕：对父母的孝敬。

孝抚孤事，当不至湮没无闻。然非得中垒之笔，亦不足为采风之献。孺人诚厚幸哉！

方典麓曰：家太叔祖母节孝兼全，又能教子，先君数为称道，自应昌厥后人文。因其授《易》，即以《易》反复言之，著其明效大验，立意高浑。末结一段，尤得左氏之遗。

汪广达孺人传

大里汪彦俊介方文学①宏烈再拜，请予为其母节孝程孺人传，且曰："母励节四十四年，今七十，彦俊不自振拔，无以扬母行。倘不附青云传后世，彦俊宁腼颜而视息哉？"

按：母系范川东山程延仲女，恂恂孝敬，有古孝女风。年十九，适汪广达，胸脡枣栗，肃将舅姑意。举彦俊三岁，广达客归病笃，母既乏文觳之华袿，而布衲菅簪，周其医痰。是时，母年二十六，屡绝食饮，复念舅姑训，不敢违，奉匜沃盥，承厥欢心，曰："吾代吾夫。"遑诸似是问，勤督彦俊，曰："使幼而狂，壮而顽，辱及先人，吾耻孰甚焉。"

呜呼！彦俊同族文学由宪以舌耕供节母衣食，石田多歉岁。节母乐其子之贤而有以自安。彦俊母虽不能拔贫为富，而瓜瓠之羹，上啖翁姑，下喂孤儿，亦能抚彦俊成立。然彦俊赖于外家，不至冻馁其母。今且随舅氏天显营求终养，业将自起。由宪之刺绣文②，远不逮也。往由宪母六十，谋献爵乞菊数十本载盆内，同人赋诗，汪洪度为文纪事而节母以传。彦俊思不朽其亲，愿表厥行于予文。彦俊、由宪皆贤，两母姓氏无愧于彤管，彼世之为母者，其知为善之可恃而鞠子之贤者适所以全其令名也欤。

汪鳞先曰：提家绍闻，掩映前幅，取影于灯，笔参造化。

①文学：官名。汉代于州郡及王国置文学，或称文学掾，或称文学史，为后世教官所由来。三国魏武帝置太子文学，魏晋以后有文学从事。唐初于州县置经学博士，德宗时改称文学，宋以后废之。

②绣文：彩色绣花的丝织品或衣服。《史记·货殖列传》："夫用贫求富，农不如工，工不如商，刺绣文不如倚市门。"[清]刘大櫆《程孺人传》："始吾父为诸生，甚贫，攻苦夜读，吾母刺绣文佐之。漏四下，犹刀尺与书和答也。"

旌节杨母方孺人传

往者杨君晋年为余述母孺人励节三十余年，泪涔涔下，谓莫以报也。孺人殁且三十三年，晋年殁亦十二年，而犹邀天子褒嘉，建坊立祠进主，郡邑守令春秋享祀不祧，而孺人孙曾济济，藉手表厥幽光，而乡俗妇女知益励贞操，感发其志气，此固闾里之荣而佁儗恟愁①之所以效法而弗遑也。

按状，孺人姓方氏，同里方素心女，有孝行，年十六适杨维周，事翁姑如父母，尤以孝著闻。姑念妇德，尝述乳姑事，期奕时孙曾诸妇贷报孺人。维周随父客广陵，得瘵疾②归，求治不起。时晋年始四岁，孺人方有娠，泣绝数四，而胎绝于腹。家人震悼，孺人复痛绝，曰："杨氏有子矣，吾身不恤，何有腹中物乎？"即欲死。孺人父入而泣曰："而不以孝称乎？而不能主而夫事，使先人禋祀不修而夫血嗣失所；而不以孝称乎？而夫诚不负，而博虚名，而失实效，不亦眚③乎？"孺人悔悟，大号失声。今而后，托命于黔嬴与杨氏相终始矣。乃壹④志修先人禋祀，教血嗣有成。块然独处，不逐群妇逾阈嬉游，尊行庆吊，礼毕而归，不与宴会。正德以幅之，无媟黩⑤之容，虽密支⑥子弟，未尝一见颜色。郡邑廉察，屡征棹楔；胶庠呈请，如孺人斯今无愧。

华仲与晋年交契，尝登堂拜孺人，孺人虽不见，然窃闻诲晋年恭勤惕励，以济人利物为心，宁以长厚维持风俗，以诗礼培养后人，尤以奔走声气为垂戒。华仲敬闻命矣，谨胪次而传之告诸来者。

程芳亭曰：杨君世业医，所全活如恒河沙数，抑知节母闺房之教，尤以济人利物为功乎？斯文如朴玉浑金，天然名贵。

方节母王氏传

子贵而母犹氏待旌也，旌节而未赠覃恩，以节不以官故，犹待乎请也。

---

① 佁儗：停滞不前。恟愁：愚昧无知。

② 瘵疾：疫病。亦指痨病。瘵：病，多指痨病。

③ 眚：过错。

④ 壹："一"的大写。专一。《孟子·公孙丑上》："志壹则动气，气壹则动志也。"朱熹集注："壹，专一也。"[清]唐甄《潜书·居山》："不寓于山水而壹于山水，则乔林幽谷，犹之城郭市廛也。"

⑤ 媟黩：亦作"媟渎"。亵狎；轻慢。

⑥ 密支：关系很近的族人。

赣南道方愿瑛于任内丁节母忧，雍正元年恩诏离任不得违例请，及升任又未及请，而扬州两学公吁申部，郡邑志乘已采实行，分载全书，于是孝廉天育以愿瑛书来乞传，编《女行录》中。天育父孝廉愿仁，愿瑛兄也，为宜兴储同人高弟，惇孝友，与予为群纪交，乃即愿瑛之言而传之曰：

节母王氏，方中翰成可公庶室①也，承间篡乏②，恪恭唯谨。中翰公病笃，礼斗③求身代，中翰怜其少，语正室④，赠金帛并房帷簪服资其改适。节母号恸失声，立剪发自矢。中翰公气绝，节母投缳，家人救解，勺水不入口。五日，堂上正色曰："尔独不念尔子乎？"乃强视息，屏迹小楼，唯朔望下谒正室问安，否即登楼，不与堂上子侄接见。愿瑛幼苦目疾，几失明，节母日夜呜咽："倘不复，吾何以见尔父于地下？"时时跪风露中呼天拯救。忽一夕，楼中有光如电，愿瑛两目复明，闻者谓精诚感格。愿瑛登仕籍，迎养节母，节母朝夕诲曰："尔祖、尔父皆以孝行闻于朝宁，移孝作忠，尔其勉之。"然愿瑛以宦游扬州，旧业无人振理，节母操作辛勤，与贫闺窭妇同甘苦四十二年，卒年六十一。

华仲曰：庶妻立节，振古所难。教遗孤服官政而躬劳瘁，诲以祗承祖父孝行，非秉礼而敦大义，岂易得乎？愿仁、天育两孝廉孜孜欲表其家学，又为扬州诸君所莫及，不贤而能若是乎？

方氏夙以纯孝传家，而节母四十二年之冰蘗，尤堪砺俗。据实立言，字无泛设。门人王炳跋。

贤孝余孺人洪氏传

有女女乎？曰有。有妇妇乎？曰有。洪文学遴女曰端七八岁时，即佐母事祖母，祖母疾，尝日不食，女亦尝日不食，因以贤孝闻于族人。及归余文硕，又以贤孝闻。女性慧悟，闻人诵古今淑媛事，听之而莫逆于心。尝请诸

---

① 庶室：妾。男子在妻子以外娶的女子。

② 承间篡乏：乘着机会成为别人的妾。承间：原文为"承閒"，同"承间"。趁机会。篡乏：谓临时充数。此谓副室。《楚辞·九章·抽思》："愿承间而自察兮，心震悼而不敢。"［三国魏］嵇康《琴赋》："王昭累妃，千里别鹤，犹有一切，承间篡乏，亦有可观者焉。"

③ 礼斗：道教谓礼拜北斗星君。亦称"拜斗"。［清］袁枚《新齐谐·蒋太史》："王曰：'勿怖，惟礼斗诵《大悲咒》可以禳之。'"［清］潘荣陛《帝京岁时纪胜·九皇会》："九月，各道院立坛礼斗，名曰九皇会。"

④ 正室：嫡妻，正房。与侧室、偏房相对。

母曰："礼何自起？"母曰："礼制于周公。"女绛曰："周公以前岂无礼乎？礼起于人心之所安。"又曰："物何以有贵贱？"母曰："物少则贵，多则贱。"女绛曰："物有用则贵，无用则贱。贵贱操之在物也。"已而侍余氏孀姑，犹在母侧也，先意服勤。姑疾亟，斋戒祷祀，思糜股进，将然，姑梦若有通其诚者，疾遂起。姑尝举翁平生孝友大节，敬志之以勖夫子，然以不逮事翁而垂涕。于祠祭也，肩随冢妇，不越跬步。阃以外，嚬笑罕有传焉。生男数不育，慍结于心，终以婉亡。临殁，请于夫曰："亟厝我于郊，勿令堂上姑目之而腹痛也。"乃今而为女为妇之贤孝愈闻。

程华仲曰：魏后尝言："古贤女未有不学前世成败以为诫，不知书，何以见之？"洪日端生宦达后，不以贵胄自持，言经行纬，率义胸腔①，如布帛之有幅，观其遗言不留殡室中，为姑念虑，岂犹夫世之黄妳②者哉？

方诞初曰：唯贤唯孝，乃能得为女为妇之实。文如濯锦江澜，天然霞秀。

黄廷僎孺人抚孙传

悲哉！黄孺人之节也。盆而盎，偶而系，不若土而封，其奚适哉？脯一胸③，初也，衣裳盘帨④不敢先人，继而夫天不盖，继而子焉是恤，谓可承祧。天乎！匪孺人罪而降之罚乎？子举孙而魂气无不之孙扆焉矣，孺人骨立矣。孙鉴子，子鉴夫，孺人偕冢妇当门，而黄氏宗如线。练江之水，白石磷磷，孺人泪落，江浂丹焉；峰青江上，松柏苍苍，孺人泪落，暮色班焉。于是行子告子曰："此徐轶南之姊，适潭渡黄廷僎，郡邑旌其励节抚孤孙。今年五十八，而山高水长，历千载而不渝者也。"

凌友彤曰：左氏大官厨，非公羊卖饼家可拟。

---

① 胸腔：二字皆有干肉之意，为古代儒学的束脩，延伸为儒家义理。

② 黄妳：亦作"黄奶"。书卷的别称。[南朝]梁元帝《金楼子·杂记上》："有人读书握卷而辄睡者，梁朝有名士呼书卷为黄妳，此盖见其美神养性如妳媪也。"[清]黄遵宪《海行杂感》诗之十一："黄公却要携黄奶，遮眼文书一卷诗。"

③ 脯一胸：肉干一条。代指出嫁。

④ 盘帨：盘，盥洗的用具。帨，佩巾。

卷　七

旌节张恭人传

恭人姓吴氏,继室广西学政张芝,以节封恭人。芝殁,恭人年二十二,无子。先时,芝兄诸生张教早卒,妻汪氏年二十九,亦无子。至是与恭人同守节。部使者奉诏奖励,给米帛终身。初芝督学,手编伊洛微言示诸生,恭人在署,讨论至夜分,躬侍茶点。会苍梧猺反,命芝为监军。深入贼巢,以计尽其矢石。贼既俘,恭人曰:"仕宦岂有穷哉?"芝遂乞休,不许,进荆南副使,卒。始芝补金事,以母丧归,庐墓山舍,荷锄种莳,不与世通,恭人亲饷畦圃中。郡守尝馈十金,芝不受。及奉诏赐米帛,恭人泣曰:"此岂始愿哉?"然恩出朝廷,不敢辞也。每颁到为粢盛①荐祖考及芝,馂余②,遍赐衿姑族姆。乡邻妇女有夫死者,咸慕两节母而不嫁云。

程云鹏论曰:张公弱冠以古人自负。初除大理评事,数决疑狱;孝庙下诏求言,公上疏数万言,多见采行;武宗立,阉瑾用事,公极论时政阙失,通政司格不敢进,补公外金事。恭人解伊洛之旨,则饿死事小,讲之素矣。赐米帛而泣,化及乡俗有以哉。

程友声曰:简洁。

闵汉龙孺人传

节贵乎久也欤哉③!盖棺而事定矣。闵汉龙妻吴氏,二十五岁夫亡,四

---

① 粢盛:古代盛在祭器内以供祭祀的谷物。粢:谷子,子实去壳后为小米;泛指谷物。
② 馂余:供奉神灵享用过后的食物。《礼记·曲礼上》:"馂余不祭。"孙希旦集解:"朱子曰:'馂余之物,不可以祭先祖。'"《元史·尉迟德诚传》:"入见,帝方食,赐以馂余。"
③ 原注:"四久字化出妙文。"

十五而身故,节贵乎久也欤哉?符旌而已矣。汉龙死,上有两世翁姑,下遗两男子、两女子,吴氏冢妇,祭祀赖焉,中馈赖焉,鞠育赖焉[1],节不贵久也乎哉?吴氏工刺绣,祭祀赖焉,中馈赖焉,鞠育赖焉,节不贵久也乎哉?两世翁姑丧殡,两男子子相次亡,遣女卜继,綦[2]繁十指佣焉[3],事备[4]而殁。年符旌行论定[5]。

洪丹彩曰:事详而文简,肤寸生云,不崇朝而雨天下。

方鹿占曰:孺人为予外王母,二十一年苦节,学校已经详请,伫俟汇题。得斯文并传国史、家乘,永足千秋。

婺源汪节母游孺人传

甚哉!妇人,一节非难,而抚孤为难,匪抚孤之难,而时有不幸。孤且凶亡而与灭继绝,不坠先人一线之绪,以开百世之宗,则非寻常妇人所得而施其用也。婺源大坂汪珽孺人游氏,当嘉靖之世,相夫四年,遗孤十日,称未亡人。既而翁媪死于疫,孤死于寇,所谓时有不幸者非欤?翁媪指遗孤珣示孺人曰:"尔叔也,尔不见夫菽麦乎?树之田则生,树之地亦生,然非田弗获也。树同而获异,农与圃之用弗齐也。"孺人泣受命。及珣授室,举子升阶址,而叔再亡。婶年少未更事,孺人独为家督,一家之食指视焉,祀墓之禋祀视焉,三党之姻戚视焉,怠则储,倨则怨,宽则藐,饥寒困迫而谨廪,当门教育其犹子。族人金以升为珽后,孺人曰:"老妇不惜未亡之身,奉翁遗命,幸有子以光昭先君之令德,诸父兄能徵其不逮而有以化之,使克成立,则老妇免于罪戾,可见先人地下。"君子是以谓孺人贤而有礼。百世之泽,宁有涯乎?孺人行列郡志,学使者及郡邑旌门,缙绅先生有诗文载诸家乘。诸孙越五世应蕃、七世文学天成修其祠墓,述其先德,犹泣下。

程云鹏曰:君子之泽,五世而斩。吾乡祠墓合祭有数十世不祧,别其名曰功德主,夫礼不忘其本。子思之哭嫂也为位,昌黎服期,仲虞恩礼,洪都竭诚其于嫂也如是,况叔亡而更抚其子以昌厥宗,虽谓孺人为汪氏之姜嫄

---

① 原注:"一样句,两样言,烟泊波而潋洄。"

② 原注:"字法。"綦:极,很。

③ 原注:"字法。"

④ 原注:"字法。"

⑤ 原注:"六字应起。"

也可。

舒文敬曰：磊磊落落，古健屈盘，周秦法物，如是如是。

程若璠曰：出言能令风世，非徒得左氏辞令之长。

程门列女内传

程华仲曰：妇有自内而于归者，有自外而来归者。汉唐宋明无论矣，兴朝之有专传无论矣，搜郡志，考家乘，又得六十余人。我出者世我族之忠贞，佩先贤之训诲，终不波漩于井，石改于山。乃自外而来归者，亦不假刮磨搏埴之功而陶旊雕栝①之成乎器也，天时地利之无烦而逾淮逾济之无变乎其质也。昔《列女传》分六科，人传一事，贤节孝烈，炳著丹青。世士不察，备具琐屑，反湮没其所可传。嗟乎！生平皦皦②自好，信其志于一时，不幸藏于区区之木，与更张之琴瑟无少差别，则不肖之子孙有以抑之也③。虽然，日在地无一物之照，月在昼无一隙之明，漫漫群动，一听抟沙播捏，终不能损吾腹背之毳而为鹓鷉也。《传》曰："生女如鼠，犹恐其虎。"况以妇人而秉义不回，正当不为同异，岂复待叫呼自显于天下乎哉④？休宁程珍妻毕、镒妻吴，妯娌也，顺治五年，山贼至，赴火死婺龙欱⑤。

程子质曰：措辞高妙，具有超绝之识；用笔变化，因多史传之才。观其忽住忽提，忽论忽叙，忽串忽渡，如蛟螭出没，莫竟端委。又曰：此就本朝采录，若尽所闻，指不胜屈。

程午桥曰：串合题难于洒脱，斯何其纵横如意也？又曰：文据郡邑两志于槐塘二节母事，不能无所参差，俟编定于程氏《文献志》中可耳。

· 57 ·

洪元明孺人传

雍正丁未，洪孺人历节三十七载，行年六十四，大易之数，穷而将复，入

---

① 刮磨：即刮摩，琢磨器物，使之光平；搏埴：陶工制坯时拍击黏土；陶旊：烧制簋、豆等陶器器皿；雕栝：雕刻剔除。此皆代指外来媳妇受到本地列女的影响薰陶。

② 皦皦：清白；光明磊落。皦：古同"皎"，洁白，明亮。清白。

③ 原注："八至不肖，终难唤醒。"

④ 原注："束上嘱下。"

⑤ 原注："通篇点死字、节字。"

则黮黯[1]幽房，出则拾薪执苦。或曰："孺人教孤翯，今克自强，力负米五百里外。亲[2]戚[3]唏然叹息，非此母不生此子。孺人胡乃颛颛[4]，深自抑损，若有所惧而不忍安也。"孺人曰："吁，惟孤翯贫寠[5]儿，承清白家风，曷敢与燕饰[6]子捋簇角妙[7]，为盘杅耻[8]。且夫富当可贫，贵当可贱，况翯孤乏封侯骨相，欲令老妇垦观背幽光、柔白日，讵杳冥雰雾[9]何？"

按：孺人系岩镇方按察道通公孙宅光女，适洪元明。元明字阍生，七世祖工部尚书远，六世典膳公修，父文学秉衡，元明奋继先人业，想魂乎万里之外，终枕书而死。死而门籍凋落，至七八九日突不烟，人或蹙焉悲酸，而孺人修己愈坚，将使穷则变，变则通，愿叶万子孙与乾坤六十四子无忘今日也。

程云鹏曰：予始为方生成基母吴孺人立传，成基述姑母事，予札记之。既翯乞予文而忾叹按察公流泽长也。世俗妇女行，虽犬彘家富势足趋要津，矜泰大遽，夸张扬显，贱视草莽，文章抑知细三正，贯四时，而流誉无穷。翯与成基之奉两母也，不啻千万金矣，夫何憾！

徐谷符曰：辞古奥而意玲珑，昌黎先生橐铊也。

方亦村曰：先生写家人行每用辞异意同之法，故落笔即古色斓斑，令人目炫。

① 黮黯：见"黮闇"。亦作"黮暗"。黑暗；没有光。黮：云黑色。

② 亲：原文为"亲"，"親"的异体字，同"亲"字。

③ 戚：原文为"戚"，同"戚"字。

④ 胡乃：何乃。何故，为何。颛颛：用心专一貌。颛，通"专"。

⑤ 贫寠：贫乏，贫穷。寠：贫穷，贫寒。

⑥ 燕饰：假托粉饰。

⑦ 角妙：谓竞斗巧妙。

⑧ 为盘杅耻：为先人蒙受耻辱。盘杅：即盘盂，为盛水和盛食物的器皿。古代常将铭言或功绩刻于盘盂，以为法鉴。此代指祖先的训导。

⑨ 杳冥：阴暗貌。雰雾：雾气。

卷　八

绩邑胡烈妇章氏传

绩溪县庠生胡弘育妻章氏，于康熙六十一年六月死烈，邑宰会稽范公龙威、教谕胡巍龄、训导何满、城守张必贵、巡检张英、典史唐生广咸祭于其家。范公幕从及绩邑绅士知与不知，皆赴吊，作为诗歌，张于阖庐，而予友岁进士陈子弘谟与焉。陈子曰："烈妇章氏，瀛川人，适庠生胡弘育，事翁姑克全妇道。弘育疾，许以身殉，及期，绝粒十二日死。"

弘育之祖文正实予同年，世多显仕。父兆清，为名诸生。弘育博学嗜古，力行孝弟，有古君子风，年二十五始补博士弟子。烈妇十九岁于归，念弘育羸弱，时时作女红佐药饵。弘育亡，烈妇恸绝复苏，强起经纪丧葬事，嘱家人筑虚圹，悉出房中物置舅姑侧，号咷①百拜。拜毕，长跪叔与娣前，请解老人忧，诸姻娅妯娌来丧次者咸拜别，然后乃闭户。

范公曰："古今来，妇人之传者，非得学士文章、缙绅吊挽、骚人墨客咏歌，则其贞魂灵气，亦徒与鬼磷萤火相明灭。胡烈妇死，而咏歌嗟叹几百千人，虽非烈妇意中期幸，然他日太史采风，莫不知有绩溪章氏者。"陈子曰："妇人礼终内寝，弘育家贫，居隘小，支费仰赗赠②，族人金谋迁楄柎于家祠厅事，受当事及四方吊祭，秉礼者难焉。"歙县华仲氏闻之，曰："得正而毙，守经之常；殉烈而亡，达权之变。人能于始终生死之际较然不欺其志，平时之行谊，方可信之。圣人未尝以烈垂教，而妇人每徇其身，章氏之正，族人之权，各行其是，可也。夫烈妇得天地之正气至大至刚，塞乎天地之间，其精爽固无不之也。未可以拘牵文义也。"陈子曰："有是哉，是谓亡于礼者之礼。"

---

① 号咷：啼哭呼喊；放声大哭。咷：同"啕"。

② 赗赠：指赠送给丧家的财物。《后汉书·袁安传》："及贺卒郡，阃兄弟迎丧，不受赗赠。"赗：拿钱财帮助别人办理丧事。

汪书农曰：爽气凄响逼成奇肆之文。

郑节母黄孺人传

呜呼！天人之际，岂易言哉！或命数之偶然①，而汲汲援天以自解曰：我告诸天之不假易也。使天以一人之故而相之斤斤，天亦甚劳而易测。世多言伯道无儿②，不能自解于天，伯道舍其子而人哀之。然前此有刘平③者，亦舍其子而抱其弟之女，固不闻乎绝后也？知不系乎天，则人之行已，但求心之所安而已④。

南山郑君珝若，孝子也，父时求公，邑廪生。珝若娶黄君安止女，于归日，时求公病甚笃，珝若亦患悬痈。虽黄脓昼泻乎⑤，而时求公之展侧不藉诸兄也；纵朱血夜流乎，而时求公之溲便不资弱弟也。黄孺人以新妇调药饵，躬食饮，承侍两世于舟藏夜壑之时。一月而翁殁，珝若过情哀痛，疾益深，越五月而又殁，孺人之遭际穷矣。堂上姑念子之孝而不忍忽⑥然无嗣也，族老佥谋而嗣。已有续，孺人专意事姑，而孤且得其鞠养。至姑亡，而嗣子亦殇，孺人曰："门祚赖诸伯叔，不赖未亡人。"遂栖居不预世事五十二年，期功⑦之亲全未识面，童稚过楼下不闻人声，谓楼无人。孺人年七十，族属敬孺人，请登堂展贺，不许。既而请立后，孺人曰："吾夫子孝行信于家，自可传于后。吾乡祠墓有合祭之典，伯之子犹吾子也。且安知前继之无征乎？且安知命数之无适然乎？且安知天之劫运不终穷乎？"复不许。卒之日，乡人哀之，为

---

① 原注："立案。"

② 伯道无儿：晋邓攸，字伯道，历任河东、吴郡太守，官至尚书右仆射。永嘉末，因避石勒兵乱，携子侄逃难，途中屡遇险，恐难两全，乃弃去己子，保全侄儿。后终无子。见《晋书·良吏传·邓攸》。[南朝宋]刘义庆《世说新语·赏誉》："谢太傅重邓仆射，常言：'天地无知，使伯道无儿。'"后用作叹人无子之典。[唐]韩愈《游西林寺题萧二兄郎中旧堂》诗："中郎有女能传业，伯道无儿可保家。"[清]严有禧《漱华随笔顾亭林》："得一子，已成童而夭，竟同伯道。"

③ 刘平：东汉楚郡彭城人，字公子。本名旷，后改平。王莽时为郡吏。扶母避乱，弟仲被杀害，平抱仲女，而弃己子。光武建武年间，举孝廉，拜济阴郡丞，迁全椒长，有政绩。明帝时，尚书仆射钟离意荐拜议郎，永平三年，累官宗正。（张㧑之等主编《中国历代人名大辞典》，上海古籍出版社1999年12月版，第615页。）

④ 原注："心安即是天。"

⑤ 原注："奇文。"

⑥ 忽：原文为"芴"，古同"忽"，忽然。

⑦ 期功：古代丧服的名称。期，服丧一年。功，按关系亲疏分大功和小功，大功服丧九月，小功服丧五月。亦用以指五服之内的宗亲。

位哭。太守郭公闻之,曰:"是可风也。"锡额旌门。

程云鹏曰:孺人高祖姑吴氏节母,郑太学铎之配也。建坊岩镇水口,孺人贫无嗣,不及上闻。然郑氏自郑谷君铣以儒行登郡邑乘贤良坊,郑固多贤,必有为孺人传者,乃孺人能识命数与劫运终始,五十余年静悟,斯盖未易与人言也。

汪翼亭曰:五十二年楼居,虽服属无容识面,吾乡贞节固多,不得不首推孺人也。

程若璠曰:伯道无儿,事属偶然;天道无知,四字竟成烂套。人之行已,但求此心之安,何等直截了当!

宋节孝黄孺人家传

节孝黄孺人者,宋孝子文烈之配也。文烈儿时念父兄之教,思欲光大其门,昼夜诵读,节孝于归后,文烈益发奋曰:"吾一日不成名,即无一日慰我父兄之望也。"节孝昼随两姒奉姑章,夜勤蚕绩伴文烈,寒衣以衣,渴进茶汤。文烈有得于书之旨趣,或达旦不寐,节孝必婉容恭侍,所宜食果饵,委曲承顺,贫寒之钗珥弗惜也。

初,文烈娶妇,合卺①之夕,客谓文烈曰:"妇成夫学,古今来曾有几人?新妇虽出孝行里,而今而后,其怠乃公志乎?"及闻节孝贤,咸啧啧称道,节孝若不闻也。越二年,举子,文烈文愈佳,试愈不利,归辄号泣。节孝曰:"翁属纩之言固当勉,姑慈训亦人情也。"姑尝怜文烈攻苦太过,欲使改业而保身。文烈泣下不已,渐致羸疾,移榻厅事侧,日饮縻粥数钟,而书声犹往往出户。母与两兄闻之,悲不胜而未能止也。病革,文烈谓节孝曰:"吾有母未能事,吾兄固未成人也。守事之间,尔知所择,吾目瞑矣。"及节孝事姑,劳役争先两姒,两姒曰:"吾三人等耳,胡尔尔为?"节孝曰:"吾代子职,敢自偷安以落死者志乎?"子广岑娶妇,节孝操砺坚而勤谨益至,若何而身且不寿也。悲夫! 节孝二十一岁夫没,历十六年而卒,今则广岑复殁矣,年不及旌而为妇为母为师之道徒令生者述也。

程云鹏论曰:予感宋节母项孺人事,叙其传而为之赞。节母,节孝之曾祖姑也。越数日,宋生广崇来谒,请传其叔母。予叹曰:自尔诸祖父伯叔三

· 61 ·

卷

八

————————————
① 合卺:古代婚礼中的一种仪式。剖一瓠为两瓢,新婚夫妇各执一瓢,斟酒以饮。后多以"合卺"代指成婚。卺:古代结婚时用作酒器的一种瓢。

世皆汲汲欲表其先节，生妙年而念及此，亦奇矣。余读佘华瑞墓志，方欲采入《女行录》中，生不言，予弗忍忘也。予所录天下之公，是公非系焉，生不言，予弗忍忘也。呜呼！宋氏固多贤哉！

方傅舟曰：节孝系出潭滨孝行里，家学固有渊源，又适宋之孝子，虽曰不幸其事，真足千秋。作者两边都见信，称良史。

旌节徐母蒋孺人传

雍正四年五月初一日奉旨："俞大臣题奏，准歙县文学生徐裎吁请，赐其高祖徐廷鲤妻蒋氏建坊、进主节孝祠中，一体谕祭。"维时节母支下曾孙一瀚及五世、六世、七世孙共八十六人，俯伏涕泣，遵旨奉主入祠，勠力建坊，观者咸咨嗟感叹。节母历年之多果，孙子以似以续，必不至湮没无闻，而天下之励厥坚贞者，皆有可恃而不肯依回苟且诿其所难为^①。嗟乎！节母盖不独为徐氏主而得全乎天道之韶占者也^②。天道三十年一变，母守节至五十九年，天道变而又奇。

母生有明嘉靖四十四年，没于我朝顺治四年。先值神宗之太平，后罹革运之转徙，未亡人提三尺、托命孤，摇荡于水火兵戈之际，日与愆阳伏阴相穷极，无一弓之田、九品之期功斡藉其衣食，而堂上慈姑且称曰："孝谨笃至，生养死葬之能，居正副礼也^③。"且夫人事未可与天而竞力^④，虽甚盛德，颇亦限于不可知之数，少而强者不可保矣。后人之贤不肖，方且又付之无可如何。乃节母孙子盈庭，一循母之常度，而世不旷名^⑤，又皆克念节母之开基良厚，竭智哀吁旌扬，至百年之久而不倦。恭逢今上覃恩，遂使泉下幽光得发阳潜之焰^⑥，天不可知而有可知也。第母德贤哉，抑后嗣之良足多也。

程云鹏曰：吾乡人愚于祸福，例不即葬父母，往往暴露先世，衰替及身，终不知悔。阅节母请旌事，实能自行己意，葬厥翁姑，使术家傅会，格人非议，此司马温公遗法也。司马公葬后，多膺异数。节母葬后，佑启后人。彼世俗之笃信青鸟者，盍亦师吾节母哉？

---

① 原注："结咨嗟意。"

② 原注："略断生波。""拈天道见人事之难。"

③ 原注："一束。"

④ 原注："见抚孤亦有不可知之数。"

⑤ 原注："与天道呼吸相应。"

⑥ 焰：原文为"熖"，"焰"的讹字。

汪绍闻曰：天道三十年一变，节母所历尤愆阳伏阴之际，卒能使孙子众多而世不旷名，诚不愧周家京室之妇，第母仪于徐族哉。节母没已八十年，传历七世而谷符兄能承先人之命，奔走颠踬，百折不回，卒令纶绥之辉光照夜台，所谓有志者事正成也。

朱篆一曰：有百年历节之天道，即有百年历节之人事。文之断续曲折，不可端倪。

临河二程母传

临河程茂忠妻吴氏、程瑞云妻汪氏。茂忠亡时，吴年二十七；瑞云死日，汪年二十八。居①衡宇相接，同宗祀，皆有子三人，家贫业落，二氏愈益甘教其子为善士。子长，佃田佣作以养母。

外史华仲闻而叹曰：妇人一节非难，而能不偾先人遗荫为难。教其子取富贵非难，而令乡里称善人为难。天之降才殊，与其极者不与以福，有所积重者即有所空虚。是母是子，安天之分，不以狷②给辨慧损厚于己，而忧当世之大人遗秉敛秭③，自亦不至羸瘠，昌者渐此而治民。民曰：吾大夫准已以调均于我，一若弹南风之操者，从田间来也。

郑屏叔曰：从源头上洗发繁露之旨，举一以风百也。

节孝二鲍母传

鲍节母程氏，文学鲍秉宽之配也。秉宽家贫力学，节母同心黾勉。及秉宽游学海陵，誉高而身不禄，节母年未三十，孤连始六龄，躬执丝麻茧枲④，锄铲铸镰⑤。人或怜其苦，节母曰："吾不敢越义求生，复敢使孤露子湮灭先德，以诒百世忧？"乃为连娶妇，得岩镇程似皋公女，今所称懿孝程安人，仁厚端淑，能承节母志意。节母曰："时者，事之征也；需者，事之下也。沐诗书遗泽

---

① 原注："一字句。"

② 狷：胸襟狭窄，性情急躁。

③ 秉：同"柄"字。秭：割下来没有捆的农作物。

④ 枲：麻类植物的纤维。

⑤ 锄：古同"锄"。铲：割庄稼的刀。铸：古代锄类农具。镰：砍。

而不急治生，奚事先人之岁时䐃腊①哉？"自是，连奉母贸迁平湖，与休宁金文石邸肆居积而囷鹿②丰盈，田且土膏脉也。学殖③不荒而诗篇更艳发也，遂由成均而益肆其学。节母秉家督，闺门纤细则诿诸程安人，安人竭力尽职。节母负夙疾，连五十殁，抱能未施，母疾益痼，程安人刲股佐药饵，寿至八十余岁，励节五十三年。殁后，程安人哀瘠如古孝子。及安人抚三子懿瑞、玉瑞、均瑞，悉不敢背节母训。虽赢余不纵子弟华靡嬉戏，故诸孙皆顺善守法度，不鬻声名于闾阎，而人见者知为鲍氏节孝之传人。学院彭公表曰"淑范嗣音"而列节母于郡志。

程云鹏曰：世多称管鲍，予闻金文石与鲍氏交三世，不欺屋漏，尝偕连扶秉宽柩于海陵，若父犹吾父也。连襟度恢宏散朗，偕文石贾业不求多，所至尤为人欣慕。安人，予姑氏；节母，予远族，闺行且出乡评，若金文石其人者，夫岂易得哉？

鲍澹庵曰：分斋叙其家之女行，有云系出于程，每多贤节孝烈，征之两母信然矣。若金文石翁者，世乃有斯人耶？予家鲍叔不足多也，得此附传芳名，亦应不朽。

罗烈妇传

顺治乙酉，歙呈坎烈妇李氏率十三人自焚死扬州新城，予友桐城方苞表其墓曰：罗仁美继室李氏，性沉毅，遇事辄以义自裁。我兵驻扬州，妇语夫曰："事急矣，全母与子，君之责也。吾自择死所矣。"积薪楼下，城陷，妇闻，上堂泣拜姑曰："吾不能复事姑矣。"从皆哭，妇抱所生期岁女登楼，命爱婢举火，婢亦随入楼中。与难者，姒刘氏，仁美妾梅氏、李氏，前室所生十二岁女宦姑，举火婢菊花，余六人，名与身俱烬。仁美负母挈子奔逸，数被创，翼母

① 䐃腊：古代的两种祭名。其祭多在岁终，故常并称。古时贫民，必待"䐃腊"方得饮酒食肉。《韩非子·五蠹》："夫山居而谷汲者，䐃腊而相遗以水。"[汉]桓宽《盐铁论·散不足》："古者，庶人粝食藜藿，非公饮酒、䐃腊祭祀无酒肉。"[宋]刘敞《打鱼》诗："南人登舟作䐃腊，清潭数里奔舟楫。"[明]张煌言《辛丑除夕行营沙关》诗："䐃腊总来殊越俗，屠苏那得破愁颜。"[清]朱彝尊《甘池》诗："河北将军祠，䐃腊走巫祝。"

② 囷鹿：粮仓。《国语·吴语》："市无赤米，而囷鹿空虚。"韦昭注："员曰囷，方曰鹿。"囷：古代一种圆形谷仓。

③ 学殖：《左传·昭公十八年》："夫学，殖也；不殖将落。"杜预注："殖，生长也；言学之进德，如农之殖苗，日新日益。"原指学问的积累增进，后泛指学业、学问。[清]黄景仁《将北行留赠沈枫墀》诗："见君学殖坚，愧我旧业废。"

获全。乱定，合葬烈妇十三人西华门外。苞乃叹曰："烈妇，仓卒诀机，视区区获惜名节及观望□志者为所难能。"是时，华仲伯母吴恭人同日自经，别有传。

程师恪曰：只用墓表立传，以灵皋先生所作，非代衔也，其言足信，此又一格。

卷　九

汪节母潘孺人传

　　或曰汪节母,妇人之达于礼者也。程云鹏曰:礼者,王事之纲纪。不达于礼,则节何由而立?况乎妇者,家之所由盛衰也。守其宫庭人域,是域不敢逾其分,然后家道成而绵其似续,此予所以因节母以风世之为母,且即母之子若孙以风世之子若孙焉。

　　汪节母者,姓潘氏,岩镇汪文在之配也。文在年十五,丧其母[1],父客湘中,节母归文在,念姑早世,岁时伏腊[2]朔望[3],必亲为上食,哀戚如有所不胜。既举子为楫,文在省亲而没,节母抚为楫而叹。当是时,文在弟兄咸隔数千里外,门无强荫,二十四岁之嫠妇抚六岁藐孤,薪刍既尽,薙草晨炊,臑酒未酾,或且以目皮相恐,虽欲正位乎内,执礼而纲维之难矣。节母乃能以礼鞠其子为善士,娶妇有孙,因诏之曰:"吾岂不欲使尔得志,佩青绲[4]荣华道路,然尔大父耄矣,可不代尔父以左右之乎?"于是为楫随伯叔父经营侍养,而业渐丰隆。节母专抚两孙,秉其家督,持礼益严。罗太守闻其贤,曰:"是可风也。"锡额旌门。

　　云鹏载论曰:往丙申岁,节母六十,为楫致四方宾客称觥堂上,顾子曰:"吾母三十八年冰霜劲节,非子之文,孰克传之?"越明年,节母弃世,四方来吊如母寿时。为楫营谋蹉跌,孙成裕负俊才伊郁而死,死时叩首枕上,乞予传其王母。今上即位之明年,覃恩遍于群嫠,而为楫窘不能上达,号泣不止,

---

　　① 原注:"句。"
　　② 岁时伏腊:指四季时节更换之时。岁时:一年,四季。伏腊:指伏祭和腊祭之日,或泛指节日。
　　③ 朔望:朔日和望日。旧历每月初一日和十五日。亦指每逢朔望朝谒之礼。
　　④ 青绲:青绶。佩系官印的青紫色丝带。《史记·滑稽列传》:"及其拜为二千石,佩青绲出宫门。"裴骃集解引徐广曰:"绲,青绶。"

诸弟上舍嘉询请于予曰："询叔母待君文久矣。"予曰："君叔母以礼自淑，无成有终。所谓上致其隆，下尽其杀，调于乐而合四时之变，将播之风诗而无愧也。"成裕子立本与嘉询子应阳、应申，虽属童年，一堂咕哔，而进退揖让，并有门行，节母之休声，宁不播于四方乎？是为传。

节孝宋孺人家传

上丰宋承尧死四十七年，有室曰孺人王氏，持孤身，托冷室，刳剀菹醯，上奉其亲，下植其子孙，岁月深而冰霜励。观今日之嬉笑盈庭，溯厥临板转丸之际，谁谓荼苦？其甘如荠。孺人不自堕窳①，一任造物者煎熬裔割②，终不废其寝兴明发之思；约身缩用，不敢坠夫子言于属纩。且夫世之所谓节与孝者，财多而光荣，此则虽婢妾痴顽之智，皆可穷核其所以然，若孺人之腰撵③不完处，刳剧④躬舂，绩出肺肝而仓五色，尸饔堂上，果腹诸儿，宁讵饷⑤富贵而无厌哉？今而后乃得板舆之暇日也，今而后乃不负先程子之遗训也，今而后乃不负宋氏之徽音、华仲氏之编载也。

许玉载曰：此种文出，将使俗士大笑如苍蝇声。

叔祖母芳称藉甚，又得世臣、世明、世端三叔氏克承家训，徽音百世，宁不自此而昌乎？侄孙琛识。

汪仲芳孺人传

东源洪子携其姊之行略告于程子曰："闻子搜辑女行，敢以吾姊氏请。"程子曰："子之姊若何⑥？"洪子曰："吾姊幼而贞静，父母爱怜之。年十八适阮溪汪仲芳。仲芳父文学人龙，字起垣，明伊洛关闽之理。仲芳能守庭训，进退有度。三年，感疾卒于家。吾姊氏毁形哀恸，文学公恐不可谕以生，乃托言尔夫见梦于我，命尔教育其女，设相见黄泉，岂不督过及尔而怨我之不率，且男子之贤不肖有天焉教操其半，女子则人焉而已，习与性成，终身不改。

· 67 ·

---

① 堕窳：懈怠无力。堕：古通"惰"，懈怠。窳：懒。

② 裔割：碎割；瓜分。

③ 腰撵：疑为"腰襻"，指腰间系衣裙的带子。

④ 刳剧：犹刳繁。刳繁：谓裁处繁剧的政务。刳：割断，截断。

⑤ 饷：诱取。

⑥ 原注："与天道呼吸相应。"

母教不修,谓尔夫何?于是吾姊留身抚女,择堨田郑可参而嫁之。自二十一岁夫殁,守节三十七载,伯叔娣姒敬其贤。文学公殁,汪之家运艰屯,诸食饮不给,吾姊处之恬然。雍正二年,恭逢恩例,族属公吁学官,吾姊述乐贞妇陈氏之言曰:'此是妇道所当然耳。岂有他觊哉?'然而族属不忍吾姊之湮没也,行且俟当事汇请焉。吾子傥锡以鸿文则达之朝宁、光乎家乘①,汪氏且百世倚之。"程子曰:"嗟乎! 兄弟一伦,世不讲久矣,况既嫁之女兄乎? 姊氏之贤,予闻之熟矣。洪子时时馈问,或与郑可参各时迎养其家,姊氏将赖以终焉。岂不难哉? 岂不难哉?"洪子名启珆,诚笃君子。

程夔侣曰:汪节母苦而逾甘,即未上闻,得与斯集芳名已不朽矣! 洪子不忘其姊,汪族尽敬其贤,例应附书以昭奖劝。

罗母吴孺人传

程华仲读《关雎》之诗,而窃叹后妃之德历万古而莫可几及也。天地生人生物之数有尽,天之功无所不施而地力尝限于不足,故虽圣德之妇不能衍千百之子孙。古者诸侯一娶九女,妾媵无算②,为广嗣也。文王宫嫔之御甚繁,而樛木仁恩尚及于衾裯之夜,抱江沱之啸歌。

今天下族姓大半出于周,其源皆系于后妃之德。呈坎岁进士罗君耀宪妻吴孺人,承先世遗泽,不徒静好为也。新安俗尚朴隘而执泥,丈夫五六十无嗣,方许置妾,或阳娶而阴妒,终绝先人祀。抑知圣人立法,有无子出妇之条,无不应娶妾之律令。孺人于归,罗君弱冠耳,如夫人者多至五人,孺人视之如姊妹娣姒;子六人,皆庶出,孺人视之如腹。

呜呼! 王丞相导一代名贤,有子八人,端正可念,至今为琅玡百代之宗,在当时不能免"短辕犊车,长柄麈尾"③之诮,以视孺人不诚异欤? 罗君族固

---

① 家乘:家谱;家史。

② 算:原文为"筭","古同"算",计算。

③ "短辕犊车,长柄麈尾":王导惧妻之事。典出《晋书·王导传》。东晋名臣王导之妻曹氏性妒,王导甚惧。王导纳妾,不敢让妻知之,乃秘密营建别馆以处之。后曹氏知道,将往,王导恐妾被辱,急命人备车前往,恐怕迟到,鞭子也来不及拿,用所持麈尾之柄驱牛而进。司徒蔡谟听说此事,便和他开玩笑说:"朝廷准备重重的赏赐你呢!"王导没察觉出来,只是一味谦虚,蔡谟说:"我没听说赐物中有别的东西,只有短辕犊车,长柄麈尾。"王导乃觉,大怒。(才晓予主编《二十四史掌故辞典》,中国发展出版社1995年1月版,第252页。)麈:古书上指鹿一类的动物,其尾可做拂尘。麈尾:即"拂尘",古代用以掸拭尘埃和驱赶蚊蝇的器具,东晋名士常持此物。

大,兄弟三人,读书治生无居岁,孺人躬荐苹蘩,和妯娌勤奉姑嫜。罗君若无事为家,而烦姻娅之讥忒礼也。始者,王干礼部王芦人先生以琅玡苗裔卜迁予里,有子九人,半皆庶出,一门玉树照耀丰溪色荫间。孺人有女相攸,而得先生曾孙文学台。夫王与吴系周而罗系于夏,淑人君子螽斯奕叶[1],宁非太姒徽音之嗣哉?罗君聿修厥德[2],不贻讥于犊车麈尾而刑于以御,家邦革取朴泥之俗,使人人笃念先人而知此事之重,孺人之功泽,讵为一家私幸而博罗君所莞笑也哉?

汪绍闻曰:予常屡过溧溪,具闻贤母行谊甚悉。大抵吾乡阃德,贞其所长,妒其所短,假使讽此文于内家之前,必嗤其矫枉过正,然□之可以立懦廉顽者,皆矫枉过正者也。孺人不亦可风欤?

汪仲光孺人传

孺人程氏,槐塘人,适岩镇汪仲光,秉先人遗教,相夫克振其家。汪族无祠,明水不供,仲光偕弟仲高相次没,孺人曰:"吾长子且先亡,叔氏诸儿淳朴,鲜资材,不足施连榱阳马[3]之用。天祸予宗,吾子弟不慕士林之誉,蛩行蹶取[4],依倚势津,轻贤抹德,吾惧其先人为族厉也。"尽平生箴管之余,麻枲蟹筐之绩,庀材鸠工[5],先成寝室,设座妥灵,门堂榱桷,俟诸叔氏之嘉荫焉。

程华仲曰:"三十年前,予返新安,徘徊通济桥,青栏坦级,周正完好,行人嗟咏盛德,知属孺人节俭蓄力所造。石去跛偏,灰求密理,乃克利用致此。呜呼!诸子孙踊墙露隙不顾崩徙,呼卢椎筑以赇藩身,孰与端言其过?天顾欲逞其心而降之罚也。宁见疏于度教哉?宁见疏于度教哉?"

· 69 ·

---

① 螽斯:《诗经》篇名。《诗·周南·螽斯序》:"螽斯,后妃子孙众多也,言若螽斯不妒忌,则子孙众多也。"后用为多子之典实。《后汉书·皇后纪下·顺烈梁皇后》:"夫阳以博施为德,阴以不专为义,螽斯则百,福之所由兴也。"奕叶:累世,代代。

② 聿修厥德:修行自己的道德。聿修:见"聿脩"。《诗·大雅·文王》:"无念尔祖,聿脩厥德,永言配命,自求多福。"毛传:"聿,述。"聿本助词,后多训为"述",因以"聿脩"谓继承发扬先人的德业。

③ 榱:屋檐板。阳马:房屋四角承檐的长桁条。其顶端刻有马形,故称。

④ 蛩行蹶取:蛩蛩与距虚行路时,蹶为之取甘草。蹶有困难时,蛩蛩与距虚为之背负行走。比喻互相依靠。蛩:蟋蟀。蹶:"蟨"的异体字,古书上说的一种兽。

⑤ 庀材鸠工:见"鸠工庀材"。招聚工匠,筹集材料。指土木工程兴建前的准备工作。[唐]李方郁《修中岳庙记》:"遂鸠工庀材,四旬而就。"[清]蒲松龄《聊斋志异·黄英》:"一切听诸黄英,鸠工庀材,土木大作,马不能禁。经数月,楼舍连亘,两第竟合为一,不分疆界矣。"庀:原文为"庇","庀"的异体字。准备、具备。

程师恪曰：度教不率而墙高隙露，此孺人所以惧也。一曰天祸予宗，再曰天逞其心，孺人固知天之不可假易矣。

呆山吴孺人传

呆山吴孺人，何以贤声藉甚也？孺人咸一君妃。咸一君幼失父母，抚于叔母鲍姑，孺人行无二视。咸一君治生而婆，孺人同心黾勉毋弛志。咸一君喜夜读书，孺人供侍茶汤不敢寝。咸一君即世，孺人鞠四子成达财。

汪由宪曰："孺人季子从予学，误击其首，朱血横被面，或曰：'彼无父，不伤母心乎？'已而闻孺人督责其子不征辞。"婺源汪栻曰："予与孺人叔子交，叔子数为东道主，孺人毁质器具办盘殽，能令予忘乎在客。"夫见叶可以知根，观澜可以识瀑，鼓钟于宫，声闻于外，孺人所以贤声藉甚也。孺人姓程氏，闺讳文珠，子伯肇源、仲肇澄、叔肇灏、季肇洲。灏更名湘，事制举业，有志乎古文。

洪书升曰：萧疏澹宕，手腕皆似不劳，此谓神行。

卷　十

奇节徐氏、许氏列传①

程云鹏读圣人论妇人之七出也，曰恶疾去，窃讶圣人非人情。妇人从一而终，终身无一可，苟不幸而撄疾患，当怜悯之，何至去之唯恐不速也？难者曰："妇所以配身也，宗祀之所关也，似续之所系也。恶疾则不能肃烝尝、育子孙，去之宜也。"云鹏曰："祀，先冢妇②，次介妇③，疾则介妇先焉，后不可斩。宁无媵焉以任厥事，而必去其妇乎？一与之齐，终身不改，别室④焉以养之可也。虽然，圣人严于立教，而风会之流，圣人莫可如何也。作之君，作之师，君有不能制其臣下者⑤。公主夫死亦嫁，而妒妇⑥不畏君之赐以死，是以圣人之道亘万古，而去妇⑦之律今不复行也⑧。然而妇人于夫之恶疾则安之⑨，则亦奉圣人之教而兢兢乎不敢怠也。若曰我为妇人，苟有罪，圣人不肯

①　此篇传记通篇看不到徐氏、许氏事迹，疑原文有误。

②　冢妇：嫡长子之妻。《礼记·内则》："冢妇所祭祀宾客，每事必请于姑。"[唐]韩愈《扶风郡夫人墓志铭》："（夫人）为司徒侍中庄武公之冢妇。"

③　介妇：古代宗法称嫡长子之妻为冢妇，非嫡长子之妻为介妇。《礼记·内则》："舅没则姑老，冢妇所祭祀宾客，每事必请于姑，介妇请于冢妇。"[宋]叶适《丘安人挽诗》："左司遗事远，介妇古风存。"[清]施闰章《王白帆妾胡氏小传》："王泣曰：'若功过介妇矣！'"

④　别室：正室以外的房间。《后汉书·明帝纪》："遗诏无起寝庙，藏主于光烈皇后更衣别室。"妾；侧室。《北史·后妃传下·彭城太妃》："彭城太妃尔朱氏，荣之女，魏孝庄后也，神武纳为别室。"

⑤　原注："暗引汉书事作证。"

⑥　妒妇：性好嫉忌的妇人。《后汉书·东夷传·夫余》："男女淫皆杀之，尤治恶妒妇。"[宋]陈师道《答黄生》诗："道逢其人两手分，妒妇拊膺王右军。"

⑦　去妇：旧时被丈夫休弃的妇女。《汉书·王吉传》："东家有树，王杨妇去；东家枣完，去妇复还。"[唐]王建《路中上田尚书》诗："去妇何辞见六亲，手中刀尺不如人。"

⑧　原注："洗剔至尽。"

⑨　原注："打转。"

宽"。

山廷域妻吴①同时死贼。三妇果少,须臾亡死,墨墨者将质口实而心安,人道废矣。有三妇而丈夫之行竞竞剔励自持,若所谓将以愧天下之丈夫而为人臣者,逮及杨村天受妻、晓郭继栋妻两汪氏夫亡,皆哀恸呕血死;率口树德妻徐绝粒死;龙湾景妻黄祭毕自经;歙槐塘士标妻汪合卺五月,遗腹生男,觅良妪供乳,逾两月殉;族士鄂妻方亦殉;长洪妻王夫客死于杭,枢归,妇剪发勷②葬,哀号而死;东山一昭妻张、堨田元升妻洪,皆从容就义;休山斗太学道翼死丹徒,聘汪氏闻讣自经。人生上寿不过百年,火烬薪传,非前火也。仙佛不死不能不别,透形骸假弄精气,然人实未见之。予则谓:世间惟天地日月为真不死,阅历古今人物,未尝一毫之损,吹万众籁无一息之停,一日一时如是,万岁千秋如是。人死归其气于太虚之中,奚必论夫寿之修短、气之聚散,以分乎悲戚愉快哉。乃□妻吴氏闻至论而夫死先自经,诚知死之乐也。往者岑罔疾,有时痫发痰涌如潮,素朴谙人道,父母屡欲寒盟,氏窃悲啼不食,父母曰:"人尽夫也。翁姑恐苦尔,命媒俟尔便,尔何固乎?"氏曰:"儿不幸为女,不能长侍父母。父母诚听女以佘室终身,德莫大焉。圣人之教毋二字,佘死,则女从之,圣人不禁也。"父母持其踵而哭,氏始哭,允震父母卒迎之。扶允震庙见,乃解其嫁衣,亲侍允震起居,涤厕秽,人所不能逼视③,氏若素焉。数年,允震殁,氏守节侍堂上终世。哭尽哀,无饰礼,无逾制。自是寒暑坐卧一楼,非妇人不与闻声,非为祠祭事不下级,寿九十,终于处子④。

云鹏载论曰:世俗之言曰:"长病无孝子。"两妇于夫不息其所事,难矣哉!圣人严于立教而不法之妇常多,甚哉风会迁流。虽君相不能操其柄,渐且廉耻日丧,节义日疏,圣教衰而天下日以多故,关系非浅鲜矣。

程山龄曰:风会之流,君与师皆无可挽。笔高而论畅,是为传世之文。

大阪汪母家传

近世宗法不讲,祠祭不修,骨肉之恩渐薄,而世教日衰。吾郡固多祠墓,而婺邑又紫阳世家所系,诸族姓咸秉礼教,不但男子能笃其先型,即妇人亦

---

① 原注:"变化各异。"

② 勷:古同"襄"。助;辅助。

③ 逼视:谓靠近目标而集中视力观看。

④ 处子:犹处女。

颇有贤孝而缵述其先人弘业者。予所见大阪汪孺人陈氏，殆其人欤。

陈系出浙江上虞县，父希贤公，迁休邑五城。孺人年十七归汪之津。是时，姑已先亡，堂上翁性卞急①，时时苛责津，波连新妇。孺人语津曰："吾与夫子当尽孝道耳，翁岂有意督过乎？"汪氏祠堂遍六邑，而津高、曾以来别有世科第为家庙，前大宗伯华亭董公题额曰"奕世文衡"，又题柱曰："四世五登科，祖孙济美；同胞三中式，兄弟联芳。"丙辰为闽寇所焚，津日夜悲叹。每经营四方，驰寄薪米费，孺人办翁生殁外，请于伯姒，率先澹泊刻苦，积羡庀置，二三十年间，得数百金。会祠基日渐为势家侵削，津抑郁，恐遂不复，徘徊出涕。孺人曰："得非囊中金不足兴复世科第乎？吾蓄以待之久矣。"乃出庀置物付津。诸族人咸大慰厥志而聿新焉。

初，津兄弟三人，伯兄早世，嫂氏立节抚孤，朝食常不足。孺人迎归合爨，且曰："伯氏冢妇也，当为家督。"籍检所有归之，事必禀命而行。伯姒泣曰："未亡人母子赖生全，胡敢擅娣姒政，滋予罪戾？"孺人终让之。津先娶叶氏，遗二女，孺人亲爱有加。妆遣后，婿家或窘，使其子负米馈遗不倦。逮伯氏二子娶妇，己子女婚嫁毕，劳瘁撄疾，诸子忧之，孺人曰："吾当待尔父祠成死耳，何忧之太早计也？"果病十余年，祠成始殁。

程云鹏曰：汪孺人知祠祭之重，铢积寸累，助夫有成。让伯姒为家督，此古人宗子法也。今上方以仁孝治天下，渐摩所至，民日兴行，将令孺人教变化风俗，称其乡曰贤母，宁异事哉？

吴万先曰：后世宗子法不讲，弟兄同室操戈，使妇人无刑于之化。汪母能推让伯姒，又能相夫聿新祠宇，皆世所仅见。贤哉！贤哉！

王日秩孺人传

孺人曷以称曰节孝②也？孺人姓吴氏，归王日秩。日秩故仪部芦人先生孙，勿翦先生子，读书刻苦，有名于时，能世其家学。孺人入门，抚前室子如出，堂上姑早世，躬代事祖姑，祖姑称孝。已而日秩病亟，勿翦先生抱痛西河，强③颜慰祖姑，而祖姑且茕然视孺人泪涔涔下也。孺人举子方三月，前子才十龄，孺人遑遽，拜祖姑及翁曰："妾矢不欲生，乃心怆焉。夫子事两老人

---

① 卞急：急躁。

② 节孝：贞节和孝顺。[清]刘大櫆《方节母传》："余观女妇之以节孝着闻，惟新安为尤。"

③ 强：原文为"彊"，通"彊(强)"。此指勉强。

未尽职,膝下呱雏①,大者翮未舒,小者犹待哺,两老人肯节哀,妇今为子矣。"祖姑年七十六而终,孺人哀毁逾礼,内外姻娅、群从娣姒称曰"闺中孝子"。

日秩殁十有四年,孺人语二子曰:"汝王父耄矣,久客扬州,日夜望汝成立,汝诚无念尔祖乎?"于是偕孺人抵邗上,两子得侍起居,营求菽水,曲致王父欢心。

呜呼!日秩数世皆以文章名世,勿翦先生兄弟九人,先生尤等身著述,乃凄其穷老,几与虞仲翔②以青蝇③为吊客,而羊头烂胃④唾手功名,不识所书竹帛为何事。日秩早卒,两子挟英妙才寄人庑下,然而欲养其亲也。勿翦先生晚年毒发,朱血黄脓,藉参苓延旦夕,两子辄能办之。孺人调剂食饮,虽古孝子有难致力者。孺人无不竭其情,是以先生殁,而人称孺人曰"节孝"云。孺人年始半百,二子才且贤,显晦常相反复,唯德之积久者则其发越也必长。天即不私,一人感格而君子独行其是,则于穆之理方兆于几微,孝其亲固所以善其身,善其身所以荣其名,荣其名乃所以显其亲也。

程泽弓曰:首一句提明节孝,以下分两股洗发,中寓感慨,笔墨淋漓,同一家人行而叙述乃尔,此之谓竹帛之文。

汪节母路孺人传

程云鹏曰:予先世每值不造,则赖母德以佑启后人。及观之闾左,征之都邑,考诸书传所记载,亦往往而然。然非极处其难,则励节抚孤固亦妇人寻常事耳。予尝谓妇人无所见才,而才非妇人所宜见,乃至夫子早世,子女幼稚,堂上媚姑冻馁,春秋霜露之严,子女婚嫁门户之维持,莫不集于一身,

① 呱雏:还在呱呱啼哭的幼儿。

② 虞仲翔:见虞翻(164—233),字仲翔,会稽余姚(今属浙江)人。初为郡功曹,后归孙策,任富春长。孙权时官至骑都尉。常犯颜直谏,为权所厌,将他流放交州。在交州仍研习诸经,门徒常有数百人。曾训注《易》《论语》《老子》《国语》等,是孙吴著名学者。

③ 青蝇:《三国志·吴志·虞翻传》"又为《老子》《论语》《国语》训注,皆传于世。"裴松之注引《虞翻别传》:"自恨疏节,骨体不媚,犯上获罪,当长没海隅,生无可与语,死以青蝇为吊客,使天下一人知己者,足以不恨。"后因以"青蝇"为生罕知己,死无吊客之典。[唐]刘禹锡《遥伤丘中丞》诗:"何人为吊客?唯是有青蝇。"[清]纪昀《阅微草堂笔记·滦阳消夏录六》:"只今一瞑无余事,未要青蝇作吊忙。"

④ 羊头烂胃:指地位卑下者以不正当手段获取官爵。"烂羊"《后汉书·刘玄传》:"其所授官爵者,皆群小贾竖,或有膳夫庖人,多着绣面衣、锦裤、襜褕、诸于,骂詈道中。长安为之语曰:'灶下养,中郎将。烂羊胃,骑都尉。烂羊头,关内侯。'"后以"烂羊"为典,指地位卑下者或滥授官爵。"烂羊胃":同"烂羊"。

则非才不足以济其所难。

同里汪孔傅妻路氏,今所称汪节母者,二十九岁夫没,孤志谦甫三岁,女八岁,堂上姑且老,节母慨然流涕曰:"吾夫生时,养生之具既尽,称积窭矣。予忍以一死贻地下忧乎?"于是上堂慰姑,理其筐箧,晨夕针黹[1]不间,或时值雪花漫天,崩腾排拶而冻瘃其手;或火云如织,夜窗蚊剪,犹自藉星月余光勤纺绩也。盖非惟堂上菽水之供、苹蘩之荐,而婚嫁又因之日逼。既而姑病笃,告天请代,和衣蒿卧于卧榻之前。姑食不下,己未敢食;姑息绝,抱姑怀中,欲冀其生;姑殁,克尽子礼。至是,节母益以孝友信义教其子,而里中长者益知节母贤,咸愿交其子。予家汉章诸叔氏,遂推置心膂[2]而引重志谦,节母乃始归休乎巨室之内,溯守节历三十五年。常太守表其门曰"劲节千秋"。志谦率母教而循谨淳朴,显扬当不远,岂犹坐自单竭乎?

云鹏载论曰:节母继姑宋氏系出宋节母项孺人孙女,时时传说宋节母事,则风之感被虽百世犹将兴起,况在百年间生同里巷者乎?

叶贞女传

贞女姓叶氏,古黟人,许字同邑卢氏子,未嫁而夫殁,请归庐守志。父母曰:"尔翁姑且亡,谁为尔荫?"贞女曰:"人各有志,未可强也。"卢众妇迎之,临夫所易练而哭,反拜翁姑,捡夫床席而安焉。三年丧毕,设饮馔哭诸墓,食祭饭一盂,乃绝粒。迎父母劝之,贞女曰:"昔者有言矣,人各有志,未可强也。"遂饿而死。

程云鹏曰:人之树立纲常,非志不遂。叶贞女三年中一念自守,卒成其志,岂欲以愧为人妇而怀二心者哉?

方颖青曰:闻卢姓人为请旨建坊矣,幽贞不负千载下尚,当兴起于斯文。

郑节母家传

程子撰《女行录》将半,同里诸生郑德燧踵门来告曰:"燧高祖母姓氏,先生既录于《节孝坊记》,曩且见于郡邑乘中,前人虽有公评,核实而综之,固不

---

[1] 针黹:针线活;做针线活。黹:缝纫,刺绣。
[2] 心膂:心与脊骨。喻主要的辅佐人员;亦以喻亲信得力之人。《书·君牙》:"今命尔予翼,作股肱心膂。"《三国志·吴志·周瑜传》:"入作心膂,出为爪牙。"

若燧之家乘为明备，愿更赐一言，使劝其后也。"程子曰："而高祖母之节，可谓难矣！维才克济之，则难而若易。"

按谱节母姓孙氏，草市太学生孙登明女，讳仪凤，年十七适太学郑守诏。守诏年二十四殁于陈州，孤士晖始四岁、士昭二岁。是时，财力殚屈，节母以富室女椎髻操作，存不忘亡，能用其智算。从流寇扰攘之日扶榇南归，志益坚，家益落。及士晖长，族有楠木宅支庶毁售他人，晖奋欲抵执所值，节母止之曰："人之贵乎有生者能自立耳，而幸不庸骏①，出其才游于世，当持清白绍述②先人，胡可令诸父昆弟冲冲悻悻，而分其单复重吾不德以贻先人羞？"士晖唯唯，卒自刻苦，屡致千金。节母安不忘危，历书古今人为善事，朝夕训二子，二子涕浪汗增③。

山宗孟妻吴氏守空帏数十载，抚子其禄，语在《士行录》中。而休汶溪时荣妻叶、临溪邦绥妻孙、山斗赞邦妻吴，祈善和良叙妻、黟淮渠宗松妻二汪氏，歙岩镇。

方贞女传

歙灵山方钦明侨居仪真，有女□□幼而淑慧，闻祖在德公谈节孝事，肃容静听，惬然于心。长龄朱世蓬，廷佐翁子也，在德爱之，命钦明字焉。至乎日若时，世蓬大母卒，又明年，母氏卒。闵凶④洊至，迟之五载，而世蓬亦卒。贞女闻之，曰："夫，天也。虽结褵，未尝而著缨，有系天乎？天乎，吾假赤绳以报矣。"家人觉，解以佩觿⑤，不死，又不食累日。

呜呼！"婚礼三月庙见始成妇"，郑氏注《曾子问》："齐衰而吊，曰未有期三年之恩也。"昔有某帅妻诣官自陈，愿上所受封，比齐民得再嫁。汉口有妇人，夫在而断臂欲转嫁。予友莫友仁，治山西临县，有五子之母，诣官求嫁。为民上者以礼防民，犹有逾者，贞女乃自闲于礼。方其觅死也，父母谕之曰：

---

① 庸骏：庸下愚蠢。《后汉书·独行传·戴就》："薛安庸骏，忸行无义。"

② 绍述：泛指承继前人所为。

③ 涕浪汗增：眼泪滚动，大汗淋漓。

④ 闵凶：忧患凶丧之事。《左传·宣公十二年》："寡君少遭闵凶，不能文。"杜预注："闵，忧也。"[南朝]陈徐陵《梁贞阳侯重与裴之横书》："顷家国多患，频遭闵凶，前事不忘，便为龟兆。"[唐]张九龄《为何给事进亡父所著书表》："寻属臣私门殃衅，夙遭闵凶。"闵：忧患，凶丧。

⑤ 佩觿：佩戴的牙锥。觿：原文为"觿"，古同"觿"。古代一种解结的锥子，用骨、玉等制成。也用作佩饰。

"而翁继定,当逆而承宗庙,祚子孙,即激烈何益而夫?"自是隐忍,截发毁容,稍进食。越七年戊申病,父母召医,女力拒曰:"女得全归朱氏足矣,卢扁①其如病何?"朱氏闻而逆之,拜翁堂上,及诸姒娣随往世遽墓,哭极哀,还请世遽像悬于室。家人盂饭进,泣拜,陈于像前而不尝食。介妇请故,曰:"脾胃弱耳。"神色自如,五日而殁。先日,迎父母诀别,又进娣姒于榻前,乞代事舅翁,申情早立厥嗣。

呜呼!从容就义,振古所难。贞女字朱氏,十三年未谋夫面,于归而死,圣人之所谓正命②也。彼欲嫁者宁无愧于贞女欤?

朱锡京曰:燧四叔氏寄阅贞女事略,窃叹予家得有斯人,携付华仲先生载入《女行录》,行将声闻于天。安有美而弗彰乎?

姚贞女传

蛟之伏也,得土之精;珠之生也,得蚌之蚀。土之精也,非土之精,天地之气所包藏也③;蚌之蚀也,非蚌之蚀,日月之光所吐纳也。是故,人之得为人者,如蛟之伏,如珠之生,必有赖乎包藏吐纳而始成其美也。

姚贞女固有虞之苗裔,字子泰伯之后人,读书明月楼中④,未下鹊桥之驾,倏⑤焉埋骨芜城。贞女乃千里魂飞,未能驰吊,遂剪发空闺一十六载,郁辖气血,两足疯痹,贞心永矢,可遥待于覃恩。夫其性成若彼然,亦率乎父教云然。盖贞女父处士姚德教名重当时,而所撰《家训》,首重明伦,贞女夙有良模,蛟伏珠胎,包藏吐纳,胡不然哉!胡不然哉!

吴艮斋曰:贞节孝烈,原无文字可言,先生下笔如云霞出岫,处处不同,按之情事,不失尺寸,所谓造化在手,尽教那碾而无穷也。

① 卢扁:即古代名医扁鹊。因家于卢国,故又名"卢扁"。参见"卢医":春秋时名医扁鹊的别称。
② 正命:儒家以顺应于天道、得其天年而死为得"正命"。泛指寿终而死,与"非命"相对。
③ 原注:"意创而言雅,如读书《考工记》。"
④ 原注:"仙骨珊珊,古人唯有青莲有此。"
⑤ 倏:原文为"倐",同"倏"。极块地,忽然。

卷十一

五节母表

　　程云鹏读本朝《实录》，钦见孝惠太皇后以盛年端大母之仪者五十六年，表率六宫，模范九域。圣祖仁皇帝推孝养之诚，锡类孤嫠，准其立祠建□。今上即位，恭扬祖德，加赐逐年汇请，湛恩汪濊①。考之历代，代不数人，今乃日月所照，无不耀于光明。伟哉盛德！咸五登三固，非下臣所能扬励。然而疏逖穷檐之下，款启寡闻之民，犹或佚而不获，则又生人之不幸，非雨露不沾濡也。歙为新安首善地，岁有旌题，臣掇其遗行，承宣雅化，未及旌者逐月采辑，阐发幽光，偶于一日间得五节母事，合而表之，仰答圣天子至意。

　　凌节母者，沙溪凌慈明妻郑氏也，年二十七夫殁，寿八十三，守节五十六年，符于孝惠太皇后沐浴圣泽，天潢草莽同因冰霜，何其幸哉？节母抚八月遗孤，纺绩供堂上菽水。康熙十四年敕建凌嘉恪妻吴氏孝烈坊，节母之子爱时□恸不获以母氏上闻，节母曰："妇人分所当然事，岂徯幸②于此而为之乎？"爱时泣乃止。

　　初，杏村方万户无子③，继犹子曰文章，娶王氏，即节母也。章贫窭，业佣贩，家近河圩，淫潦④之涨，渡河坠水。节妇年二十，欲赴河殉身，翁止之，抚

---

　　① 湛恩汪濊：谓恩泽深厚。亦省作"湛濊"。汪濊：亦作"汪秽"。深广。《汉书·司马相如传下》："威武纷云，湛恩汪濊。"颜师古注："汪濊，深广也。"

　　② 徯幸：希望；觊觎。

　　③ 原注："变文。"

　　④ 淫潦：久雨积水为灾。

三岁孤,集枯尝蓼①具翁膳已,或竟日废箸②。既为子娶妇,翁始殁。生平不逾阈,业缵纩③,今五十。

郑子翊妻杨节母④,十九岁夫死于疫,择继主夫嗣,侍姑疾至九十而终不少懈。迎养生母于家,昼夜侍起居,躬涤襦袴⑤,母寿亦九十余。积劳励节四十余年,乡邻贤孝未有二也。

程氏,汪英煜孺人⑥,抚遗腹子,娶妇有孙。孙二十岁死,子得痼疾,不复能子。卒年七十三,守节五十四年。子妇孙氏,侍痼夫甘荼苦如姑⑦。

程孺人贫不获继,而同族汪兆霈妻吴氏励节四十九年,卒时家资值千金,有犹子当继,尽移置其产于己户,谓人曰:"我非继也,家资我有□。"族人论之,莫能直。

郑母、两汪母皆岩镇人⑧。

程云鹏曰:五节母皆符旌例,其子若孙苟具欲伸之志,岂易量哉?风雨寒暑之序,知微知彰,方将于凌士超、方官臣而验诸天⑨。

黄孝征曰:读去初觉无奇,而参差错落,移步换形,不可方物。

汪亦舒曰:庄重处光华复旦,变化处岩岫杳冥。

赵门双节表

天下事多寄于妇人、女子,非妇人、女子能任天下之事⑩,而时穷势屈,智力所不能争,虽奇男子往往付之无可奈何,或死非其时,而生亦无所用。苟

---

① 集枯:谓遭到冷遇。[清]梁章巨《归田琐记·洪文襄公》:"自国初洪文襄公入相后,公以南安籍,专拜泉馆同乡,而漳馆人遂不通谒。彼时泉馆人,无论京宦公车,无不所求辄遂,攸往咸宜,而漳馆大有集枯之感。"尝蓼:意同"集蓼",谓遭遇苦难。语出《诗·周颂·小毖》:"未堪家多难,予又集于蓼。"

② 竟日:终日;整天。废箸:谓不吃饭。

③ 原注:"变文。"缵纩:意为纺织。缵:织丝为带。纩:麻线。

④ 原注:"变文。"

⑤ 襦袴:短衣与裤。亦泛指衣服。

⑥ 原注:"变文。"

⑦ 原注:"变文。"

⑧ 原注:"变文。"

⑨ 原注:"士超,凌母之孙;官臣,方母之子。"

⑩ 原注:"突起奇峰,随势转落,千叠纡盘,神工鬼斧。"

非遇立言君子,原其心而悲之,则逃之草泽①,老朽败腐而姓名湮灭,谁为称道而识之?若夫妇人、女子执从夫之义,常则守贞,变或达权,身不离乎房闼②而一节可信于人,人而负世道之责者,每奖誉之以风励人伦,使其人其事□于不朽。

休宁金太史声,死故明之难,师友间□从而死者,有不遽死,迟之久而亦死者,故声死四年,其友歙县赵光道死于汉滨③。光道喜理学,别字东亭,以善游名。是时继妻汪氏年二十六,念前室子国文幼,不敢死。国文长,能读父书,以女侄淑顺妻之,甫有子而国文复没。呜呼!士穷见节义。光道父子非两世茕嫠守志抚孤,其操励独异于恒人而见信于长者,即有可传而姓氏不彰。赵门双节,何以载于府志?冰操继美,何以得邑宰之旌门也哉?嗟乎!士之有志于天下事者,宁可以妇人、女子而忽之欤?光道妻没七十六岁,国文妻没五十六岁,皆逾雍正二年恩例,曾孙且贫未能请,故表之。

江陶致曰:表汪孺人主也,文却千回百折,重写赵公,细读仍是为两孺人作势,而赵亦因之以传,变化莫测,神妙无方。

三节表

初,丛睦汪文焕,父赞思(即文学于襄公),有二女,长适呈坎罗繁祉,次适长林胡廷枚。当是时,繁祉父炌以有明进士为一乡绩学楷模,廷枚父迈饩学宫,赞思公欲缵王父大参丕绪,皆负名艺苑,谓功业可立就。及赞思早卒,继室谢安人秉家督,两女相属夫亡,长者三男夭折,冢妇许氏青年殉烈。有女适阮溪汪葵麟,又矢柏舟而赋黄鹄。廷枚卒,妇守再岁遗孤,苦节四十一年,子且举孙。

呜呼!人当衣褐履敝,世莫省视,一旦得志,□走其门,聆馨咳,俟候颜色,恬不为怪。及至繁华歇绝,亲戚交游袖手,况在妇人身处闺帏,平居言语不接,而欲其唁丧亡、矜孤寡、轸寒饥,积数十年,身殁且为之葬祭,今岂易得其人?乃廷枚子则曰:"吾家之得延先人祀者,舅氏之力也。"罗之□属则曰:"繁祉妇存殁,须诸其弟。"而葵麟妇语及舅氏,辄泣下东向祝曰:"愿吾舅氏寿百岁,孙子大缵先绪,振其徽猷。"且夫文焕推孝亲之念,奉谢安人教,终始

---

① 原注:"为光道公叹息,正为两汪孺人徯幸。"

② 房闼:寝室;闺房。闼:门,小门。

③ 原注:"特书。"

二姊事,廷枚、繁祉、葵麟,虽死如生。《诗》曰:"德辖①如毛,民鲜克举之。"若文焕者,今岂易得其人欤?

吴东岩曰:表三节而归美文焕,其烟岚离合,似龙门六国表。

双桥郑氏六节母表

程华仲曰:予过贞白里,慨慕其先世多贤,及闻郑星焕代兄缧继事,岂忠节孝义数百年犹佩服于人心,虽闾巷之子尝慕悦而为之欤。乃询其家训,则皆由节母之教,斯亦奇矣。且自成化二许氏迄今,节母凡六人,又益奇矣。昔成周以历圣开国②,而内治之贤乃得太姜、太妊、太姒,而佐武王称十乱,犹有邑姜。夫历圣之德,曩且赖慈母徽音之嗣,矧从猥曲流俗中语以向上□道,不亦难哉? 六母克成其贤,诸后人克竭其孝,数世虽不仕,然名下篇章,颂六母之青孀③者,可风百代。

予家岩溪,与方采山大司徒比舍,尝闻述其先世家运,至无可解处,辄赖节母嗣续于其间,若郑氏者,不可特为表著哉? 许氏佛姑,郑克桢妻也。迎姑,克桢子瑄配亦许氏。佛姑,唐模人;迎姑,许村人。克桢没,佛姑年二十有九岁,或囮④之嫁,佛姑曰:"夫者,扶也,相扶而生死也。夫有母,责在吾,五岁孤,伊谁寄? 吾忍背大义以辱郑氏宗乎?"瑄长娶妇,得迎姑,举三孙,而瑄卒,迎姑年三十,去膏沐,佐姑营给衣食,克成家。

郑承明妻汪氏,十有九岁而寡,遗孤在襁褓,堂上旨脆之奉,抚摩调护之爱,筋罢爪枯,卒能使子若孙称一乡善士。厥后,良槐、良桢、良杙三妇并以节显。

初,郑承明曾孙良槐、良杙偕娶于黄。顺治戊子,寇蹂徽歙,槐死于兵,妻年二十六,将殉,翁谕曰:"死尔身乎,夫祀尔责也。有身而死之,如宗祧何?"乃不敢以死。既而翁虑非男,设为日者言曰:"若所举当男,第数岁不可见母。"已生女,乳妪置别室,节母喜宗祧有人。六年,妪以女归,节母怒,掷之地,仰天悔叹,曰:"吾早知天不予吾夫后也,何若速死为愈乎?"欲复捐

---

① 辖:轻。《诗·大雅·烝民》:"人亦有言:德辖如毛,民鲜克举之。"郑玄笺:"辖,轻。"[南朝梁]王筠《昭明太子哀策文》:"仁器非重,德辖易遵。"

② 原注:"壮阔。"

③ 青孀:青年即为孀妇,即青年守寡。孀:死了丈夫的女人。

④ 囮:诱骗,讹诈。《儒林外史》第四二回:"二爷同那个姓鲍的走到东花园鹭峰寺旁边一个人家吃茶,被几个喇子囮着,把衣服都剥掉了。"

躯。舅从容语之曰："无庸也,若叔姒今又举子矣。吾即令为若后,而夫不且慰于九原乎?"伯姒乃今而后知舅为吾夫宗祧计用心如此,乃今而后矢以抚孤为己任。

当是时,食指百余人,翁媪老,偕叔姒黾勉尽职,惴惴焉恐不当二人心。既数年,良栻病,叔姒糜股进,不能起。翁姑复相继逝,家益落。两孤大者甫十二龄,叔姒持伯姒袂泣曰："天祸郑氏,顾此藐诸孤无以膳朝夕,曷请从伯姒藉女红乎?"伯姒喜曰："能如是,是吾志也。"两嫠性皆耐劳,微特宾祭、冠婚诸大典无敢苟,即细而筦鑰之启闭,以迄园圃树艺,亦必更蕃程督。两孤惧其惫也,长跪请少自爱,则同声责曰："敬姜①所训谓何,孺子未之前闻耶?"两孤娶妇有孙,前后登大耋,欲□母称觞,又同止之曰："凡吾两人,不速死,姑以待若辈成立耳。吾方憾迟迟弗获从而父地下,如之何顿忘沉痛欤?"伯姒过八十一龄,叔姒不及八十者,亦仅一龄,同居五十余年。

郑良桢,良槐、良栻之从兄弟也,娶于棠樾鲍氏。鲍故宦族,家多藏书。鲍生而颖悟,过目即能成诵,至古列女传乃悚然知从一之义,心尤嗜读之,年十七适良桢。良桢父德成,艰于嗣,置侧室而得良桢。桢受室而疾作,鲍刲臂终不起,乃号曰："百年非久,三月非暂也。"决计效古贞烈所为,绝粒经旬以俟死。母力止之,不可已,复从容晓之曰:"而曾不念尔翁之艰于嗣耶?而两姑俱早逝,与其徒死无益,无宁立嗣而抚之?且死易,抚孤难,而昔常读而爱慕之矣。今日愿为其难乎?抑易耶?"鲍强起,拜命于庭,翁择吉以犹子栋之子曰星燧为其后。凡禋祀、上冢、从师、娶妇、生孙,悉由纺绩织纴之所入,暇则陈古《内则》《阃范》诸书于庭,正衣端坐,诸妇女孙相次左右列,为讲明书中大义,谆复不休。体素羸弱,晚益衰而□持刀尺,口授规箴,终身无倦怠。

吴继梁曰:六节母不但衍其宗祀,复贻厥子孙以孝义,尤千古所难。不义之富贵,直为浮云视之,此先生于《士行录》中,极力写鹅溪先生也。

---

① 敬姜:齐侯之女,姜姓,谥曰敬,是鲁国大夫公父文伯的母亲。与孔子同时。世称贤母敬姜的《论劳逸》是春秋战国时期家训的代表之作。其事迹散见于《国语》《列女传》《韩诗外传》《礼记·檀弓》。烈女传写"鲁季敬姜者,莒女也。号戴己。鲁大夫公父穆伯之妻,文伯之母季康子之从祖叔母也。""颂曰:文伯之母,号曰敬姜,通达知礼,德行光明。匡子过失,教以法理,仲尼贤焉,列为慈母。"

曹氏一门节烈表

新安山水甲江南,而清淑之气独钟于妇人女子。或曰程朱三夫子之故国也,然系道之源,非所生之地也。若其所生,则妇人女子尔,妇人女子几于比户可封。男子皇皇求利,轻去其乡,至有数十年不归,子孙不相识,其妻并忘其有夫。一室之姑衿娣姒,习为固然,故夫夫死而励节,亦犹夫夫在而远客异乡,乃其中或有境地之难处,茶苦之自甘,而持弱龄子女主夫祀绵世泽者,固亦户有其人。同里曹中翰在史馆,追忆其家之贤孝节烈,汇为一编,归而示余。余拜手述。

孝惠太皇后五十六年节操,表率万邦,圣祖仁皇帝推孝锡类,覃恩旌表。今上布告天下,俾郡邑廉察上闻,新安坊石几遍山陬水澨之际,其未尽请题者,余著《女行录》表其行实,以待采风者播而扬之,故即中翰所编,亦得与焉。彼身为男子,轻视节义,稍鸣得意,气扬足高,然推其志,苟获饴人之声音笑貌,虽奔走趋承而不辞。呜呼!妇人女子不屑缅颜饕富贵而转适,彼男子缅然而为之,岂山川清淑之气使然欤?盖习俗之移人也久矣。并著之,将有儆乎后之贤者。

曹胜佑妻方氏(巡按御史优给米帛,坊其门曰"贞节",比部俞瞻白立传,太史李本宁志墓,登节孝坊,事载邑乘);

礼部儒士曹弘润继室汪氏(殉烈);

太学生曹泽妻佘氏(佘华瑞立传,子应鹍工诗,著有《匏公集》行世);

太学生曹以模妻程氏(无子矢节,家方鼎盛,一室自处,罕见其面);

曹以森妻吴氏(郡守张公登举闻其贤,具礼币延为女师。继子庠为后,郡守旌之曰"贞慈延祀");

文学曹以权妻黄氏(文学殁,值顺治乙酉兵哗,指水自矢,遂自沉普光桥下);

上林苑监丞曹应鸾妻景氏(监丞流寓深州,被兵,景闻夫殁,适火焚及居室,奋身投火死。傅明府岩,榜其堂曰"忠烈齐芳");

曹应冕妻方氏(资纺绩以修祀事,勤补缀以抚孤儿);

举人曹应鹤妻赵氏(顺治乙酉,里中兵哗,投堂下缸水死);

文学曹修来妻范氏(夫殁,事姑八年,殁后私谥曰"哀贞");

曹可宗妻汪氏;

文学曹鼎副室①李氏（文学与监丞应鸾同寄深州，尝因醉纳氏，既而悔之，而氏已有娠，及生子，名之曰"过"。逾年，文学与监丞殁于兵，氏年二十三，抚未晬儿至于成立授室。无何子妇同日病死，氏苦节五十余年，族党上其节于有司，郑明府元绥旌曰"奇贞"，卒年八十三）；

曹茹妻方氏（李明府国统、郑明府元绥后先榜其堂曰"劲节凌霜""坚贞贯日"）；

曹绳祖妻佘氏；

曹志寰妻郑氏；

曹志宲妻吕氏；

曹兆远妻叶氏；

曹梅占妻方氏；

曹瑞征妻汪氏；

· 84 ·

曹闻诗妻方氏（夫有憨疾，方佐姑操家秉，姑亦善病，方奉姑事夫，调护惟谨。闻诗殁，遗子女各一，方茹苦抚之成立。及子死，姑死，女又死，方悲痛失音。越十余年，殁）；

曹骀妻蒋氏（穷饿励节）。

恩旌汪太安人百岁颂

康熙戊戌，休宁汪应铨状元及第。明年，铨祖母程太安人百岁，以蜜腊观音像一、寿桃炉一，遣人诣京付应铨，愿以年寿进上。应铨具折宫门进奏，天心嘉悦，命收进供好。随召对，问铨祖母健否何如，赐御书"期颐衍庆②"四大字，并传旨交养心殿双钩摹出，制成扁额，著庆铨赍捧回籍。太安人扶掖伏地，拜称万万岁者再，感泣数行下，命酒留贺客，荣君之赐。

草莽臣程云鹏谨拜手赞曰：斯今圣祖仁皇帝，覆载生成天与地。海内升平元气盛，养育烝民仁寿域。天子万年信尔尔，妇人亦得跻百岁。帝曰钦哉尔应铨，天锡期颐良不易。讵谓状元天下福，尔祖大衍修皇极。老福婆婆寿算多，人言愿彼观音力。副以双桃献至尊，龙章宠锡褒嘉异。赓歌盛世泰阶平，蟠桃又结三千实。

---

① 副室：妾。[清]蒲松龄《聊斋志异·神女》："数年不育，劝纳副室，生不肯。"

② 期颐：一百岁。语本《礼记·曲礼上》："百年曰期、颐。"郑玄注："期，犹要也；颐，养也。不知衣服食味，孝子要尽养道而已。"孙希旦集解："百年者饮食、居处、动作，无所不待于养。方氏悫曰：'人生以百年为期，故百年以期名之。'"衍庆：绵延吉庆。常用作祝颂之词。

卷十二

《旌节录》叙

呜呼！风俗之厚，岂徒闾里之仁而士多长者之行哉？必其人亲九族、敬祖宗，各安其所荫，虽妇人孺子知祠墓之重而谱牒当世守也。新安多名族，条分派衍，皆有渊源载于谱牒，然或年远易湮，散处难合；或师心造作，牵于闻见，泥古而疑今，如汪氏十六族、方氏十八门之类者，大概然矣。康熙甲午，河南大程博士佳璠携孙周冕来省墓，会祭统宗祠，问及先世典籍①，槐塘其祖出王母陈安人藏弆②《会通谱》示之，且曰："吾王父勋读书羸瘠，卒年二十。是时，髫舅呱儿，茕茕在疚，赖王母守先待后五六十年不倦，使其祖得延宗祧。闾里之钦其节者，咏歌王母之德，请于有司，捧主入节烈祠中，春秋祭奠不衰。"博士感动为立传，合诸诗词若干首，题曰"旌节录"，命予为之序。

予族分南北两宗，博士与槐塘同出忠烈王长子文季公后，十二传纂公，四子琼、璇、珍、璘。珍，予与槐塘祖也；璘，河南博士祖也。当勋殁时，陈安人筐箧无储，见祖父羸时称贷券，立焚之，丹铅散帙，则置之，至先世谱牒，摩挲③封裹不敢媟④，今得与博士祖孙溯星宿之源，而诸族人不至失所，自安人力也。博士去纂公三十余世，而犹来省新安祖墓，然则仁厚之俗不间于南北，而读《旌节录》者，孝弟之心可以油然而生，而师心推远其族人者，知惶汗⑤以亲其亲，则博士、安人不徒为予族之贤也已。

---

① 籍：原文为"藉"。

② 藏弆：见"藏去"。收藏。《汉书·游侠传·陈遵》："性善书，与人尺牍，主皆藏去以为荣。"颜师古注："去亦藏也。"弆：收藏；保藏。

③ 摩挲：同"摩挲"，揉搓。挲：同"挲"。

④ 媟：轻慢。

⑤ 惶汗：恐惧汗下。《太平广记》卷二九八引唐戴孚《广异记·李播》："〈李播〉谓仁轨曰：'府君薄怪相公不拜……'仁轨惶汗久之。"《明史·陈性善传》："帝威严，见者多惴恐，至惶汗不成一字。"

节母守先待后，以藏弆谱牒为第一事。文从大处议论，自应尔尔。门人成聘。

《贤母集》序

客有问于予曰："呈坎程母王安人，庙见，解钗珥，修寝室，置祀田，礼乎？"予曰："礼也。"客曰："然则徽俗祀远祖，不祧百世，犹上丘墓，亦礼乎？"予曰："礼也。"客曰："圣人制礼，五世亲尽，亲尽如涂人。设涂人而合食祭献，展拜其丘墓，得无大悖于圣人？"予曰："礼缘情起义①，圣人不禁。今使聚众人于堂，挥之曰'尔涂人'，予奚罪？聚吾之高曾，推而高曾所自出于堂上。挥之曰'尔涂人'，予罪矣！且吾视高曾差若远，祖父视之则近矣。祖父视高曾所自出差若远，高曾视之则近矣。今夫钟鼓悬于前②，孙子骏奔走于后，饮食妥侑于祖考之灵，莫不曰以乐吾亲也。吾亲而复念其祖考，必有愀然③而不忍享者矣。且族属之繁，数世之后，不能举高曾之名，今使得与乎祭聆祝版而忽思曰某某者，是吾始迁祖也④。某某者，由布衣、由科第至大官，负盛名，为忠臣，为孝子也，某某葬某地，毋使灰埃蓬勃为势家夺也。不愈于自践蹋其蓬颗不能识高曾为何如人乎？程氏寝室哆落⑤不修，黰昧⑥凉薄，程氏非无人，习而忽之，安人以新妇庙见，蹙然兴感，揭虔妥灵而举其废坠，不贤而能之乎⑦？"客曰："若是，则天下之歌咏贤母，非苟作，独是占五蔚山聚贤于此，得无有意近名乎？"予曰："名者，实之宾也。母有其实，显亲扬名，孝子事也。虽未获天子之恩纶而得诗人之颂祷，即以歌于寝室，程氏之高曾有不囅然⑧笑乎？"予与汪子息庐既编其诗为《贤母集》，并记客言于首以告观者。

汪生之曰：吾乡祠庙多合祭，试举五世亲尽之说，问之固茫然无以应也。得先生推论，缘情起义，使子孙不能置高曾以上于涂人而合食上冢为所

---

① 原注："四字断定礼也，以下逐层解去。"

② 原注："略蹴波澜，文情荡漾。"

③ 愀然：忧愁貌。愀：脸色改变，多指悲伤、严肃。

④ 原注："合祭关系如此。"

⑤ 原注："音陀。"哆：古同"䦋"，毁坏。哆落：坠落。

⑥ 原注："音饩。"黰：亦作"黫"。深黑色。黰昧：亦作"黫昧"。深黑昏暗；谓政治黑暗。

⑦ 原注："合祠之谓贤，贤则名归之。"

⑧ 囅然：笑貌。《文选·左思〈吴都赋〉》："东吴王孙囅然而咍。"刘逵注："囅，大笑貌。"囅：笑的样子。

当行矣,卓然有关世教。

程翼山曰:予家临河,与呈坎同迁自休邑会里。安人,予之从曾祖母也。因习知安人之贤,集中诸名士篇什不为溢美,而序文特举其大者言之,文不可废,则贤母之休声自远,此作者意也。

恩旌舒节母、吴烈妇诗传叙

黄山廪峰师携其恩旌外祖母苦节及女侄烈君两吴氏诗传请予叙,未展卷,涕泪横流,声凄气咽,槁槁焉言出而音怆。及读诸诗文,又皆戚然以悲,而莫知其所以然。夫韶乐九成,虞宾以和,人能有感,乃至于斯。母与妇偕出勾吴,至性所发,亲者无失为亲,故者无失为故,抑犹夫茧之不能为布,麦之不能为米,鱼之不能为蹯①炙也。

二氏绩之高迁里人,庠生舒子瑶,节母之夫也。子瑶有兄为人抵击,误以搪子瑶死。是时,节母二十六岁,姿性端洁,伯姒诱之牟大利,母坚拒不从。姒私约夜中劫夺去,会邻妪念子瑶夙恩,匿送母家,姒鳌据房舍乃止。母视弱女如夫在,以十指给食终身。女适吴有闻,举女孙寿贞适胡光祖,佣书广德,舁病而归,殁于牖下。寿贞恸绝,救乃苏,勉慰堂上。营夫窆岁事,旋自经。吾闻节母父吴文雅孝廉驱逐流寇殉难,而其女亦执节不回。又闻子瑶未死前,梦武林人迎为城隍神,殁后,人有见庙中者甚似,使子瑶不死,必获如文雅之不畏强御,抑知赖节母益显其刚大之正气。节母贤既著,而外女孙又以烈称,是以人之歌咏其事至于淋漓泣下,言之不足而长言之若此也。

嗟乎!李德武妻引为分内,则烈女传可以不作,而况诗歌?因节行而除其属籍,不特汉法行之,今且屡邀恩宠。廪峰师固节母外孙、烈君叔氏,其为诗如黄山之云蒸而即出,天下之和其诗者,赢②得过当,居稽停蹛,将日见其多而充栋也。廪师以方外而笃人伦,作韶鸣于盛世,固至性之不变乎茧麦鱼蹯也哉。

陈与谐曰:海洞文学胡君廷选乃光祖连襟③也,郡邑详请赖其力,非徒秉彝好德之良,而生平之多义行可知,予是以因并表之佳文之后。

---

① 蹯:兽足掌。

② 赢:古同"赢"。满,有余。

③ 连襟:姊妹丈夫之互称或合称。[清]顾张思《土风录》卷十六:"姊妹之夫曰连襟。"

汪烈妇传叙

圣人以天地为昼夜,众人以生死为身世①。非众人短而天地长也,阴阳韬占,四时迭运,得正而毙,则归其气于天地之间,未尝与天地分也。至若死于忠孝义烈,岂其不修常人近事而故为异行哉?乃必与气数较量得失,则拟天地于骑驿,虽圣人无所发其端。曩与予友汪君息庐论此事,息庐出所作《烈井碑文·汪烈妇传》示予。

予曰:吴氏②,因烈裂井,风雷激越,气应山河。然而汪祥麟妻洪氏从容就义③,不损其身,归全牖下,尤所难能。方其奉翁命,随夫迁泰州富安场,夫病,躬汤药无遗力。夫亡不即徇④,而奉榇归乡里,告诸姒氏曰:"嗣续承祧,冢子责也。其若何?"祥麟弟梦麟曰:"长子无儿,次子不得有后。有吾在,嫂何忧⑤?"于是裣衽上堂拜翁姑曰:"妇不幸襄夫子大事,老人赖叔与诸姒贤,侍养当无缺。"又拜叔与诸姒曰⑥:"祸福不可以常计⑦,故圣人不救子路之难,子产不备郑国之灾,陶朱公不得已而遣长男,燕市人白衣冠而哭易水。虽出于无可奈何,固亦事有必至、理有固然者,吾非有所慕于烈之名,盖欲正而毙尔。"遂饿十二日死。

越四十六年,梦麟号恸再拜告予曰:"予嫂氏之徇夫也,见于家侄息庐氏之文,先生复习闻之。今不幸嗣子亡而复绍孙。梦麟为天地日月所困厄,躬值天子明诏,坐与老饥相抗,不能蒲伏哀吁上闻,敢乞一言附入《女行录》中,死且不朽。"予乃作而叹曰:"嗟夫!梦麟匪特弟于其兄,推其类可以为吾乡风俗笃恩义。且夫人之所重困,实天之所大显⑧,苟人人识文章可贵,则不敢菲薄其恩义,而斯文不与陵谷推移。息庐与烈妇俱往矣,而姓氏不湮,彼白日欲寝之人,蜉蝣朝暮耳,奚可语以此事哉?"雍正丙午三月,穷谷病叟程云

---

① 原注:"一起置身百尺楼头,总为烈妇之得正而毙。"

② 原注:"汪谦吉妻。"

③ 原注:"特书。"

④ 原注:"从容。"

⑤ 原注:"从容。"

⑥ 原注:"从容。"

⑦ 原注:"至理。从烈妇口中发明文之精神,关照全在此处,非故设辞,令以展才华,读左国得力,方知其妙。"

⑧ 原注:"应前处议论更端,俗士无从入想。"

鹏序于溪上之怀梦草堂。

家小阮梦麟以一门媚烈泣告，余赠额以表其闾曰"贞烈传芳"，盖以族侄士昱妇江氏，士晃妇吴氏，昱、晃之侄葵麟妇罗氏，相继以节显，祥麟妇洪氏更以绝粒死，一堂两世相遭为不幸，然三节一烈扶树风轨，家门赖之为至幸矣。

旌门之典尚可有待，乃家息庐氏传之于前，而程子叙之于后，其为吾族之光不亦伟欤？独是梦麟舍己而为兄立后，当困厄衰余，尤不忍泯其节烈之传，诚所谓识大义者矣。余故附书篇后，以励俗云。梅林应铨。

旌仲芳族钦洪门高义而烈妇之弟启闾谟诰，论辈与玿为从□□，皆为予家宅相尝观诸甥念姊苦烈，将有待应天子诏命旌扬，诚古巨典也。尤见其培孤恤□加意不①

旌节江母汪孺人传志序

昔李太白之栖于黟之碧山也，曰"别有天地"。及其去，则曰"桃花潭水深千尺，不及汪伦送我情"。千年以来，汪氏子孙犹居于此，青山碧涧，夭桃片片，与参差荇菜相牵缀。其所笃生，则有幽闲贞静之女，为洽阳渭涘以应乎其期，然山积德而川积刑，则阴林颓嘯，薜剥云崩，未有不为贞松磊柏苦其遭遇之穷者。

汪氏孺人，父登阶，固汪伦之苗裔，择配得东山江廷琮。两山并峙，泉流曼衍②，正可逐凫雁③而调琴瑟④，乃廷琮家不造涉江湖，堂上卮匜⑤盘杖支焉，既而摇红斾⑥种白杨，若不预夫事，而夫又玉树埋矣。禠半岁孤枝，纤夜织而门内单单，门外亦且眈眈也。孺人率以白云藩其居，猿啼子夜而不闻也。子有滢成人，孙攀等亦崛起，而闻望日至，孺人摩夫子和于地下⑦。天子诏褒

---

① 此处后面语意未尽，疑有文字缺失。

② 曼衍：连绵不断。

③ 逐凫雁：追逐野鸭与大雁，比喻郊游。

④ 调琴瑟：借指培养夫妻和谐的感情。

⑤ 卮匜：侍奉酒食和盥洗。此指服侍舅姑。卮：古同"卮"，古代盛酒的器皿。匜：古代一种盛水洗手的用具。

⑥ 摇红斾：指外出为官员做幕僚。斾：古同"旆"，古代旗末端状如燕尾的垂旒，泛指旌旗。

⑦ 原注："棺头也。"

之,滢长跪捧读毕,涕泣满面,将以潜德遍乞海内诗文,梓为家乘,先以从子^①甲辰岁进士泳所为传,而请予弁诸首。

王粟斋曰:嘘气成云,柳州神致。

---

① 从子:侄子,侄儿。《左传·襄公二十八年》:"卫人立其从子圃,以守石氏之祀,礼也。"杨伯峻注:"从子,兄弟之子也。亦谓之犹子。"

卷十三

方母闵太君六十寿序

　　雍正旃蒙大荒落①之岁，仲冬月，律中黄钟日交长至，方生华琰、华瑢、华掞再拜乞言寿母六十。予曰："尔母孺人，予姑母之出也。予采女行一郡之公，是公非系焉，非贤不登，徒执家人之细行者弗录。尔母，今贤母也，予方将举以风世之为母者，何多让哉？"谨撰其大者，为酬宾之献焉。

　　孺人幼失恃，幽贞自淑，念父文学焜公困一经，王母太夫人老，克尽孝道，及归孝廉方君承烈，躬修内政。孝廉君兄弟五人，孙子众多，孝廉居二而独生数女，孺人曰："螽斯②之庆，闺房岂一人哉？"于是聘三副室，黄孺人生瑢，姜孺人生琰、掞。孺人鞠育提携，无异出腹。孝廉君即世，儿大者八岁，幼犹褓褓。今夫人众则口烦，事嫌则心易惑③，溺爱不明，臧获④从之而煬⑤其目，《易》曰："二女同居，其志不同行⑥。"苟不能正位乎内，则嚣陵诟谇⑦，反唇

_____

　　①旃蒙大荒落：古代纪年，即乙巳年。旃蒙：天干中乙的别称，古代用以纪年。《尔雅·释天》："太岁在甲曰阏逢，在乙曰旃蒙。"大荒落：亦作"大荒骆"、"大芒落"、"大芒骆"。太岁运行到地支"巳"的方位，这一年称大荒落。《尔雅·释天》："（太岁）在巳曰大荒落。"《史记·天官书》："大荒骆岁：岁阴在巳，星居戌。"因以为十二地支中"巳"的别称。《史记·历书》："祝犂大芒落四年。"裴骃集解："芒，一作'荒'。"张守节正义引姚察曰："言万物皆炽盛而大出，霍然落之，故云荒落也。"又"彊梧大荒落四年"唐司马贞索隐："强梧，丁也。大芒骆，巳也。"

　　②螽斯：《诗经》篇名。《诗·周南·螽斯序》："螽斯，后妃子孙众多也，言若螽斯不妒忌，则子孙众多也。"后用为多子之典实。

　　③原注："透论人情，翻出贤母之难。"

　　④臧获：古代对奴婢的贱称。

　　⑤煬：古同"烨"，火光。

　　⑥二女同居，其志不同行：出自《易经》中《睽》卦的《象语》，其意为：两个女子同居一室，志向不同，行为乖背。

　　⑦嚣陵：见"嚣凌"，嚣张凌辱；嚣张气盛。诟谇：辱骂。谇：责骂。

而稽，或且窥其隙，发难而替。仇唤①所赢余而冻馁其孤者，未可数计也。孝廉君兄弟虽析爨②，同舍踊垣③，百余食指，朝丰夕歉，颇有相乖异者。孺人率其恭俭不懈于勤，能守孝廉之志，衣食不缺。

初，孺人嫁女，待前室女加厚，女皆感激母慈，交相馈问不绝。孺人益专志抚孤。璿之母仅生四十九年，琰、琰之母方三十九岁，而杨孺人虽未子，同心一节，克顺孺人如慈姑，孝妇一堂相乐。璿、琰从予授经，他日得请褒荣，著声慈节，依日月之光华而中和气应，万物交畅④，年年至日，添线璇闺，载周花甲，使世之为母者得效孺人，则疾风暴雨不作而无，成有终之义照耀史册。猗欤休哉！孺人其自此而无疆矣夫！

叶东亭曰：方太君正位乎内至数十年之久，纪纲衣食无不画一，其才其贤，非寻常慈母可得而并论也。先生特以大而难副者言之，以风励人伦，或谓之略且简焉者，岂知文乎哉？

方节母八十寿序

今上即位之明年，恩赐老人粟帛、妇人有差，诏中外特举贤节旌表。又明年雍正乙巳四月之望，歙县方节母汪太君八十称觞，草莽臣程云鹏谨拜手撰次行实，宣扬⑤天子之意曰：妇人寿算，无关于世，唯节妇行难而不可以不寿。辟如松柏，不历岁月之久，不经风雨冰雪之所摧压，不足以挺其坚贞特立之操而后凋之质，何以见信于人而垂名后世？故夫中道折于斧斤者，松柏之不幸，凡木所得而凌越之也。

节母年十六归文学处实。文学幼负盛名，论文客至无虚日，且兴复豪迈，节母助籍中厨⑥，樽酒不空而室无留事，客故多就文学欢。当是时，嫡数子长皆娶妇有孙，孙又娶妇，人人乐就。节母贤年二十五，文学病革，遗节母命曰："尔子起德方襁褓，尔女子长起德五龄，责在尔尔，其毋徇。"节母恸绝，强视息，教起德如文学生时。及起德娶妇，诸郎君析爨异舍，节母楼居，布衣蔬食，虽酷暑不下木级。所居临市，市岁举乡傩或赛会，灯火鼓吹过门，家人

---

① 仇唤：如同仇人般地吞食。

② 析爨：分立炉灶。指分家。

③ 同舍踊垣：共居一舍，同在一围墙之内。

④ 原注："群山万壑赴荆门。"

⑤ 扬：原文为"颺"，见"飏"，同"扬"。

⑥ 籍：古同"萃"，聚集。中厨：内厨房。厨中。

辈相属请,终不一观。

嗟乎!世岂无夫没不嫁称未亡人者,若母之贞静纯一,固鲜其人。嫡次子文学起志,谦慎不妄。其子骞登贤书,乡俗子孙中甲乙科,家人各易尊称,起志督家人不许,唯令称节母太君,谓曰:"吾敬母贤节,为吾家之光。"于是人诵起志之谦,而母之贤节益闻于世,蒋邑令旌其门。而起德与子皆贤,曾孙尤秀颖。节母康强期颐[1]未艾,自此长享太平,服赐衣而啖御廪,其差等异数必有加于凡妇。臣谨操彤管以待书焉。

吴青霞曰:难与俗人言。

汪可曹曰:庄雅得古大臣对君之体,五十五年冰霜劲节,非此不传,视今时屏轴颂祷之文,殊堪一笑。

旌节罗母方太君八十寿序

妇人立节,非必期于千百世之名也。然而孝子之用情,则欲无所不至。惟无期必之心,故一往而不可返,愈久而愈见其坚贞。唯无所不至,故凡所以显其亲者,不留余力焉。

呈坎罗节母方太君,于雍正三年蜡蠟[2]前二日八十称觞,是岁颁到天子新恩,太君曰:"吾始愿岂及此哉?"立遣男世震彩幄焚香,恭迎十里。入门,太君降阶俯伏,升阶,太君偕世震祗肃九叩首,呼"万岁"。世震捧敕命县中霤[3],遍告先人神主,徐出拜太君于堂。众宾更迭上寿无虚日,蜡前设帨[4],进

---

① 期颐:一百岁。语本《礼记·曲礼上》:"百年曰期、颐。"郑玄注:"期,犹要也;颐,养也。不知衣服食味,孝子要尽养道而已。"孙希旦集解:"百年者饮食、居处、动作,无所不待于养。方氏悫曰:'人生以百年为期,故百年以期名之。'"

② 此处"蜡蠟",疑为"蜡臘(腊)"。岁终祭祀。蜡为祭百神,腊为祭先祖,同为周代十二月的祭礼。《后汉书·礼仪志中》"劳农大享腊"刘昭注引秦静曰:"古礼,出行有祖祭,岁终有蜡腊。"[清]顾炎武《答再从兄书》:"孰使我岁时蜡腊,伏地悲哀,家人相对,含酸饮泣,叫天而苍苍不闻,呼父而冥冥莫晓者乎?"

③ 中霤:亦作"中廇"、"中溜"。古代五祀所祭对象之一,即后土之神。《礼记·郊特牲》:"家主中霤而国主社。"孔颖达疏:"中霤谓土神。"[汉]班固《白虎通·五祀》:"六月祭中霤。中霤者,象土在中央也。"

④ 设帨:古礼,女子出生,挂佩巾于房门右。《礼记·内则》:"子生,男子设弧于门左,女子设帨于门右。"郑玄注:"帨,事人之佩巾也。"后用以指女子生辰。[明]李开先《哭幼女招弟》诗:"设帨旧居秋草满,埋香新冢暮云横。"[清]戴名世《凌母严太安人寿序》:"七月某日为吾母设帨之辰,盖年臻八十矣。"

而献爵者且千人，屏轴颂祷之词几数百首，乡邻妇女鱼跳雀跃，争拜寿母堂前，赞翊女宗，人人愿得效太君不失为阃内①完人。荣光照耀，绵于奕祀②，自称未亡人适今五十二年。亲知未望见颜色者，咸请拜璇闺。太君乃逡巡谦退，命世震答礼。世震再拜稽首，言曰："震不孝，不能奉扬母氏之节，赖天子明圣，泽及穷檐，俾母氏建坊旌表。谓母氏欲徇先君子，而弥留之付托不能解也；谓母氏历遭兵燹，以干糇③饲翁媪与遗孤，而自则含饥饮水也；谓母氏逃窜余生，针绤补缀，甘旨不阙，而孤儿之修脯常周也；谓母氏哀号于夫讳之日，而追远之霜露尤虔也。天子谘方岳大臣，方岳大臣询诸学官，学官严察于学校，佥曰：'吁哉！罗节母允当舆情也。'是以今日之荣。天子曰：'都臣工曰俞。'震不孝，窃幸对扬休命，歌诸君子雅颂之章为母氏献其康爵，庶几母氏芳名传之百世，震敢矜曰得免于罪戾乎？"于是客再拜，各满引酬宾之爵，忭舞④而退。

　　程梧冈曰：庄炼似典谟，洒落似左史，非此文不足以传节母之获旌，非此文不足以慰孝子之用情。

　　江陶致曰：写生妙手，步步引人着胜，摩诘辋川图，差堪比拟。

江节母徐孺人七十寿叙

　　往丙申岁，江节母徐孺人六十，其子有荣乞予长歌侑觞。今上雍正丙午，孺人七十，其孙国楣、国楹复乞予文，且曰："楣祖母五十一年坚贞之节，恭值圣世覃恩，不获上闻，求附《女行录》中，他日得邀史局之采，亦圣朝恩泽所及也。"

　　谨按：孺人系出兴化县敬如翁女，归歙县江尚绶。二十岁，尚绶没，有荣生甫六月，母道重而妻道轻，故可以无死⑤。嗟乎！新安风俗之厚，山积德而川积刑，妇人多练裳竹笥，视险如夷，散发孤居者往往而是⑥。孺人偕元配汪孺人从沙沟镇扶榇而归。亲执绋，上食舟车之侧，哀感路人。

当是时,尚绥继子棘薪徒负,将挬拔其根,芜弃其本,而不究所由生。孺人日夕抚有荣而泣,赖乡人屏轧,荣得安全,衣食始无缺。孺人勤于教训,有荣成立,孙又娶妇,而年德弥邵。夫天性不笃,则率循匪易,而风土难移①。贫贱则易怨而心疏,感物辄动。故既欢合矣,或不能成子姓;能成子姓矣,或不能要其终。况五十余年之久,天道屡变,灾祥互异,乃能食梅食柏②,终始一心。即忠荩③之臣,当主少国疑之际,稍一徘徊,却顾而欲迟之,至久抱其一节,固亦良难。然则松柏坚贞之说,可以颂凡妇未可以概孺人。昔钟会母张氏之崇典礼,独援春秋成风,定姒之义,而孺人胡谓不然?国楣、国楹试跪诵予言而进一觞乎?

程梧岗曰:法脉细而气象渊古,其议论皆据万峰之巅,固当俯视一切。

诰封胡太宜人八十寿序

雍正丙午,八闽督学汪君夫人今封太宜人寿跻八十,令子枢言、牧庭、书农、无阙将延宾客,率诸孙肃觞具庆。太宜人以督学君没,而次君方罣④误于固始,心戚然,不及六十、七十时也。因训诸子若孙曰:“吾不能为鲍永⑤母,与尔父全鹿车之志⑥,又不能为吕希哲⑦母,教诲尔辈世济其美,顾独两膺圣天子恩赐粟帛,无能报称,敢曰寿考维宁乎?”

余闻而进曰:“太宜人璇闺玉行七十时,督学君命予献言。太宜人谦慎之德久而弥增,即不受宾筵祝嘏,可不使余纪年书事乎?”乃复献言曰:“天道十年一变,椒兰茅艾⑧之化,出处之汙隆⑨,皆随乎运数,故世不乏金张门第,

- 95 -

---

① 原注:“应山川意。”

② 原注:“从久字生出大议论。”食梅食柏:性如梅花般高洁,如柏树般坚贞。

③ 忠荩:犹忠诚。荩:古同“进”。荩臣:原指帝王所进用的臣子,后称忠诚之臣。

④ 罣:同“挂”。

⑤ 鲍永:鲍宣子,字君长,东汉上党屯留(今属山西)人。少习欧阳《尚书》。初为郡功曹,刘玄时官尚书仆射,行大将军事。光武即位,拜谏议大夫,以功封关内侯,为司隶校尉。以事劾帝叔父赵王刘良,朝廷肃然。出为东海相,终兖州牧。

⑥ 鹿车之志:典出鲍宣与其妻桓少君共挽鹿车回故乡。指夫妻同心、安贫乐道的志向。鹿车:古时的一种小车。

⑦ 吕希哲:北宋教育家、官员,字原明,学者称荥阳先生,寿州(治今安徽凤台)人,作品有《登单州城楼》《和尧夫打乖吟》《绝句四首》。

⑧ 椒兰茅艾:四种植物的合称,代指贤德之君子与奸佞小人。

⑨ 汙隆:亦作“污隆”。升与降,常指世道的盛衰或政治的兴替。汙:同“污”。

卷十三

朱轮华毂,炫爌显赫,为世所夸,旋而灰劫蓝尘①,求为荜门高隐而莫可企及。督学君未释褐,家故贫,及历官,书卷之外,不亲阿堵。太宜人持躬敕约,率家人朝夕治筐绩,若不知有翟茀②之荣也。督学君归故乡,不与俗接,即郡邑长柱车骑,亦唯逃避墙东。太宜人曰:'吾君得反初服,幸不相泣牛衣,忍纵子弟不继吾君以报国家养士恩乎?'于是益课其子。及次君成进士,咸谓太宜人宜暇逸矣,太宜人曰:'是不闻公甫文伯母③之言乎?且近者吾君编撰《诗伦》,方且为当事风励学官,吾妇人敢不夙夜祇承以成君志?'"

嗟乎!督学君视学闽中,所拔多殊尤隽异,至今语及汪督学则垂涕感激。及君没,从祀名宦,千里而来,争捧主如其考妣。督学君宦达数十年,不蓄媵妾,晚而杜门。太宜人执饮馔无倦,人不多督学君无二色之难,唯叹太宜人贵而能贫之难也。宜兴储丈同人文名震天下,而服膺督学君备至,亦尝称太宜人为新安妇人之冠,岂虚誉之隆哉?太宜人其为予特举觞焉。太宜人曰:"命之矣。"

洪书升曰:棣园先生归里门,足迹不入城市,闻人传说城市中事,即趋避而去,唯与华仲先生不见辄相思无已,以是太夫人具知先生文字之妙,得其一言便解颜而进一觞也。

诰封一品夫人程母童太夫人七十寿序

淮扬富庶之邦,盖多贤母云。予三十年前从京师归,假道淮阴,留馆于程,知童太夫人贤备至。太夫人,予家封翁蝶庄先生继室也。是时,长君坡士年尚少,太夫人抚之如出。次君、三君、四君皆在成童,执经问业于桂林洪君。予朝夕过从,见太夫人笃责诸君,时时检阅课业多寡,频送茶点。闻予在,每倍洁甘瑜④之品,恣饮夜分。曰:"是有裨益吾儿者。"及长君为尚书郎,

---

① 灰劫蓝尘:家业被兵火所毁,化为飞扬之尘土。

② 翟茀:古代贵族妇女所乘的一种车子。车帘两边或车箱两旁以翟羽为饰。

③ 公甫文伯母:即敬姜,春秋时鲁国人。文伯退朝回家,见其母正在缉麻,文伯以为居官之家,母不当缉麻。其母告以民勤劳则善,安逸则淫,为官朝夕勤劳,犹恐忘先人之业,若有怠惰,岂能避罪。

④ 甘瑜:甘美。瑜:美好。《左传·僖公四年》:"且其繇曰:专之渝,攘公之瑜。"杜预注:"攘,除也。瑜,美也。"孔颖达疏:"瑜是羊之名。美、善之字皆从羊,故瑜为美也。"

出佐浙藩,请训诲于太夫人,太夫人曰:"臧文仲①施惠于民,陶侃②不受鱼鲊,二子能成令名者,由母教也。尔克勉之,吾何诲焉?"三君成进士,复历尚书郎,今上恩录会考府办职,恪恭唯谨。而次君、四君咸以宦籍侍养,太夫人板舆③之暇,福履绥成,然犹勤训诲,不使诸君一日忘国恩而优游惰慢也。

己酉长至,太夫人七十,诸令子征文及予,乡人惧焉,谓太夫人令子腾达,加以同官之显赫,屏障辉煌,耀炫两郡,何程子文为?客闻而笑曰:"君不见昆山徐氏寿母乎?三徐门第甲江南,称觞之际,内而枢辅,外而中丞以下,莫不献言,而徐公具列两傍,其厅事中间则一布衣所撰述。非重布衣而轻贵介④也,盖谓布衣不铺张贵盛⑤,而所叙无泛设也。"《传》曰:"君子之道,或出或处。"固有然哉?昔者封翁倜荡大度,不亲细事,家人数百口,苟非太夫人刬絜⑥庶务⑦,则穰恶丰杀之宜,出入之盈缩,安得使无黜嫚⑧而能邀幅利若是?故太夫人不独以教子为贤,而更能翊封翁于不匮,尤足为贤也。淮扬两郡,推封君综理蹉务,圣祖仁皇帝嘉其劳绩,又以浙藩君贵加赐一品服,太夫人得与荣封,足以报教育恩,为两郡所诵法,进此而与国家瑞气同赓复旦,则不第草野之彤管生花,太史氏亦当编之雅乐矣。何以文为?

吴漪堂曰:太夫人教子相夫,为世楷模,文特主此立论。

---

①臧文仲:即臧孙辰,春秋时鲁国人,字文仲。臧孙达孙。正卿。历事庄公、闵公、僖公、文公四君。庄公二十八年,鲁大饥,臧孙辰使齐,以玉器请籴,齐君为所动,归其玉而给予籴。并曾力劝晋人释放卫成公。孔子曾说他有"三不仁""三不知"。

②陶侃:东晋庐江浔阳(今江西九江)人,字士行。父陶丹,吴扬武将军。少孤贫。为县吏。累迁南蛮长史。击破张昌、陈敏、杜弢,拜荆州刺史,镇武昌。深为王敦所忌,左转广州刺史,无事即朝暮运甓以习劳。敦败,复还荆州。成帝咸和二年苏峻反,京都不守。温峤、庾亮推侃为盟主,力拒斩峻,收复建康。官至荆、江二州刺史,都督交、广、宁、江等八州诸军事。在军四十一年如一日,厌清谈浮华,常勉人惜分阴,为后世所称。封长沙郡公。卒谥桓。

③板舆:古代一种用人抬的代步工具,多为老人乘坐。[晋]潘岳《闲居赋》:"太夫人乃御板舆,升轻轩,远览王畿,近周家园。"后因以代指官吏在任迎养父母之词。

④贵介:尊贵,高贵。《左传·襄公二十六年》:"伯州犁曰:'所争,君子也,其何不知?'上其手,曰:'夫子为王子围,寡君之贵介弟也。'"杜预注:"介,大也。"杨伯峻注:"贵介即地位高贵。"此处指尊贵、富贵者。

⑤贵盛:高贵显赫。《战国策·秦策三》:"而君之禄位贵盛,私家之富过于三子,而身不退,窃为君危之。"

⑥刬絜:统领权衡。刬:统领。絜:度量;比较。

⑦庶务:各种政务;各种事务。

⑧黜嫚:放逸怠忽。《左传·襄公二十八年》:"夫民生厚而用利,于是乎正德以幅之,使无黜嫚。"杜预注:"黜,犹放也。"

卷十四

节孝坊题名记

汪贵贤妻闵氏	汪志道妻吴氏	吴洧妻张氏
廪生郑瀚妾程氏	赵泌妻吴氏	吴堿祥妻闵氏
方瑄妻汪氏	谢继缙妻蒋氏	方大法妻程氏
潘嘉会妻徐氏	廪生郑柏妾盛氏	胡良□妻汪氏
闵文卿妻许氏	汪扣妻王氏	汪永念妻王氏
汪世昂妻胡氏	方国妻汪氏	汪世福妻胡氏
方胜祖妻汪氏	方清妻汪氏	赵仲阳妻程氏
庠生佘锜妻方氏	庠生佘祀妻叶氏	进士汪侃妻胡氏、妾刘氏
方可久妻汪氏	王社惠妻汪氏	潘积礼妻徐氏
宋镱妻程氏	潘惠德妻程氏	宋廷试妻孙氏
丘永积妻王氏	丘惠良妻孙氏	方济弘妻许氏
方朴妻汪氏	郑时妻徐氏	闵元钺妻汪氏
郑景节妻王氏	闵岩保妻胡氏	方沧妻仇氏
闵琐关妻洪氏	鲍椿妻郑氏	江良永妻吴氏
方钺妻汪氏、妾佘氏	吴澜妻柯氏	俞永申妻程氏
郑守诏妻孙氏	□□妻王氏	王得宁妻江氏
张玄妻汪氏	庠生潘载妻佘氏	方璜妻汪氏
方泌妻徐氏	佘廷充妻黄氏	佘旭妻方氏
程伯度妻郑氏	闵世锦妻胡氏	佘世姜妻潘氏
佘昉妻郑氏	赵湘妻方氏	郑孟魁妻吴氏
吴佺妻汪氏	吴岩梅妻汪氏	郝升妻汪氏
汪时闰妻徐氏	郑涿妻方氏	郑策妻方氏

汪泮妻方氏	吴世曠妻孙氏	赵文矿妻彭氏
佘鈦妻方氏	曹胜佑妻方氏	王自宾妻曹氏
程大顺妻王氏	吴国萃妻方氏	龚仲本妻程氏
王□豫妻陈氏	吴汝庆妻汪氏	汪廷凤妻吴氏
潘鸿妻葛氏	吴鼎妻汪氏	闵保宁妻江氏
郑玄肃妻程氏	吴御妻程氏	胡尚卿妻汪氏
俞建宽妻汪氏	郑公桓妻程氏	监生阮汝器妻程氏
黄永福妻汪氏	胡继达妻闵氏	俞廷□妻张氏
程弘□妻汪氏	程社助妻洪氏	吴辉妻胡氏
方鹏翼妻项氏	方玄治妻佘氏	程仁庆妻闵氏

敕封安人其学妻方、槐塘振羽妻郑、临河可诏妻吴，抚孤或遗腹，偕以励节显。而槐塘之有邦仁妻方氏也，始邦仁有弟曰仪，缘祖墓锒铛[①]，死水中，仁奋身求理，抚尸一恸殁。仪妻徐遗腹生女，不食，死。方抚孤泣曰："予求死不得矣。"年八十五，见孙三人子说、子译、子谏同胞进士，而名又最显也。子说妻汪不得子，为夫广媵，生男。说殁，绝粒七日，强起抚子，会痘疹濒危，徒跣而祷。于是，日昭妻鲍曰："我独非人乎？"夫亡守节，岁饥至掬水自活。休文昌坊泰妻佘，食糠抚子，全夫嗣，此亦事之至难。其可以优予忠济而劣杵臼乎哉？且夫道翼妻汪之殉未嫁夫也[②]，而草市太学之俊聘妻戴氏归夫家而守志，皆未成妇。事不同而理同，然非沐浴于二夫子[③]，其何自而能然得而复书。且所谓百有一人者，孰节孰烈孰孝，皆不注明，独列书其夫之进士庠监，而予七世祖又未书其文学字，其他族姓傥亦有书，与未书者温媪差讹，亦必多有。窃疑前人不应蒙昧轻重，草草蒇事至于如此，或有所记载而兵火散失，遂无可考欤。及予搜求二三十年，然后叹吾乡风俗虽多仁厚长者之行，而不能不坏于习气之相沿也。号曰读书，而趣向苟简狭陋，语以竹素[④]之事[⑤]，愕窒[⑥]不知词对。有志显扬先节，唯谋登郡邑乘，力劲者申请建坊，其下

① 锒铛：此指因官司入狱。

② 原注："重提作结。"

③ 原注："归宿。"

④ 竹素：犹竹帛。多指史册、书籍。《三国志·吴志·陆凯传》："明王圣主取士以贤，不拘卑贱，故其功德洋溢，名流竹素。"[唐]柳宗元《读书》诗："竟夕谁与言？但与竹素俱。"[宋]梅尧臣《送逐客王胜之不及遂至屠儿原》诗："始闻云木深，忽逢朱亥墓，金锤一报恩，义烈垂竹素。"[清]姚鼐《题坳堂所藏诸城刘文正公手迹》诗："竹素苍茫千载事，邱山零落百年期。"

⑤ 原注："可怜。"

⑥ 愕窒：惊惶得不敢出气。

愚则抱纸裹资奔走请官阶头衔作状传,为人拭案覆瓿,恬不知怪。孔子于夏殷而叹杞宋无征,太史公欣羡夷齐、颜渊[①],得孔子而名垂后世。蜀之富人岂无力登志乘,建坊石,乞状传? 而杨子云不录[②],其名姓终不得而传。吾里固多女行,登斯坊者百有一人,一二百年来已剥蚀[③]六人,中翰君悯然于修复后著《题名考》,标其姓氏,庶几坊石有泐而木刻犹存。然予终有叹于文献无征,不能识其行事源流而相沿之习气,不可以遽挽也。悲夫!

曹怀圃曰:修葺坊时,有欲贿冒登者,余却之。或复为之请,坚辞不可。爰著《题名考》,以防石剥侵冒之弊。或不乐,遂为含沙之计。呜呼! 为善之难若此,然尚有节孝应登诸人将核实举行,不因捷幡而辍也。后有作者幸勿忽于斯文。

汪凝庵曰:议论委曲详尽,一层高一层。

敕建节孝祠记

今上即位以来,历年颁到贤孝节烈建坊立祠银两,于是歙县所属诸令母得受新恩者,其子若孙咸奔走震动。择地邑中,严饬匠石,不日告成,登名坊表,捧主入祠,郡邑守令、学校官师躬诣祭奠唯谨。次则有主之家欢欣鼓舞,工歌酬献,四方宾从绅衿执爵入贺者且千人。耆老童孺妇女,道路观者,肩摩杖立,不知凡几,咸啧啧感慕而思发愤振起,以则效斯人。礼毕,郡守漳州沈公顾谓程云鹏曰:"数千百年未有之盛典,镌石记事,君不可以无文。"云鹏向北九顿首,操笔而进曰[④]:

三代之礼备载《周官》,前此则有同姓媵婚而妇人之改适,未著令典。六

---

① 原注:"读此方识文献权作者,文章为可贵。"欣羡:喜爱而羡慕。[南朝宋]王景文《自陈求解扬州》:"久怀欣羡,未敢干请。"[明]冯梦龙《挂枝儿·眼里火》:"眼觑着俏冤家,不由人欣羡。"夷齐:伯夷和叔齐的并称。《孔丛子·陈士义》:"夷齐无欲,虽文武不能制。"[唐]李白《梁园吟》:"持盐把酒但饮之,莫学夷齐事高洁。"颜渊:春秋末鲁国人。名回,字子渊。孔子学生。贫居陋巷,箪食瓢饮,而不改其乐。孔子称赞他的德行,"吾见其进也,未见其止也"(《论语·子罕》)。但也说:"回也非助我者也,于吾言无所不说(悦)。"(《论语·先进》)早卒,孔子极悲恸。后被封建统治者尊为"复圣"。

② 原注:"句。"

③ 剥蚀:物体受侵蚀而损坏脱落。[宋]陆游《老学庵笔记》卷四:"汉隶岁久风雨剥蚀,故其字无复锋铓。"

④ 原注:"推见原委。"

经所载，祇①卫共姜②、纪季姬③两人。齐桓未绝少姬④，而蔡人嫁之；郤犨⑤求婚，鲁人夺施氏妇，公侯卿族如此矣。法莫厉于秦，李斯有"有子而妇嫁，倍死不贞，妻为逃嫁，子不得母"之文。然自秦至汉唐，妇人之守节死义者尝少。北宋以降，可悉数之。盖《周官》未立法，老师宿儒不讲，无道秦虽言之，不能信于后世，故虽范文正公之贤，犹推国恩于朱氏。及先程子以为娶其妇者为其孙之仇，娶失节之妇则己亦失节，而饿死事小，失节事大，自是以来，率以失节为羞而憎恶之。

新安称闺门邹鲁，盖程朱之阙里在焉，渐摩耳熟，三尺童子皆知诵法斯言，故新安较他郡独盛。学校呈请，有司难于尽录，留作渐次汇题。然乡村穷妇未能举报者，又不知几千什百。是日，仰瞻坊表，彷徨涕泣而不可已者皆是人也。呜呼！三代未行之政，秦以峻法不能革而行之，先程子一言历千载而人自化于善。今天子著为令典，恩锡未至期者，逐年复题，日月所照，无不毕使震耀。不第人人自奋于贤节孝烈之途，而凡为子若孙者，虽贫可恃，以显扬其亲，不在奔趋势能之荣，苟且营求，而丧厥廉耻⑥，上之人激扬于上，下之人感格于下，风俗之变而不可返者。人而柔之，沐浴而成之，不识不知，顺帝之则⑦。圣天子咸五登三⑧，风励万世，草莽臣谨撰其实以遗后人。时雍正六年二月。

---

① 祇：古同"祇"。祇：古同"祗"。只，仅仅。

② 共姜：周时卫世子共伯之妻。共伯早死，她不再嫁。后常用为女子守节的典实。

③ 季姬：齐悼公吕阳生的夫人。齐景公五十八年（辛亥，公元前490年），在位58岁之久的齐景公自觉不久于人世，于是决定废长立幼，将自己宠姬芮姬所生的公子荼立为齐国国君。于是，齐悼公在太子荼即位的时候，跑到了鲁国，也就在这里，他遇到了他生命中的女人季姬。季姬是鲁国大臣季康子的妹妹，于是，由季康子做主将她嫁给了还未即位的齐悼公。

④ 少姬：前672年，晋献公打败骊戎，骊戎求和将骊姬与其妹少姬献给晋献公。少姬生子卓子，而其姐骊姬深得晋献公的宠爱，获立夫人，并生下儿子奚齐。

⑤ 郤犨：春秋时晋国人。又称苦成叔。郤缺从子。晋景公时大夫。食邑襄陵。有辩才，为使有礼，谋事有智。尝与长鱼矫争田，执而梏之，矫怨之。晋厉公七年，胥童、长鱼矫、夷阳五等得厉公助，杀犨及郤锜、郤至。

⑥ 原注："新安人膏肓之病，不得不下一针。"

⑦ 原注："归功至治。"

⑧ 咸五登三：《史记·司马相如列传》："方将增泰山之封，加梁父之事，鸣和鸾，扬乐颂，上咸五，下登三。"《汉书·司马相如传下》引此文，颜师古注："咸，皆也，言汉德与五帝皆盛，而登于三王之上也。"后因以"咸五登三"谓帝德广被，同于五帝而超于三王。《南齐书·王融传》："然后天移云动，勒封岱宗，咸五登三，追踪七十，百神肃警，万国具僚。"

陈鹤①山曰：三代相沿未变，故《周官》犹缺此条。汉兴，约法三章，视李斯如狗彘，安得遵行？程子发明万世之经，遂使故乡称闾门邹鲁，孰谓民之不可兴行哉？文反复详尽，直可悬之国门，不易一字。

汪有章曰：先母程恭人曩载《女行录》中，兹值圣朝盛典，得与坊表祠祭，仁恩所及，咸五登三。斯篇博大庄重，第二人无处着手。

潭渡女祠记

女祠，非制也。古者天子、诸侯、大夫、士各有庙。庙之数，降杀以两，故士亦有二庙。庙有门堂、寝室，室有主，有男有女。祭则有专有合，昭穆虽不同位，而祭则一也。

新安祠堂无专祭，与古之祫祭②同，而潭渡黄氏复别立女祠，殆有见于男、女异席之故欤。予谓祭法牿③于汉，执于唐，明于宋，至明太祖改建太庙，其制前为正殿，后为寝室。寝殿九间，一间为一室，每室安帝与后之神主，主皆南向，无昭穆之序，与新安祠堂相似。若浦江郑氏四代祠堂，男女东西为昭穆，于事生事存之意，颇得人心之安。然予谓总不若先祭男主于堂，次献女爵于寝室，迎神送神举一时之肦蠁④，而敬其所尊，爱其所亲，生不易宫，殁不易位，芒乎芴乎⑤，而莫知其所极。如是，则神无怨恫而子孙饮福于楹桷之间，若或见吾亲之一堂和乐也。

嗟乎！吾乡祠祭之故，岂独在女祠哉？祖远，则我之精神莫格；主多，则我之诚意不专。不专而莫格，如不祭矣。设太祖公侯之像而夹以卑贱，则所以尊其祖者，既亵而不严，无宗子承祀而使疏远途人。不立祧法，则贩夫牧竖掩著乎上，近且以厚资进者注不祧，资薄者则祧与毁同，将使后世祭者惟

---

① 鹤：原文为"隺"，古通"鹤"。

② 祫祭：古代天子诸侯所举行的集合远近祖先神主于太祖庙的大合祭。《礼记·曾子问》："祫祭于祖，则迎四庙之主。主出庙入庙必跸。"孔颖达疏："祫，合祭祖。大祖三年一祫。谓当祫之年则祝迎高、曾、祖、祢四庙，而于大祖庙祭之。天子祫祭则迎六庙之主。今言四庙者，举诸侯言也。"《谷梁传·文公二年》："祫祭者，毁庙之主陈于大祖。未毁庙之主，皆升，合祭于大祖。"范宁注："祫祭者，皆合祭诸庙。已毁未毁之主，于大祖庙中以昭穆为次序。"《汉书·韦玄成传》："祫祭者，毁庙与未毁庙之主皆合食于太祖，父为昭，子为穆，孙复为昭，古之正礼也。"祫：古代天子或诸侯把远近祖先的神主集合在太庙里进行祭祀。

③ 牿：关养牛马的圈。绑在牛角上使其不能抵入的横木。古同"梏"，桎梏，束缚。

④ 肦：古同"胗"。蠁：蠁虫。酒醋上的小飞虫。胗蠁：散布、传播。

⑤ 芒芴：亦作"芒忽"、"芒惚"、"茫惚"，同"恍惚"。形容不可辨认，不可捉摸。

多财翁，初不计其人之善否也，人亦安肯立廉隅、矜名节以为不祀之鬼哉？且夫妇人立身矫矫，嗣续徽音仅与寻常之妇妥侑馂馐[1]，既久而藏诸夹室，可不重思其故欤？黄氏有白山之清节文章，砚芝之读书中秘，衷白惟后，固得希文、乐周诸长者，必有所见而为之。溪南吴氏侧室妇，亦别立专祠，不以子贵而得跻世庙，亦不以抱矫矫之行如古列女而有不祧。呜呼！予所不解岂独潭渡之女祠乎哉？

吴艮斋曰：妇人之节烈贤孝，不应与凡妇同，而使子孙无所兴行。文虽统论，而意专在此。呜呼！吾乡祠祭难言矣！

义井记

井，所以适民用也。予家世居镇之樟森塘，先处士公见塘中紫雾浮起，始兆卜迁。其后，塘水干涸，民屋其上，河汲夐远[2]，于是浚三井、一曰佘氏、一曰赵氏或曰宋氏、一为我七世双节祖母所开，而思诚公支下孙子共成之者，在牛市坦上流，吴氏女墙右，井栏镌"程氏义井"字。二百年来，栏石损坏，弃置墙角。予族外迁，吴氏易石重修，未刊旧字。予族人多负气诟厉，予谓阴阳剥复，盛极而衰。先时，紫雾之塘，今为异姓造宅，予族虽散居湖广维扬，而强盛过于他姓，即此犹称曰"程氏义井"，与庆源堂旧址并存。而予家双节争光日月，置井以适民用，奚待里社之尸祝乎哉？

宋尧章曰：井，适民用不在立名而名必归之。文字简洁，所谓炫烂之极乃造平澹也。

项孺人励节记

华仲氏既为《节孝祠堂记》，推原闺门邹鲁，由于先程子之言，客因有述项三桂妻程氏之内行纯备，请予录于《女行录》中者。华仲氏叹曰："此其为

① 妥侑：《诗·小雅·楚茨》："以妥以侑。"毛传："妥，安坐也；侑，劝也。"后以"妥侑"谓劝酒。[清]龚自珍《最录南唐五百字》："饮至妥侑，延进瞢瞢。"[清]魏祝亭《两粤猺俗记》："粤以东则以七月望日，俾二髫男，三髫女，衣五彩裾，歌且舞以妥侑焉。"馂馐：亦作"馂馐"，谓煮饭做酒。《诗·大雅·泂酌》："泂酌彼行潦，挹彼注滋，可以馂馐。"毛传："馂，馏也。馐，酒食也。"馂：蒸饭，煮米半熟用箕漉出再蒸熟。馐：酒食；熟食。

② 夐远：遥远。[宋]李纲《再乞招抚曹成奏状》："虽已具奏道依近降圣旨，踏逐军马，道路夐远，见今阻隔，卒难办集。"夐：远。

程氏女也欤哉！"

节妇出休邑由溪，夫亡年二十，子汉琦，离腹甫三月，姑在堂待养。节妇衣鹑结历，碌望山云楼起，邻舍烟房蓬勃而上[1]，节妇褫汉琦号泣檐前，雀啄冬青，呻吟晏坐。维时有叔翁永龄嘉其志，周给所不逮，汉琦始扶床、就塾及娶妇，无少阙。

嗟乎！自民不兴行而任恤之典无闻[2]，不幸有孤儿寡妇介乎其侧，其期功之强有力者睥睨[3]其田宅衣饰，百计取之至于尽，然后视嫠为奇货，此诚君子所不为。而惠鲜怀保，视如所生，解衣推食，不遗余力，卵而翼之，以养以教，俾至于成人，翁之德，其曷可少也？而节妇亦深自闭藏，槁木为形，死灰为心，若不知世间有富贵可易我守身之大者，唯以勿忘叔翁之德丁宁告语。其子亦克遵母训，修身慎行，为乡里善人。华仲氏曰："永龄所谓助王养民者也。"节妇始四十，孪痪不能起，汉琦妇王氏盂饭掬水，曲踞抚摩间日夜[4]。今年五十有四，阖族欲为请旌，节妇从床褥谢曰："予方愧不获从夫地下，侍吾姑又不得如王妇侍我，曷敢辱朝廷之命乎？"而叔翁子东白亦克继父志，客楚时，裁衣寄归，必及节妇并孝妇，克如旨意，嘉其节也，嘉其孝也。是故，有节妇而人知饿死事小[5]，未可谓终饿死也。有节妇而见王氏成其孝，永龄、东白成其义，皆可风也。华仲氏推原之意，其在斯乎！其在斯乎！

汪绍闻曰：项氏居黄山内壤，而节义贤孝出于一家，彼席丰盈者未易得此芳名也。

程山龄曰：一题而作千篇，各呈花样，非谓写吾程氏女而特加色泽也，总欲使读者如入山阴道上耳。

---

① 原注："一幅摩诘山居图不谓于此题遇之，所谓惊才绝艳也。"

② 原注："有慨乎其言之。"

③ 睥睨：窥视；侦伺。[北齐]颜之推《颜氏家训·诫兵》："若承平之世，睥睨宫阃，幸灾乐祸，首为逆乱，诖误善良。"《续资治通鉴·宋高宗建炎三年》："敌又睥睨金陵、镇江，守把舟船，而大雨连降，平地水发，道涂泥泞，马步俱不能进。"

④ 原注："得此孝妇，足征天道有知。"

⑤ 原注："双收，交情深至。"

卷十五

方节母旌额记

予少时，过信行里，见旌表汪鸣玉妻坊石巍然，及闻方先登妻汪氏六十年劲节缺焉未旌，因叹世之为子孙者虽贤，亦必有请旌建坊之力，而后其名得达于朝宁也。然近者鸣玉后人多不振，而方节母有孙曰平，嗜古力学，负名胶序，屈于先，未始不信于后。

按：节母系出于汪，即鸣玉之姊娣。鸣玉偕先登覆舟溢浦，两母同守一节，而方节母独励其难，孤甫四岁女子，子出腹二年，门无强荫，而多艰大之投。节母瘁身揸拄①，百折不回，卒使其子若孙不废令绪。世之无力请旌者俱乞郡邑棹楔②，无论当否而滥给之，或胥猾之徒藉当事解任，空头印纸赚给乡愚，苟非新造之居，未有无节母之额者，岂真比户可封欤？然其中贞操幽芳，未尝无实行可采。惜乎题额之言，彼此抄袭而熏莸③莫辨也。方节母，郡邑历有旌，最后邑令蒋公于题额外复书其行实于右，一以表著节母之贤可风，一以期平之显扬将。自此也彼乡愚棹楔固不足与节母较短长，而鸣玉妻之巍然坊石又何足与平之文章竞得失哉？

江星周曰：低徊蕴蓄，无限夷犹，不必假俗士铺张，而节母自有其可传者在也。

---

① 揸拄：亦作"揸柱"。支撑，支持。揸：古同"支"，支撑。

② 棹楔：门旁表宅树坊的木柱。

③ 熏莸：香草和臭草。喻善恶、贤愚、好坏等。语本《左传·僖公四年》："一熏一莸，十年尚犹有臭。"杜预注："熏，香草；莸，臭草。十年有臭，言善易消，恶难除。"《魏书·辛雄传》："今君子小人熏莸不别，岂所谓赏善罚恶，殷勤隐恤者也。"

王节母程氏建坊记

康熙三十年四月二十三日奉旨为王节母建坊,准提督学政高公上闻也。高公言曰:"节母年十六归儒士王正宸,二十岁,正宸殁,立节五十七年。"两庠之述也曰:"母奉翁姑,以孝敬颂于人。正宸客吴楚,旋由浙达严江,病不克起。母闻之曰:'吾宁惶惑忐忑而冀生乎?娠在身,责攸重。'姑与母提言属耳,恶乎死。"姻族之言曰:"母抚遗腹子国瑞,毋宽假,如严父。"国瑞长,喜诵习仕籍事,母训之曰:"黄霸①,汉循良也,治行卓绝,尔能之,吾愿足矣。"

嗟乎!五十年间郡城三历兵燹,节母逃窜穷山,身翼其子,卒尽翁姑生死礼。国瑞广交游,户外屦满,母盈缩中馈,励子成名,若戛釜②于密支③,岂曰母事?坊建,而四境识节母贤,皆来贺。风声所被,闺门内益多则效。外史氏程云鹏纪其实而镌之石。

程聚人曰:笔笔藏锋,于八家外另标一格。

凌母双节记

类乎己④,子曰肖,妇曰贤。凌和义妻张氏、凌晟妻汪氏,妇肖姑,嫠⑤而贤。张年三十夫殁,而晟殁时汪亦三十,见予文《四节母叙》。

彝训曰:予王父弃人间世,赖王母持门户,教予父成文章,补博士弟子。彝训脽脞儿,匪克类偃伏泥滓⑥。予母氏志哀而居约,人谓其贤肖王母⑦。王母负痼疾,扶将调息,全赖予母。王母意怆怳⑧,谓:"何以报妇贤"?母曰:

---

① 黄霸:西汉大臣。字次公,淮阳阳夏(今河南太康)人。少习律令。宣帝时,任扬州刺史、颍川太守。为政外宽内明,力劝耕桑,推行教化,治为当时第一。后为御史大夫、丞相,封建成侯。后世将他与龚遂作为"循吏"的代表,称为"龚黄"。

② 戛釜:敲打锅子。戛:原文为"戞",敲击。釜:陶器。

③ 密支:关系很近的族人。

④ 原注:"三字主。"

⑤ 嫠:寡妇。

⑥ 原注:"反笔映。"

⑦ 原注:"正笔应。"

⑧ 怆怳:失意貌。怆:悲伤。怳:古同"恍",仿佛。

"予不能身代姑痛楚，又不能学姑之侍姑母也。"予家沙溪，溪之流回清倒影^①，王母七十二而解其天弢^②，予母今五十一，缡笄蓐食^③，矜式^④我宗祊^⑤，俾溪水缨峦带阜，而潭不掩鳞^⑥。岁乙巳，恩诏三下，两母不克章彝训，徘徊溪上，芒然^⑦止，瞠然视，若有悲不可解者。程子怃然为之记。

朱草衣曰：即溪水以形节母清操，音节长而意清远，此调不弹久矣。

叶东亭曰：神味肖乎《考工》，而写溪水一段尤得《水经注》之笔妙。

吴明经侧室谢氏殉烈记

康熙乙酉九月，澄塘吴明经^⑧楚卒于家，越十四日，侧室谢氏自经内寝。明经卒，长郎君客楚未归，谢氏曰："予与主君约死尔，暗庐杯盘^⑨，谁侍主君者？且主母畴夕遗命聘予，而予得左右主君，幸无滋罪戾以报主母知。倪主君书册什器散亡，而漫贻家人累也。如典守何？"计长郎君还半月尔，家人讶其举措闲裕，若非死者。长郎君抵丧次，哀恸甫间，悉籍所司使捡^⑩受。至夜，语家人曰："今夕体中小倦，其勿呼晚食。"遂闭户密纫所服衰绖，麻履襟带，整环而逝。

或曰谢氏幼失父，养于溪南吴母家。吴，节母也，性矜严，常使作馈，寂然而咄嗟立办，故雅负静女名。侍明经食寝及往来酬酢事无忒，人复比之雷尚书。然予闻谢氏大父为郡庠生，颇谈名义。其姊适临河叶氏，予门人妇

---

① 原注："渲染。"

② 解其天弢：代指死亡。天弢：天然的束缚。《庄子·知北游》："解其天弢，堕其天帙，纷乎宛乎，魂魄将往，乃身从之，乃大归乎！"[明]唐顺之《祭丘思庵文》："盖庄生所云蒿目而忧世，决性命以餍富贵，此两者皆谓之天弢，而子皆解之。"

③ 缡笄：谓束发加簪。《仪礼·士昏礼》："姆缡笄宵衣在其右。"郑玄注："缡，缘发；笄，今时簪也。"蓐食：早晨未起身，在床席上进餐。谓早餐时间很早。

④ 矜式：敬重和取法。《孟子·公孙丑下》："我欲中国而授孟子室，养弟子以万钟，使诸大夫、国人皆有所矜式。"赵岐注："矜，敬也；式，法也。欲使诸大夫、国人皆敬法其道。"

⑤ 原注："字注。"宗祊：宗庙。家庙。《左传·襄公二十四年》："若夫保姓受氏，以守宗祊，世不绝祀，无国无之。"《国语·周语中》："今将大泯其宗祊，而蔑杀其民人，宜吾不敢服也。"韦昭注："庙门谓之祊。宗祊，犹宗庙也。"祊：古代在宗庙门内设祭的地方。

⑥ 原注："借映。"

⑦ 原注："入神。"芒然：亦作"茫然"。

⑧ 明经：明清对贡生的尊称。

⑨ 杯盘：原文为"桮柈"。桮：古同"杯"。柈：古同"盘"。盘子。

⑩ 捡：古同"检"。查。

也,食贫至死,克臻妇道。观其从容就义,视死如归,其亦有熏陶渐渍之化也哉。

汪书农曰:要言不烦,谘谘令旨。

傅溪三节记

岁乙巳,程子既采乡评,为蒋母、吴母立传,乡人之叹息二母也,曰:"两母殁,傅溪无母。"明年,程子因吴母而更识其家之有三节妇也。

吴宗邰妻路氏,年三十夫亡,长子敦谦甫六岁,次敦诗,犹在腹,家壁立,历节三十五年,今六十五岁。吴宗稷妻胡氏,二十九岁夫亡,继敦诗为子,历节三十四年,今六十三岁。吴宗德女者,所传方安人之女,邰稷之女侄也,适槐塘程朝桂。四年,朝桂死,无嗣,苦节二十六年,今四十八岁。方安人未分爨,一室中孝敬祥顺无缪辑①。不循理道,虽五教不列妇姑,而雍睦之政行,其贤能无所自见。既异居,朝桂妻针刺自食,时来依方安人②。路节母擅才智,谨礼度,内外严惮之。胡节母忍辱负重,推其志,惟求不愧所天。三妇茹苦逾甘,卒了所生事。觉扑满之积,富贵之容,不足以撄其念。夫礼义廉耻,国之四维,然蚩蚩之氓,可以隐令而使由乎?荡平之域,不可使知其教所由兴。且妇人伏于人也,闺门之化由家而国,非有所刑于夫,岂易言哉?三节妇智明而出之若性,亦赖方安人、蒋节母德邻之相接也。傅溪无母之颂,信有然哉。

胡耕余曰:合吴、蒋两母传读之,益见三母之难,益见文心之变化。

山水娱亲记

古之善事亲者,必在得其欢心。亲心不在,虽大舜之天下,曾子之酒肉,皆不足以博其欢,况身为寡母,冰霜摧③折,隐忍而抚一线之孤。及孤长而薪米犹不继,鸡豚羊枣之供不给,虽劲挺之松柏不能不凋于枯槁,是必有物焉以乐其志而解伊郁之情,固不在天下之养,酒肉之彻也。

丰溪鲍廷璋妻仇氏,年三十而夫亡,翼护二女一子,历三十八年,极人间

---

① 缪辑:交错;杂乱。
② 原注:"句。"
③ 摧:原文为"催",应为"摧"。

之苦，愈久而愈觉其甘。教子荣不为姑息，荣贫不为忧，曰："但能世尔忠厚足矣。"荣固多才，尤性爱山水。时假堪舆业，往返烟峦翠巘、深涯漩洑之中，归则图其所得以娱仇孺人于堂上。孺人顾而欣然笑曰："此可当衣锦之荣矣，须富贵何时乎？"荣乃益专厥志，捡宋元名迹临摹而得其秀润之致，尺蹄便面，人争购之，足以易米薪而奉母。然予惜其饥火所煎，恐未尽嘘吸乎清淑之气也。谁为置身山水间而欲藉乎荣者。荣当卒业此中，以博母欢，其人不并传千古哉？雍正丙午同里华仲氏程云鹏记。

汪御书曰：鲍子向华以山水娱亲，而亲乃乐。其笔墨淋漓之致，顿忘贫困，是母是子，皆世所罕见。传神写照，几于颊上三毫。

程节母抚孤记

后坞窑程国佐述其嫂氏之节也，泪涔涔不休，观者戚焉而悲。国佐收泪再拜曰："嫂氏非只全一身之志，乃我生所自出也。非只我生所自出，我程氏百世之宗也。"予曰："愿闻之。"佐曰："始予有兄，名茂楠，病且死，予嫂氏汪年二十，跪白翁言：'翁虽老未耄，倘娶副室延宗祀，吾夫死乎犹生尔。'翁诺，迎佐母郑来归，举佐。嫂氏翼护之如母。佐生僻壤无藉执本业，两孀母勤绩绩，复间持畚锸资予力。幸天怜母，使予娶妇有孙，以长承绍为兄后。岂非我生自出惟嫂，而开百世之宗惟嫂哉？"予曰："有是哉。而嫂而母今皆六十，励节并四十余年。《传》曰：'哲妇隆家人之道，贞女亮明白之节。'而嫂而母，其我程氏之祯祥也欤？"

仇氏守节记

仇氏，幼继与潘。潘巨族，居岩镇，多闻节义事。年十八归临河程元豫。元豫读书刻苦，不知寒暑，感赢怯疾，节妇时其调摄，终不起。当病剧，叩首枕上曰："吾父母老，无他息，若无谓生难而死易。"节妇未有以应。元豫气绝，目不瞑。节妇矢不背言，乃瞑。

夫节妇生于帏幪①之中，勤麻绩，执针纫，足不离乎阃域。而耳父母言，悉乡间节义之概，能以节自守，恭代夫事二十余年，殆所谓"恒其德贞"欤。且

---

① 帏幪：指闺房。

妇于归半岁耳，夫妇之际扶将黾勉于药炉之侧，元豫食不入，节妇饥不忍食；元豫未寐，节妇颓然不敢寝。元豫殁，堂上人多《谷风》阴雨[1]，见节妇从容婉顺，每为感格[2]。吾乡砺节非异事，察其私久而愈笃，固亦难哉。丁未端阳节，闻家人诵《女诫》，更书此为时俗儆。

徐节母旌额记

余往为《方节母旌额记》，而叹骏愚狡黠之夫，举不知所以显扬先世而徒为是区区也。康熙三十五年，太守丁公以"节苦名芳"旌徐及建妻凌氏，而著其义于傍。及建同族谷符君为其先世节母请旌，而悯凌氏不能上达，赴告于予，予曰：

凌氏生于沙溪。沙溪自御史冢妇吴氏殉烈化行宗族[3]，节烈贤孝颇见于予文。及建妻凌氏，其亦有所慨慕而奋发者欤？当及建省觐淮阴而客死桃源县，遗女六龄，子三龄，未有托，乃脱簪珥、鬻媵妾，资舟车费迎夫枢归，蓬首蒲伏号恸所厝山崖，而女萝薜荔之人且与猿猱晨夕相悲涕也。既而佣十指给女子衣食。女长适遣程门，子复随夭。

嗟乎！世称节难而殉易，亦获其时焉耳[4]。假使及建妻处御史忠贞后一死为海内震惊而坊表百世，又使吴氏处凌氏之境，家无九品入流官，平时誉鲜乡曲，而欲自经沟渎，致夫死绝后，抑何足多焉？是时，凌氏年已高，犹卜继二龄之肇彬，卒待其成立。年七十一，劳惫而终，历节四十六年。观丁公所题额，谷符君之征文，则节与烈可并隆，而贵与贱初无二致也。谨书此为闺中劝。

潘紫垣曰：棹楔之可传，视其吏之廉介不苟耳，合《方节母旌额记》读之自见。

先外祖母坚贞懿范，姻族咸钦，每以无力上请为憾。尝奉先君集六公遗命，进主节烈祠，以酬淑德。今读《旌额记》，不胜感怆交集云。外孙程懋宏谨识。

---

① 《谷风》阴雨：《谷风》，《诗·邶风》中的一篇。其首句"习习谷风，以阴以雨"，比喻夫妻感情深厚。

② 感格：谓感于此而达于彼。[宋]李纲《应诏条陈七事奏状》："然臣闻应天以实不以文，天人一道，初无殊致，唯以至诚可相感格。"

③ 原注："拈御史冢凌节母立案。"

④ 原注："节烈各以其时而显，千古定论。"

卷十六

姚节母哀辞

雍正四年春,姚村姚节母死于家。死常事也,何以书?志殉也;何以哀?闵老也;老何以殉?不食言也①。曷为乎不食言?母十九岁,适姚德税,二十四,德税亡,未有嗣。节母曰:"吾留身为君卜继,继定然后死尔。"富者不肯继贫,贫者子少不应出,迟之至久。母年六十七,继定然后死尔。母少年时,媒氏嬲②之,母指墙外树曰:"吾节可移,此树其倒生乎。"母沙溪凌爱敬女也。二岁丧母,抚于祖母,祖母病,医告穷,母年十二,祷天剪股肉进之,祖母寿及九十六。当约死夫言,家人危之,唯祖姑喻之曰:"吾信之于其事祖母尔,母矢言而墙外树滋荣倍他日③。"或曰:"母有子矣,死之不吉。"母曰:"死老妇一身而存吾夫之祀,吉孰甚焉!矧吾死约言尔。"

我哀节母凄风来,黄鹄悲鸣风怒回。事夫五载空尘埃④,掷碎当年玉镜台。

我哀节母死方将,款启正縻乱吹笙⑤。磨牙吮血起旁皇,浩浩育育归其乡。

我哀节母新鬼小,节烈祠中情渺渺。白头殉死古今谁?旧鬼呼群讯分晓。

凌友彤曰:文以征事,辞以哀死,当事者已立主节烈祠中,得此文不第允当舆情,千载可因之考信。吾姊氏可不死矣。

---

① 原注:"主意。"

② 嬲:纠缠,搅扰;戏弄。

③ 原注:"插此句于祖姑言之后,变化入神。"

④ 原注:"意深。"

⑤ 原注:"叶霜。"

姚省斋曰：嫂氏四十四年玉洁冰操，当事批云："青年矢志，白首完贞，进主祔祠，允洽舆论。"是时，予抱疾吴门，闻讣悲咽，侄辈复将先生《女行录》邮寄于予，捧读之下，大为嫂氏侥幸。夫吾族之不肯继者留其生，迟迟继者忘其约，深情曲折，一一传神。采今时之月旦，为异日之信史，文传而嫂氏传矣。爰附数言以志感云。

旌节宋母纪事

戊申，丰溪宋在福妻程氏受覃恩旌表登坊，息子如益踊跃欢怏，焚香北望，叩首受竟。越三日，匍匐踵外史氏程华仲之门，求附姓名于《女行录》，以备采入《江南通志》及郡邑志中。华仲辞不获。

谨按：氏乃西关程元佑室女，年十八归宋，既二年，如益在腹，夫客游而病归不起。当是时，姑且疯挛于床褥之上，祉禋[1]之祭，甘旨[2]之羞，蜇于口而惨于腹。及十载姑亡，不识妇之颓然在穽[3]也。大里江由宪曰："予闻孺人贫窘时，母弟亨国欲迎养之，孺人曰：'姑，予责也。虽烁金不可手搏，宁鞳羃羃[4]。而当晴日哉？'"卒不就弟养。又曰："宋在福不绝如线，孺人发胎[5]维之，盖天事之穷而补之人事也已。其不幸也夫！其幸也夫！"

汪孚远曰：一切实事俱已叙完而藏锋在腹，非此文不足传节母之贤。

书江孺人传后

妇人以奇节为贵乎？以庸行为贵乎？予曰："庸行。"妇人以富贵为难乎？以贫窘为难乎？予曰："贫窘。"置一人于此，必待奇节而始称其为人；置一人于此，必待富厚而始称其为妇。则是修身正行，非礼不动者，何以著于世？古之

---

① 祉禋：代指祭祀的供品。祉：疑为"祉"，用小猪祭司命神。禋：疑为"禋"，祭猪神。

② 甘旨：指养亲的食物。指对双亲的奉养。

③ 穽：同"阱"。

④ 羃羃：也作"羃羃"。头巾，覆盖头面的巾帕。

⑤ 胎：黏。[明]陶宗仪《辍耕录》卷六："妇人头发有时为膏泽所黏，必沐乃解者谓之胎。"

操，庸行而成奇节惟梁孟①，易富厚而从贫窘惟鲍桓②。然孟光、桓少君犹足自温饱，其成夫也易；若果薄靡不继，则其成夫也难。予读家叔氏自闲翁之为江孺人传而叹诗人歌咏、琴瑟杂佩者未足为孟、桓之瞻奇仰异也。

孺人为明经江泳妇，系出屏山许仲玉女，与明经同艰苦六十有六年。操纺织以佐明经，而嫁时筐篋无余蕴。始明经方饩廪，资用乏绝，孺人娩身五日，强起缉布助规例之费。明经衣敝不能肃宾，孺人剪己裾而纫缀之。忆予癸巳过黟，偕文学舒曦论黟贤妇有几，文学指许氏宅曰："此前明进士参政公有曾孙女适江陶致者，贤妇也。"予曰："曷贤哉？"文学曰："陶致讳泳，读书负奇气，赖孺人贤克家。陶致尊人耄，卧簀久，甘脆无少忒，临殁，谓陶致曰：'尔妇成尔子博青衿，邻母有焉，若承尔志而敬事我，固未见也。'其语人窃闻之，是以知其贤也。"予曰："嗟乎！陶致老而笃学，将补博士，为国家教育人材。而孺人谢世，纵子若孙富且贵，孺人莫或见之。虽然，孺人生见称于人，殁有闻于后，此中垒所谓贤明也，宁不足方桓、孟乎？"文学曰："善。"遂书之。

余贫窘甚，赖先妻甘淡泊、耐勤苦，故足读书自乐。殁之日，吾族以失女范为叹息。今得先生附传其衔，感宁不世世以之乎？江泳敬识。

宋贞女哀辞

宋，祖歙之岩镇，为楚府仪宾后；江，系黟之东山，皆居汉上，系宋未醮命也。

---

① 梁孟：源见"举案齐眉"。对人夫妇的美称。[唐]李商隐《重祭外舅司徒文》："纻衣缟带，雅觊或比于侨吴；荆钗布裙，高义每符于梁孟。"汪文溥《题亚子分湖归隐图》诗："新居虎下同梁孟，旧宅衡门忆家衙。"举案齐眉：原指封建时代妻子对丈夫十分尊敬，后来比喻夫妻互敬互爱。梁鸿，字伯鸾，扶风平陵（今陕西咸阳市）人。东汉初受业于太学，博览群书而无所不通，与妻孟光隐居于京畿山中，后又徙居江南。其妻对他非常尊敬，每天回家，都要亲自为他端饭，并总是恭恭敬敬地将盛饭的托盘举到与眉相齐处。当地富豪皋伯通见到后，极为惊诧地说："梁鸿不过是我的雇工，他的妻子却对他这样尊敬，足可见他并非一个普通人。"于是把他作为家中客人相待。梁鸿死后，皋伯通还将他葬在吴国著名义侠要离墓之侧，使他们相伴。

② 鲍桓：即鲍宣和桓少君。鲍宣，西汉渤海高城人，字子都。好学明经。哀帝初，两度为谏大夫。时外戚丁、傅多贵宠，董贤得幸，遂上书切谏，并抨击时政，指出"水旱为灾"，"县官重责更赋租税"，"民有七亡而无一得"，"民有七死而无一生"。后任司隶。因得罪丞相孔光，乃减死一等，髡钳，徙上党。平帝时，王莽秉政，宣被陷下狱自杀。桓少君：西汉末人。桓氏女。鲍宣妻。宣少时就学于桓氏。少君父奇其清苦，妻以女，嫁资丰盛。宣不悦。少君乃悉归资御服饰，与宣共挽鹿车归乡里。拜姑礼毕，即治家事尽妇道，乡里称之。

贞女系出新安宋，祖曰仪宾楚云梦。

江郎亦系黟之东，汉永江深歌侣凤。

鸣情未达各分飞，渌水平潭初暴冻。

可怜大礼虽未施，圣人且许临当恸[1]。

驾言归女长依母，精卫难填海濒洞。

化仓五色饥神飔，三更血尽鹃犹哢。

绵载才闻年四十，新恩未及湘灵恫。

相见黄泉宁匪石，望夫化去漂摇动。

巫云硙矶锁因尘，月下江郎携手共。

江幹臣曰：楚些述哀遗响。

江节母诔

呜呼！予读接驼里江节母传状、志表辞赋、歌颂诗词而叹节母贤明，历百年之久而人思慕之，赞咏于无已也。

母桂海项氏，江万里妻。年三十二，万里卒于客舍，翁知母能庀其家，且有三孤一女子子，托母父母留其死，卒能督家人樵牧耕织，办翁事，改葬姑于吉壤，归万里椟而附姑侧。万里兄弟四人。伯夭；仲耽酒，尝以先人坟隙地及伯氏房折券入酒家。母曰："一抔[2]之土未可削，而先人敝庐，奈何使他人逼处此？"力赎之。季折阅负子母钱，欲鬻兄产，翁难之，母请曰："上事翁，下抚孤，唯叔在。忍以积逋为叔累？愿畀己田尔。"季亡，娣窃售祀田，母闻之曰："君子贫不鬻祭器，况祀田乎？娣无食，吾责尔。"阴令人赎归，偕娣氏食饮。娣终厥志，以节闻。云鹏诔曰：

梁胄苗裔，萧祀易江。支分派衍，郁乎苍苍。单传六世，继者谁昌？嗟嗟万里，始庆雁行。神芝腐菌，焜耀明光。联鏕骨肉，或夭或丧。生者伊谁？不醒而狂。季力虽强，负担孔将。且归巨室，门绪茫茫。呜呼哀哉！维我节母，秉义不回。智能优赡，固厥磁基。苦身持力，凿溉耘籽。不入私房，升谷寸丝。夜织瓮牖，朝启门谇。督儿入学，莫畏严师。殷润厥家，华腴不施。为仲为季，绢孙钱儿。黄泉赤宅，生死恬熙。禋祀无愆，灰埃曷窥。敝

---

① 原注："出《曾子问》。"

② 抔：原文为"坏"，应为"抔"。

庐肯构，国族聚斯。脯糒①足供，任恤恩慈。宗英叹息，执背天倪。呜呼哀哉！狞飚硬雨②，上化卿云。天地绵络，骄阳不形。维此节母，佑启后人。数十年间，济济臻臻。维德维才，超绝群伦。锡类百世，塞乎苍旻。

予祖母幽贞苦节，伯父枫庵公向已乞载邑乘及海内名家集中矣。复得先生椽笔，益增泉壤之光，岂第珍同拱璧哉！裔孙蛟谨识。

吴兆湘悼亡诗跋

丈夫泪③岂轻堕乎哉？君父也无留④，挥之⑤，朋友⑥，兄弟哭之有时。余诗纪载悼亡七尔，堨田吴文学懋琦其一。文学妃方氏，岩溪人，翁媪宜之，慈其子，恩洽家人，人克能之尔。懋琦曰："予病尪羸⑦数岁，赖室人劳而后起。室人劳而疾，疾遂革。予忍乎哉？"程云鹏曰⑧："君病，赖室人劳而后起，君室人劳而疾⑨，疾遂革。予忍乎哉？《关雎》风化之首，哀而不伤，圣人许之矣，夫岂不以一人哉？懋琦于父母铜关银海，枯焉于懋琦，然后见夫妇⑪。"

方孚占曰：山不突兀耸峭则不奇，水不波折潆洄则不妙，文不参差断续、峚崒⑫盘旋则账簿耳、说帖耳。题出，先生手烟岚变幻，触石成峰，自是君身有仙骨，执以为学《公榖》、学《檀弓》《考工》，不知先生者也。试看篇内插两曰字及"予忍乎哉"，一复《关雎》数语，于父母一言结处方点夫妇，何必古人有哉？

---

① 脯糒：干肉和干粮。糒：原文为"糒"，同"糒"字。干粮。

② 飚：同"飙"，暴风。硬雨：指冰雹。[宋]吕本中《轩渠录》："绍兴十七年五月初，临安大雨雹，太学屋瓦皆碎。学官申朝廷修，不可言雹，称为硬雨。"

③ 原注："崭然起。"

④ 原注："句。"按：此"句"字，代省略号，表示缺句。

⑤ 原注："句。"

⑥ 原注："句。"

⑦ 尪羸：瘦弱。亦指瘦弱之人。[晋]葛洪《抱朴子·遐览》："他弟子皆亲仆使之役，采薪耕田。唯余尪羸，不堪他劳。"[唐]杜甫《雨》诗："穷荒益自卑，飘泊欲谁诉；尪羸愁应接，俄顷恐违迕。"[宋]苏轼《上神宗皇帝书》："世有尪羸而寿考，亦有盛壮而暴亡。"尪：原文为"尫"，古同"尪"。

⑧ 原注："奇绝。"

⑨ 原注："复句如云出岫，渤然而兴。"

⑩ 原注："四字吸入自己口中，神矣化矣。"

⑪ 原注："崭然住。"

⑫ 峚崒：高峻貌。

书岑山程太夫人事

客有盗岑山程太夫人酒器者，太夫人退身避让若不知然者，侍婢欲扬声，太夫人正色止曰："损吾酒器以适人用而扬声，则人乃怀惭将不可自立[①]，是使一时纰缪[②]而贻戚终身矣，而心安乎？"此与馈盗牛者布，见人盗麦而缩躬自蔽者何异？不谓闺阁中乃有此人。或曰："太夫人系莘墟吴氏，归赠君葛人先生。其族皆处富厚，宜所不惜。"予曰："赠君方隆盛，家人百余口，而太夫人于宾筵散后，犹勤捡视，则居平之不自暇逸以佐夫子可知。予尝谒太夫人于扬州。太夫人不以疏远族子而循教读书，毋令荒废时日。故自教其子，则修驭君成进士，为名中翰；圣跂君两治大州，膺上考；友声君出新城王大司马门下，诗坛画苑，妙绝一代，无不率由太夫人之教。且赠君早继伯父，而晚岁营葬两父母，结庐墓侧，以终其身。而太夫人扶持左右，不委奴隶。

赠君殁后，太夫人年八十，予随宾从登堂展贺，太夫人楼居，历木级而下，仅如五六十人，颜色丹如，举止闲如，言语舒如，岂其徽音凤负令仪，不忒不待葆育其神明而后能然欤？然予于能隐人之过，知太夫人懿行甚繁，姑举其一，贻世之德色耰锄者。太夫人孙曾数十人，其材质非造物所得而限，予又恶能测太夫人流泽所至哉？

叶蛰亭曰：太夫人所谓富而能贫，贵而能贱，如杨诚斋之母者，此虽举其一端，而生平自见。

---

① 原注："始也。"
② 纰缪：亦作"纰谬"，错误。

卷十七

节孝程母墓志铭

孺人姓王氏,褒嘉里人,伯父瑱公妣,予王母太孺人之女侄。父某,爱其聪慧,知予伯父贤,将授室,愿假王母以托身焉。既卜期,奁仪木饰,父愀焉不乐,孺人白父曰:"翁媪长者,矜慎名节,郎又负耿介,若饰戈戈,将以女而滋罪戾尔。"于归之夕,予王父母及伯父识新妇能称量己志,咸喜甚。

孺人年二十九,伯父殁,孺人绝粒,哭三日夜不休,而予王父母亦悲且废食,三雏哭而哀。孺人忍泣拜堂下,愿负荷夫子责,不敢贻老人忧。今夫人有临乎嵚岩峭岭之下①,旁倪不测之渊,剑戟石林立,孟贲、乌获逡巡畏骇,举足而不前,而一妇人竟蹈之如履平地,非心有止水之澄者不能。是时,予父与孺人子皆幼②,无一弓之田,叠遭兵燹,群小积不相能,龃龉③而肆志④。孺人髽以当门⑤,暗为调剂,曲承堂上欢心,诸无废礼。

伯父瓒者⑥,伯王父世宁公子也,幼而失怙恃,予王父母抚育之,学成游燕,范阁下文程延于幕中,委重任。伯父卜宅仪真,念予王父母老,欲迎养。王父母不肯弃丘墓,因遣孺人偕三子就食仪真⑦。孺人不得侍翁姑食,则南向祝,或有可封裹物,必驰寄翁姑,不然,已不敢尝也。

伯父瓒公及予王父母先后殁,孺人三子折一人,两居楚之黄梅县,孺人从之,遂终焉,享年六十九岁。

----

① 原注:"忽断。"
② 原注:"忽联。"
③ 龃龉:毁伤;陷害;倾轧。
④ 肆志:快意;随心;纵情。
⑤ 原注:"断。"髽:古代妇女服丧时用麻扎成的发髻。当门:挡着门。
⑥ 原注:"又断。"
⑦ 原注:"又联。"

始孺人弟铉登进士第①,悯孺人贫,请之归养。孺人曰:"吾有翁姑在,且三子非读书器,无能绍②舅氏青箱③,倘惛然④擅宦达骄人,能不重增吾过乎?"是以予两兄诚朴而谨愿,孺人教也。孙四人⑤,一附黄梅县知县张公云松入山西籍⑥,负文名;孙女一,适山西翰林院庶吉士郑公为楷子。予家自七世祖母妯娌双节二百四十二年来,服属多婺妇,若孺人,可以为难矣。雍正年月日将祔葬伯父之墓,云鹏为之铭曰:人之德邵,其寿亦无涯。子若孙更迭上寿,如月之恒。望舒停而天锡纯嘏,试以予言征信焉。

吴艮斋曰:汪母出自予家,两族无不称贤。文谓得坤舆清淑之气,征验于月,故脱尽俗尘。而其为寿,必有如月之恒以应乎? 天锡之纯嘏,亦理之固然者。

方节母墓志铭

程子三十年前,从郑破水先生座⑦上,识联墅方士桂。又十年,予过士桂,见其子弟从郑文学德燧授经,皆渊穆端正,虽幼稚毋儿戏。问乃祖德,士桂述曾大母事,请予铭。

大母吴氏,所称方节母也,歙丰溪人,适方万高年余,万高病笃,医药殡殓之费,尽脱簪珥衣服具礼。是时,节母年十七,有娠四月,翁媪皆耄,饮泣资女红以养。既免身生时杰,六年而翁没,事姑抚子历四十二年。德燧曰:"节母没几五十年,孙曾四十余人,谨厚有家法,村邻见者莫不叹羡,称方节母支下孙。时杰公循母教,为一乡善士,数举宾筵。家破水先生尝言节母积德垂庆,启佑后人之深意,与后人之上奉诒谋、下开燕翼者,近世所罕觏⑧。"

程子曰:"天施人以性命之正,躬为丈夫不能率天所施,苟为生死辱天甚

---

① 原注:"又断。"

② 绍:连续,继承。

③ 青箱:收藏书籍字画的箱笼。指青箱学。《宋书·王准之传》:"曾祖彪之……博闻多识,练悉朝仪,自是家世相传,并谙江左旧事,缄之青箱,世人谓之'王氏青箱学'。"后即以"青箱学"指传家的史学。[宋]苏舜钦《黎生下第还乡》诗:"无废青箱学,穷愁古亦然。"亦作"青缃学"。[宋]刘弇《蒋沙庄居》诗之六:"家有青缃学,儿传《急就》章。"

④ 惛然:神智不清貌。

⑤ 原注:"又联。"

⑥ 籍:原文为"藉"。

⑦ 座:原文为"坐",应为"座"。

⑧ 罕觏:难得遇见,不常见。觏:遇见。

矣[1]！宁知福之本生于忧，祸之本根于喜，况妇人闺房寡陋，纬𬘬[2]不迁，语以至言弗信也。母立节无亏，得其本矣。缏𬘬种菜，以永其传。"兴化李麟曾撰传论，予得交其后人，故因士桂请而铭曰：

联墅之村，多畎与畦。芎穷兰茝，维节母遗。母祔夫葬，茔兆犹兹。负日抱月，蟠蛟结蟂。子孙千亿，门阀丕基。幽潜欷欷[3]，不辱天施。

余毅斋曰：韩脱史迁，欧脱昌黎，潇洒自在，自非易事。

方颖溪曰：怀身四月而蕃衍半村，节母不辱天施而为善者可恃，仁人之言，其利溥哉！

黄节母洪孺人墓志铭

虬村黄节母殁七十余年，元孙师教、师武、师敬携其家传来乞铭。予少阅里人潘之恒纪事，识其详，辞不可，谨次而志之。

节母洪氏幼有慧性，事夫黄钺，克尽妇职。钺骯髒[4]负奇气，工镌篆，喜饮酒，名公巨卿，座无钺尝不乐。万历壬午，从汪伯玉司马游黄山，大醉，闻猛虎突入，啮一驴去，裸体蹭阶，谷风袭肌骨，婴疾而归。节母倾筐笥调治不瘥[5]，刲股肉和药，疾愈。越明年，得滞下，药梗喉不入，遂死。

初，节母刲股时，邻妪觉，劝曰："我朝太祖有禁，而宣德诏尤切责。何自苦为？"节母曰："良人以彼苍为天，吾身以良人为天。微良人，吾身安置？宁丧吾身尔，吾妇人宁知诏令？"钺延而甲申复殁。

节母抚五孤，躬教诲，阅历沧桑，菽[6]不饱。亲负土封夫墓，不使夫之遗荫凋残，护诸孙于烽火频仍之际。厥后，三媳妇汪氏刲股，孙一干、曾孙方中皆以刲股闻，效节母之能延钺疾也。

节母生于明嘉靖三十八年，没于今顺治五年，自二十六岁夫亡，守节六十五年，九十卒，卒葬本里山下店，子应道附圹。铭曰：

身体发肤，受之父母，不敢毁伤，故刲股非孝也。然真西山治邑为吕洙

---

① 原注："感慨情深。"

② 纬𬘬：乖戾，相异不合。《楚辞·离骚》："纷总总其离合兮，忽纬𬘬其难迁。"王逸注："纬𬘬，乖戾也。"𬘬：乖戾。

③ 欷欷：犹嘻嘻；笑声。

④ 骯髒：刚直，不屈不挠。

⑤ 瘥：痊愈；使病愈。

⑥ 菽：即大豆。《列子·力命》："进其菽，有稻粱之味。"杨伯峻集释引郑玄曰："即大豆也。"

女建懿孝坊，则亦贤者所许。节母孙曾传为家法，宁第黄香、黄芮之世其孝行。节母援天自信，其将大昌厥后而卜诸天也哉！

程夔吕曰：节母刲股援天数语，足为千古立法。当时其子遍乞传状诗歌，盈于卷轴，元孙辈犹能不忘祖德而乞先生志墓，彼肉食人读之而不惭耻，岂人类哉？

黄四姑墓志铭

四姑黄氏，潭渡度公次女。度豁达，通经术，所交皆当世名流，居真州东园，宾至无虚日。四姑偕姊办中厨，不继，辄质头上簪，不令度知。度没无嗣，姊娣经纪其丧三年，哀毁逾礼。及适贫生张氏子，张亦不禄。四姑明经义，有奇识，予尝与姨弟郝怀怙过其家，偕张氏子谈读书经世之略，兵农礼乐之文，傍及轩岐杨赖诸子、杂技诸书，四姑从屏间窃听，退语张氏子，使师事予。后数年，张氏子亡。又数年，四姑亡，其姊葬之真州。临殁，泣曰："使程某在，斯不死予于庸医之手。"张无嗣，一女，姊蓄之。

呜呼！可哀也已。铭曰：

度无子，赖娣姊。读父书，能秉礼。命如何？今若此。我来铭，姑不死。

舒节母墓志铭

黟县学生员舒枝庚死陷阱，其母旌节江氏先没，卜葬有期。予门人舒桂芳请于予，曰："先生惜枝才，宜铭母墓。"呜呼！节母其终也已！

节母江氏，屏山舒德儒妻，德儒客死中州，母年二十二，枝在腹三月，哀恸数几死。江氏母从容谕曰："而翁若姑且七十，所共命者而腹中物也。生男则翁祀不斩，而婿黄壤志也，况得代为奉养乎？"母事二人，小不豫则负霜雪倚户牖至烛跋鸡鸣，不命之退不敢退，暇则篝灯夜织。枝六龄，勤笃其向学，不使踏轻佻浮薄之习。

呜呼！节母其终也已！母教子如此其难。枝克肖，赋采芹，工诗文，翰墨艳烂屏山。屏山之人宜护藏其宝气，以彰节母之贤。乃天子始颁恩宠，而服族鄙夫贿墨吏，诬枝抗粮，沉冤不白而死。节母虽有旌，不能使办春秋窀穸。是母是子，忍相见于地下哉？葬以雍正　年　月　日，在　山之阳。致枝死者，业亦日败，或曰枝厉之。铭曰：

朝廷之旌，桑梓之荣。乃有豺狼，恣厥狰狞。杀其嗣子，不顾令名。孰知旌典，载于方册。后世有兴，幽明匪隔。验以斯铭，应有不死者在。

家丹五侄以诗文著声敝邑，吾师方欲成之，而人乃以他氏粮莝诬之，俾褫衿①而受三木，愤恨入井身亡。吾师念节母之贤而志其墓，丹五当无恨矣。门人舒桂芳百拜识。

詹孺人厝兆铭

孺人詹氏，歙潜川人，归督学棣园汪公长子诜。诜以上舍②授职。初，上舍与孺人随棣园公馆岑山，练裳蔬食，早夜尽职，若不知其贫也。棣园公既贵，诸郎君皆联姻公族。孺人以冢妇相心目于左右上下，率诸娣姒轮侍翁姑，无不敛容端肃，莫敢以骄气相凌轹③。然孺人若不知其贵也。公历职郎署，五鼓入朝，月映宫树，鸡犹未鸣。孺人则先事而兴，亲为办膳，故公得从容辇道而清露在衣，时吟健句也。公视学入闽，堂上太宜人纺织公衙，孺人执帚承浆，若不知官之显也。及公给假林皋，孺人以公之家学训其子，子皆特达列学宫。孺人剧而化去，公作辞哀之，曰："有孺人而一家之元气不斫④。"

呜呼！天地以元气煦育万物，国家以元气扶植纲常，吾人以元气滋培后裔，苟或雕斫⑤，则群生不遂，纲常不振，似续不昌。孺人虽往，其气无所不之，而里闾之熏炙感悚如孺人之在闺房侧也。公以亲丧未有吉壤，悲啼哀慕，不忍即葬冢妇，权厝镇之东隅，上舍率诸子谒予铭，辞不获，铭曰：

而今人，贪富贵，执虎子，宁知秽？举似孺人羞也未？

鲍东皋曰：铭墓之文不难于叙事和雅，难在有烟云触石而生。

---

①褫衿：剥去衣冠。旧时生员等犯罪，必先由学官褫夺衣冠，革除功名之后，才能动刑拷问。

②上舍：宋代太学分外舍、内舍和上舍，学生可按一定的年限和条件依次而升。明清因以"上舍"为监生的别称。

③凌轹：欺压；压倒。轹：敲打，欺压。

④斫：大锄；引申为用刀、斧等砍。

⑤雕斫：雕琢，镂刻。引申指矫饰。

卷十八

叶烈妇墓表

叶烈妇父登庸,故明诸生。烈妇年十一,侍父读书,闻书中忠烈事,辄觥觥①震詟,若有沉冥之怨者,父心异之。长适溪南吴懋辉。懋辉酷嗜书,昼夜寒暑诵读,不自爱惜,遂成瘵②,不可疗。烈妇痛心疾首,承侍无余力。懋辉且死,烈妇泣曰:"妾当先君待地下,然君无子,孰襄大事?"既而称家之具无不举,懋辉绝食人间而烈妇亦水浆不入。或劝之,妇曰:"若能起吾夫以生,则吾亦生尔。"其姊固赘妇也,譬之于己,烈妇曰:"百岁之久,一憗③之顷等耳。姊自不了生死,更说我乎?"邻有多力妪宣言曰:"吾辈石人耶,忍令其毙?"强欲抉齿灌之米饮。烈妇齚④舌迸血,大呼曰:"天乎!天乎!妾不欲秽吾肠,故不敢自毒;不欲污吾颈,故不令自刃。若迫我甚矣,不能从容待尽矣!"昧爽,向丧帏拊棺长号,晕几绝。日小午,有哀恸而来吊者,夫所善汪云章也。烈妇从帏中再拜曰:"亡夫有知己之言,妾为夫谢。"语毕,出箧中零星物,奉遗命托云章分给诸姻族。令小婢子进纸笔,述意云章驰书报父母,书成,自署名纸尾曰:"十九岁不孝女某白。"云章去,长号拜堂上嬬姑,更缟素殓服,嘱家人但提己盖棺,不许殓人复妄袭衣裳,日入,目乃瞑。云鹏读其报父母书而悲,观其洁治一身,内外无垢,了然于生死之际,而欣慕其为人,故表诸墓以告来者。

吴灿文曰:词简而法严,其欷吁感慨处合韩欧而炙膏出味也。

---

① 觥觥:恐惧的样子。
② 瘵:病,多指痨病。
③ 憗:睡醒。《广雅·释诂四》:"憗,觉也。"
④ 齚:古同"齰"。啮,咬。

重修贞女墓碑

贞女吴氏，联墅方士楠聘室①也。年十七夫亡，姑程迎养于家，执妇道六年而卒，艮斋吴瞻泰传其事。援国典节妇年过五十请旌于朝，而贞女守义不逮年为可悲。癸未二月，贞女与士楠合葬芳茂亭之右，旧有碑，牛羊抵触，断烟横野，士楠兄士柱重立石，乞予文。始贞女卒，未有嗣，族人立主，虚填行列："男天文奉祀"。康熙庚子，士柱举子命名，适符前所填字，一若有数存焉者，遂嗣士楠。

贞女事姑，时常殻②血昼夜尽一麻盂③，窃倾地枕底，不令姑知。姑视贞女瘠，延医，贞女曰："幼寡儿，岂忍以手就人胗④乎？"强颜无疾慰姑。然神色飞堉，终不复起。

贞女未生前，潭渡黄是聘室吴氏殉于是家，翁某力请建坊旌表，族有隐君子黄管采郡邑公卿士大夫传志篇什令藏于家，而烈君之名乃不朽。贞女复赖艮斋以传，所谓有幸不幸者，其在斯欤？近者，是有嗣而亡，楠未嗣而忽续，或曰楠与贞女，即是与烈君夙世，荒诞不经。艮斋述其师作五贞女传而致慨于赵威后之言，因叹息于彤管。然则北宫婴儿子之不朝，关乎齐国，彤管之不传，且关乎风俗矣。悲哉碑乎！

郝峿庵曰：碑者，悲也。因传者之悲而述其事，因传后二十余年事而益其悲。引吴烈君非信其荒诞，正慨叹于黄隐君之文。盖吾乡风俗惟向浮华，势焰尽力攀援，语及文章则掉头而去。间有欲藉文章则重费以请官阶，而以少许纸裹物市易张帽李戴之文，掩饰故事，此风亦不知起于何年，而廉耻日丧，最为人心世道之忧。华仲表兄邮寄近文十七首，观此作，引艮斋传，微见其意，故附记之。

朱节母墓碣铭

节母项氏，讳爱英，歙长寿乡项广渊季女，文学项淇女弟。适环溪朱安

---

① 聘室：即订过亲。
② 殻：同"殻"字。殻：同"殻"。呕吐。
③ 原注："补传未及。"
④ 胗：同"诊"，察看；诊察。

世甫数旬,安世客昆陵,期年而卒。母闻讣,数恸绝,灵辀①返,食不咽六日。舅姑及家人劝之不可,迎项母,泣谕之,母曰:"儿幼时闻兄讲忠孝节烈事,于心终不忘。今日死,不过如昔之縻股啖母尔。儿无愧夫,无宁愧母。"于是舅姑大号曰:"老人丧子又丧妇,老人尚犹旦夕延不可矣。"恸绝倒地,息不转。母抚摩姑,良久声出,母曰:"吾罪也夫,吾过也夫。自今以始,舅姑事,吾事尔。"乃弃华襦②,躬操作,称未亡人三十一年。

继怀瑾嗣夫后,翁纳婢举子,遭家人蹂③践,母曲调护,语怀瑾曰:"汝善视之。翁嗣不可不广也。"兄淇四十外,未有息男,母忧曰:"吾父母止吾兄,苟不得嗣续,如父母何?"泣吁诸天。及淇举子本忠,即归任嫂劳,市乳乳之,涤浊秽,燥渗湿,无异己出。稍长,母教以孝弟之道,故七岁而知怀果奉祖母,十三岁通小学,习毛诗,气概崭崭然。母循谨有家法,亲族妇女知母贤,时有质成,咸去其诟厉,变化归于良善。尝从姑省祖厝舍,见竹根穿结棺底,出其针刺所蓄物佐伯氏改葬,解袱约值十千钱,细碎几百千件,观者叹息。

母殁今雍正癸卯十月,贫无全礼,兄淇率本忠襄葬,命怀瑾迎安世枢同穴。安世雅才,未为世用。外史程云鹏揭母操行而立石道左,铭曰:

妇人死夫,义也,而有时不可死。兄教施于娣,而母敦乎兄之子。竹根不入祖棺底,行人欲识节母坟。孝竹千条万条里,呜呼节母人钦企。

费执御曰:节母造两家之福,笔峰标举,不异罗浮两山。

亡室潘孺人墓碣

孺人姓潘氏,歙岩镇人,明经程云鹏之配也。明经幼籍江夏,有名于时,故穷于其身。孺人甘俭约,同事其父母。明经母抱羸疾,喜读书,每岁令明经朝海内名山,子舍事悉诿孺人。孺人身代子职,堂上姑体中小倦,或时不御几案,孺人辄涕泣吁天,废寝食,而明经从驿楼茅店中,亦怦怦心动而遄归也。明经纳童姬,童姬善侍姑起居,孺人喜,驰书报明经,曰:"今而后,姑疾其可瘳乎。"及童姬殁,姑疾大作,偕明经扶归故里就医,不起。孺人积瘁久,哀毁逾年,亦亡。孺人智识明朗,闻姑读书,随意解去,老师宿儒所不及,治家宽厚不立威严,婢妾仆御不敢罔以非道。

---

① 灵辀:丧车。辀:古代运棺材的车。
② 襦:短衣,短袄。
③ 蹂:原文为"柔",应为"蹂"。

呜呼！明经生不能爱玩贤妻，调乎琴瑟，死不能同穴，而先祔葬孺人于粟山祖墓之傍，更不获从姑而似生时之侍养也，其穷于命矣夫！悲夫！

先祖母生于康熙癸卯年十月初六日亥时，殁于戊辰年六月十四日午时，诸闺行散见王父大人别集。孙男雨鄂百拜书。

四娘坞墓碣

宋钦宗北狩，行军司马程濠督军扈从，殉难五国城，夫人胡氏同三女金音、玉音、宝音守志。夫人殁，三女不适人，同日自缢死。濠与夫人皆绩溪县人，三女死，挽手不相脱，乡人义之，同母葬于城北，称曰"四娘坞"。高宗建炎间，族表夫人及女曰"节坚金石"。绍兴四年，枢密院裴秀复奉，赐额曰"贞忠孝烈"。历数百年，诰敕犹藏于家。濠赐"忠护"，庙食，与先世忠佑公、忠烈王并列为世忠，独夫人子女犹未祔食，留待歙宗人华仲氏表厥幽宫，因系以铭曰：

是为忠臣之妻、忠臣之女，千秋万岁，高山仰止。

姜青远曰：程濠公以举人授行军司马，与张叔夜率兵扈从，死节。夫人、三女殉身，全家忠孝。予得睹其敕书扁额，叹息泣下，读此犹见生气奕然。惜乎《宋史》未详，不无遗憾。

卷十九

吊吴烈君文

嗟乎！烈君殁四十年，犹有不死在乎两间。岂非以天地之正气，丽阳焰之潜然。当夫托茑萝①于黄是②，是读书兮汉南。羌庆宜而弗禄兮，睇湘云而莫攀。泪栏杆而阁阁，终处子以幽闲。迨其归槟潭宾，喟然而起，躬载鬼而盈车，若有俟乎堂尔。姑杂陈夫钗珥兮，翁乃朱提之乱指。乐未穷兮邻妪惊，极华筵兮畅群情③。强欢颜兮答所亲，中棘棘兮禺马鸣。子夜变兮谁与防，银蒜摇兮乌兔藏。有母氏兮相枕藉，谓谵言兮梦唤娘。呜呼！从来忠烈④，厥有千端，兴渠苋韭，本不同根。觳斯性而孤往，贱蓍龟而前论，宁何楼以轻世？徼名高而望尊。吾闻补锅箍桶⑤，画纲樵苏，浮沉草泽，节义是图，死而后已，不在区区。且夫聂政之姊，欲彰其弟⑥；范滂之母，欲令其子，况乎斯世中流，孰砥于是？吁旨建坊，官来祭奠，卤簿⑦多于牛羊，牲币繁于花

---

① 茑萝：茑萝与女萝。两种蔓生植物的合称。比喻关系亲密，寓依附攀缘之意。语本《诗·小雅·颊弁》："茑与女萝，施于松柏。"

② 黄是：吴烈君之夫。

③ 原注："哀戚中写欢乐情景，眩人心目。"

④ 原注："横绝今古。"

⑤ 箍桶：用竹篾或金属做成圈形，套在圆桶上，使桶片之间紧固而不渗水。

⑥ 原注："音体。"

⑦ 卤簿：古代帝王驾出时扈从的仪仗队。出行之目的不同，仪式亦各别。自汉以后亦用于后妃、太子、王公大臣。唐制四品以上皆给卤簿。[汉]蔡邕《独断》卷下："天子出，车驾次第谓之卤簿。"《晋书·赵王伦传》："惠帝乘云母车，卤簿数百人。"[宋]叶梦得《石林燕语》卷四："唐人谓卤，橹也，甲楯之别名。凡兵卫以甲楯居外为前导，捍蔽其先后，皆著之簿籍，故曰'卤簿'。因举南朝御史中丞、建康令皆有'卤簿'，为君臣通称，二字别无义，此说为差近。"

蓨。双双玉掩，泣远山而异峰；队队鸳飞，共魖堆①而匿炫。夫何乱我心曲兮，分娲皇之黄土②；似靡萍之晁错兮，抑寄生乎芳杜。徒刻削以不干人兮，羡烈君之如贾。呼烈君而出此幽宫兮③，释予心之所疑。果材质而可任用兮，胡白首而耘耔④。舍事人而事鬼兮，虽揶揄而敢辞。尔乃樽酒既荐，肃肃祗临，酌琼卮而告予曰：祝尔寿兮表幽贞，穷檐姓字赖君荣，茕嫠上乞天帝，旌千秋万岁君长生。

郑鲍庵曰：繁弦变徵之音，大为节烈一辈人挥涕。

公祭汪母文

呜呼！扶舆磅礴之气，不独钟于男子，亦自钟于妇人。盛衰兴替之悲⑤，不独系于国家，亦且系于里巷。若我汪母程太君之殁也，高寿正寝，孙子盈前，饭含之礼不缺。殁之夕，邻里罢舂，道路叹息，人生得此难矣！何足恨⑥！乃某等少小习闻习见太君数十年之家运，凡三变⑦。去岁太君八十献爵⑧，某等故与仲君怀牧联读书之社，登堂拜母，愿效一言，太君方谦谢不敏。

曾几何时，太君遽尔厌世。在太君璇闺之教，可方古人。生名门，适右族，敦妇道，衍箕裘。固凡妇之所未能全者，太君克全之。姑不论⑨独是筑义舍以居族人⑩，虽始夫子之志，实出太君之成。是杜少陵之广厦万间，太君真见之行事也。族女为人掠售，太君倾筐倒箧，百折曲存。不顾是非利害，卒

---

① 魖堆：即魖雀。《楚辞·天问》："鲮鱼何所，魖堆焉处？"洪兴祖补注："魖堆即魖雀也。"魖雀：古代传说中的一种怪鸟，能食人。《山海经·东山经》："（北号之山）有鸟焉，其状如鸡而白首，鼠足而虎爪，其名曰魖雀，亦食人。"[唐]柳宗元《天对》："魖雀峙北号惟人是食。"[清]李元《蠕范·物食》："鸟食人者，罗罗魖雀。"

② 原注："四坐且莫喧，愿听歌一言。"

③ 原注："险破鬼胆。"

④ 原注："音兹。"耘耔：语本《诗·小雅·甫田》："今适南亩，或耘或耔。"谓除草培土。后因以"耘耔"泛指从事田间劳动。[汉]张衡《东京赋》："兆民劝于疆场，感懋力以耘耔。"[晋]陶潜《归去来兮辞》："怀良辰以孤往，或植杖而耘耔。"[宋]辛弃疾《水调歌头》词："万卷有时用，植杖且耘耔。"[清]黄宗羲《陈干初先生墓志铭》："如五谷之性，不艺植，不耘耔，何以知其种之美耶？"

⑤ 原注："挈。"

⑥ 原注："翻。"

⑦ 原注："再挈。"

⑧ 原注："复断。"

⑨ 原注："撇。"

⑩ 原注："单抽二事发论。"

直其事,装遣良人。呜呼!太君与某等俱家丰溪之上①,丰溪数万户,拥厚资置田产为贻谋,其黠者势势,要洪崖朱白,带结绅舒,一旦设有缓急,闭门退缩如秦越人,若太君行者,不诚奇男子乎?

太君初适健生翁也②,家贫亲老,运际中衰。太君辄屏纨绮,易荆布,躬勤惕厉,以佐健翁,使无内顾忧,此一变也。及健翁业稍稍振,三子皆成立,婚嫁既毕,鹿车双挽,百岁可期,致足乐也,此一变也。及健翁下世,食指渐繁,三子分析,长君笃厚自守,仲君切四方之交,诗能穷人,饥难煮字,季君虽力欲经营,而运不及干,此又一变也。呜呼!太君一身系盛衰兴替之感③,不惟不戚戚终日,而复能为奇男子事,于家运迫促之时,不其难乎?太君以广厦庇人,榱桷难于自保,太君达观,断不以留余恨。况芳名难得,太君能为人所不能为,他日读书社中,有身明道而立言不朽者,必推扬母德于无穷。彼席丰盈④,熠熠乡里,生无德于人,死无传于后,而徒雇募不文之言,饰苟且之行,刊成传状,供人笑嚛,视我太君不滋愧乎?兹值七期已尽,世俗卒哭,在于此时,谨率同社诸子恭奠一卮,慰太君于灵几之前,且以慰诸郎君哀次。芳型既远,能不悲哉?

郑咸孟曰:源泉混混,不择地而发其本深也。安得以寻常祭诔文读之?

公祭程母王太君文

程易斋先生淑配王太君之殁也,外宗中外属辱在肺附者,辱在先生及嗣君群纪之交者,咸奔哭。入里则见其里人悲而哭,入门则见其家人哭而恸,且闻其室中恸不绝声者,诸妇人也,诸孳孲⑤也。稍退读先生祭妇文、诸嗣君祭母文,某等抑又不知其涕之无已也。盖太君懿行足法,殁则里之群妇失仪型,家之徽音未克继,而夫氏之党,庆云之光,覆无承庥。于是其族华仲氏目言曰:

予著《新安女行录》,列母仪则传岑山程中翰君喈、刺史君哲之母吴太君,叙妇道则录汪上舍诜之妇詹宜人。传吴征诸嗣妇之范而宦达不易其初

---

① 原注:"一弹再三叹。"

② 原注:"补叙。"

③ 原注:"一笔打转,文愈健,行愈高。"

④ 原注:"抑扬感叹,与前段别开一境。"

⑤ 原注:"音厘惨"。孳:双生子,代众多的儿子。孲:二女,代众多的女儿。

心，叙詹征诸督学公哀冢妇文，叹其能使一家元气不斫。太君之行，与吴太君、詹宜人未有间也。然吴与詹其境顺，太君其境逆。易斋君之父、之王父，世守一节，人不得而衣食之，太君用冢妇率先姒妇克家无滞事①，嗣君及女子皆自乳养，孝廉君儿时躬拾薪支爨。堂上宿餐外，己或饥焉。易斋君承世业，济人医药，鞠诸幼弟成人，诸男女尽婚嫁。长君登贤书，次负名太学胶庠②，其幼者且拔贡赴京廷对，人啧啧羡其荣。太君愈谦抑励母道率躬。

孝廉数上公车不遇，人或为太息，太君无愠色，语孝廉曰："汝四十耳，不见和靖尹氏③乎？道之不明，名之不立，当愧耳。宦达岂足重轻哉？"或闻之，益叹母之贤明也。易斋君廉毅方正，遇事辄动声色不能忍，太君则从容和逊，而化其丰隆④之气。易斋君每曰："吾不意闺房中得此韦弦⑤也。"时家人数十指，太君无分寸私，家秉未弛责，心力愈瘁，四十余年，为妇为母犹一日也。易斋君、孝廉君哭祭之文，忍复读哉？呜呼！世之女而不妇⑥，妇而不母，能⑦困厄而不能荣贵者，其行岂足风世哉？太君不死矣！

江冠群曰：太君妇道、母道皆足风世。吴与詹值境之顺，太君则顺中犹逆。观其训我同年翼山兄，诚不愧和靖母夫人矣！境岂足困贤者哉？文中载吴、詹二人，所谓文献足征也。《女行录》例甚严，字斟句酌，传信后人，洵为良史。

祭陈嫂文

嫂陈氏，年十六归大兄子才。是时，予伯父惟修公从范大中丞征闽广，赞画大猷，家事付伯母崔孺人，嫂协力咸不忒。子才兄学问充赡，遂游江右

---

① 滞事：积压或难决的事。滞：原文为"蹛"，"滞"的异体字。

② 胶庠：周代学校名。周时胶为大学，庠为小学。后世通称学校为"胶庠"。语本《礼记·王制》："周人养国老于东胶，养庶老于虞庠。"

③ 和靖尹氏：宋代尹淳为程颐弟子，终生不应试，赐号"和靖居士"，创立和靖派。

④ 丰隆：原文为"蘴靅"。古代神话中的雷神，后多用作雷的代称。指震雷，轰雷。靅：云层浓厚。

⑤ 韦弦：《韩非子·观行》："西门豹之性急，故佩韦以自缓；董安于之性缓，故佩弦以自急。故以有余补不足，以长续短之谓明主。"后因以"韦弦"比喻外界的启迪和教益。用以警戒、规劝。《文选·任昉〈王文宪集序〉》："夷雅之体，无待韦弦。"李善注："韦，皮绳，喻缓也；弦，弓弦，喻急也……言王公平雅之性，无待此韦弦以成也。"

⑥ 原注："数语收拾无迹。"

⑦ 原注："音耐。"

佟中丞幕府。久之，两广军门吴公闻子才得伯父学，贻佟公书，夺之去。五年，没于粤中，计结缡①不过五六载，而赋寡鹄者数十年。二女适吴氏，皆贤智。称予家儿，立犹子灿为后，时在河南牟藩司幕下。曰予嫂氏，湘东之裔，归我程门，三忠绍世。忠孝克家，妇人憗②遗。笃念夫子，内顾辛勤，三千里外，黾勉同心。琴绝海水，月落波沉。遥遥长安，三十四年。遽云奄忽，懿范堪传。蚕绩蟹筐，如在几筵。嫂其歆之，有叔来前。

王粟斋曰：少许胜人多许。

哀野墓文

郡西二里古虹桥侧有冢，题云："呜呼！幽冤妇黄氏之墓。"傍注："万历庚子清明前十日，歙西竦塘父黄朝宾告照造坟。"然问其族里人，实无知者，予乃作楚声哀之。其辞曰：

于穆娲皇③，肇搏沙些；贵贱贤愚，齐型范些。荃胡不居，诡激荡些。火鼠冰蚕，生无私些；偎憎羁雌，均流泽些。荃胡不居，吴窈窕些。琴瑟鼓钟，乐闺房些；妙舞仙仙，春昼长些；珍错鲜罗，絷高张些。其或白藕作花，金风凄些；见纳君子，绾同心些。荃胡不居，修行完些。夫子长贫，文采绚些；赁春庑下，赋《五噫》④些。尔乃风流歇绝。夫客异乡，魂兮归来，恩情绝些；遗抱含饥，姑无衣些。荃胡不居，贞操矢些。何其衔恨蒙枉，罹迹絓些；縱挟整姬，烦憯⑤文些；蹢躅屏气，燔脂韦些；嗌⑥喳钩距，晦昧难明些。荃胡不居，死

---

① 结缡：亦作"结褵"。古代嫁女的一种仪式。女子临嫁，母为之系结佩巾，以示至男家后奉事舅姑，操持家务。此指男女结婚。[唐]乔知之《杂曲歌辞·定情篇》："由来共结褵，几人同匪石。"缡：原文为"褵"，同"缡"。

② 憗：古同"憖"。

③ 于穆：对美好的赞叹。娲皇：即女娲氏。女娲氏：中国神话传说中人类的始祖。传说她与伏羲由兄妹而结为夫妇，产生人类。又传说她曾用黄土造人，炼五色石补天，断鳌足支撑四极，平治洪水，驱杀猛兽，使人民得以安居。并继伏羲而为帝。

④ 五噫：见"五噫歌"。诗歌篇名。相传为东汉梁鸿所作。全诗五句，句末均有'噫'字。《后汉书·逸民传·梁鸿》："因东出关，过京师，作五噫之歌，曰：'陟彼北芒兮，噫！顾览帝京兮，噫！宫室崔嵬兮，噫！人之劬劳兮，噫！辽辽未央兮，噫！'"沈石厉《月旦》诗之三："昔诵梁家《五噫歌》，桂姜品性百年无。"亦省作"五噫"。[唐]皎然《咏史》诗："《五噫》谣且正，可以见心曲。"[宋]陆游《秋思》诗："平生许国今何有，且拟梁鸿赋《五噫》。"

⑤ 憯：同"憯"，古同"惨"。万分悲怜，凄惨。

⑥ 嗌：同"嗌"，以言难人；盘问。后作"盘"，"盘"的异体字。

鸿毛些。五声不和,增感慨些;水岸羃屋①,冤沉沉些;路黑枫青,魂茫茫些。乱曰:停予车兮丰水浔,睹墟墓兮芳草湮。临大路兮疑行人,胡幽冤兮不得信。世无知兮父志深,金骨化兮还苍冥。火复燃兮土复型,千秋嬴团②师延陵。

叶位公曰:人至幽冤而死,必有未竟之案,纵使冤伸,亦无返气纳骨之理。圣人有取于季子隐而不发能者从之,先生文集及《女行》《士行》二录中多论道之旨。惜乎!人之茫昧,只知其绝妙好辞也。

公祭许节母文

维年月日,许门节母汪太君享春秋九十有一,考终内寝,其通家姻族,及与其孙干侯为同学友者,皆匍匐往视含检,哭于寝门之外。越日,乃酹酒太君灵爽前,百拜稽首而言曰:

呜呼!天道人事,其可悲也耶!自去年秋九月,称觞于堂上,维时太君虽年逾耆耋,而动止女详,诸从以太君之德,重以干侯之贤,抱蔗浆而申祝嘏③。太夫人喜动颜色,满引数觞。曾几何时,遂易喜为悲耶?夫以太君六十余年节操,例得请于朝,貤封④褒恤。今且遇圣天子覃恩下及,方谓自此百年,某等得随干侯之后,岁岁跻太君之堂,棒几负杖而承太君慈训,则培植纲常,端在此维桑敬止之谊。太君幼即敦诗,长而习礼,使为男子,当沧桑之际,其树立必多奇行,乃不幸为许氏称未亡人。忧劳惕励,簑火雨窗,寒机萧寂,至阅六十余年,始得见。⑤

掷毒灰四射,人人皮肉痛烂逃去。英计缠头所得,足偿吴鸨,遂挟鸨还楚,告外父为赎籍。曩以半轮山人之教,故昵就予托终身焉。当是时,予迎养先慈于楚。先慈爱英颖悟,授以左氏《春秋》。英每受书正襟危坐,诵毕,向先慈背诵,质所疑义,遇忠孝节烈恩雠往复事,辄⑥呜咽不能自已。已而闻父雠,从成都下峡,寄寓夸陵富人,随易轻纨,瞬息而去。予送之诗云:"万里

---

①羃屋:也作"幂历"。弥漫笼罩貌。

②团:原文为"博",古通"团"。圆;满。

③祝嘏:祝寿。嘏:福。

④貤封:旧时官员以自身所受的封爵名号呈请朝廷移授给亲族尊长。[明]张居正《寿汉涯李翁七十序》:"故有赐沐之恩,有貤封之典,以体其私。"

⑤下文与上文语义不合,疑为两篇。下文乃记程云鹏姬童英事,参阅下篇《懿孝程孺人行状》。

⑥辄:原文为"辙",应为"辄"。

猿飞星峡静,数声角罢绮窗清。秋期已近同牛女,乌鹊桥畔月独明。"去即揞雠人之胸,摘药半丸,化尸成人归来,向先慈窗下请安,鸡犹未唱晓也。

英作诗长于咏物,尝与予分咏百花,宫詹王公泽弘赞叹希有,呼予为"华中人"。予因更字曰华仲。夫莒之嫠妇及老而与国为雠①,卒济其事,千古所难。庞娥手刃雠者不过一人,英年甚少而刃三人于千里外,不留影迹,不需时日,乃平居恂恂,一柔弱女子,诵书拈管,若不能胜任,及临劲敌,虽孟贲②、乌获③逊其勇,荆卿④、聂政⑤愧其能。噫!异矣!

英年二十二,感微疾而终,适予大兄汲自保定道罢官,召予下广陵。英临殁,以手抄予诗及批点杂录史传并诸匕首剑投之汨罗,曰:"河伯有知,应送我程郎君处存此,恐落他人也。"嗟乎!才艺如英,予不得偕老青山,销磨岁月,安能无慨⑥于心?而先慈当日方藉英左右娱朝夕,驱病魔。今若此,其何以堪?且闺房日浅,未穷推其学所由来,使绝技泯然于后世,不重可悲欤?同人哀挽诗歌几数百篇,予业镌为《怀梦草》,吴中好事者复演《梦香楼传奇》,易予名司马凤昭,同谱。

吴瞿生曰:楚卿今剑侠,故能守志青楼报雠巫峡。惜不永年,而莫慰夫子长贫贱也。然文君之慧心,亦必司马之佳文,方传奕祀,《女行录》中纪异一卷,意在斯乎?

懿孝程孺人行状

布政使东山牟钦元撰

毗陵毛客山会建曰:孺人汪氏,歙丛睦坊德水公镜士女。伯父分守蕲黄

---

① 原注:"雄阔。"

② 孟贲:战国时勇士。

③ 乌获:战国时秦国人。秦武王时勇士。武王有力好戏。乌获与力士任鄙、孟说因之皆为大官。

④ 荆卿:见"荆轲"。一作庆卿,或荆卿。战国末年卫国人。历游赵、燕。燕太子丹自秦逃归,图谋报仇,尊他为上卿,派他入秦刺杀秦王政(即秦始皇)。前227年,他带着秦逃亡将军樊於期的头和夹有匕首的燕督亢(今河北易县、涿县、固安一带地图),进献秦王,图谋乘机行刺。献图时,刺秦王不中,被处死。

⑤ 聂政:战国时韩国轵(今河南济源东南)人。初因杀人避仇,与母、姊迁居于齐,以屠狗为业。韩哀侯(一说烈侯)时,严遂和韩相侠累(即韩傀)争权结怨,求他为之报仇,他以老母在、未敢相许,后母死,乃入相府刺死侠累,然后割面抉眼自杀死。

⑥ 慨:原文为"概",应为"慨"。

道，征五公继昌以为己女也。生四岁，母黄宜人教以《女孝经》《闺范》，辄便欲学其人。五岁，伯父成进士，捷音至，德水公适远游，孺人意授家人作贺书，言雅而备理致。年十五，徽营将唐士奇煽乱，抄掠乡村，孺人奉黄宜人避匿楼中复板，身距外板中受数创，卒隐护宜人无恙。

江夏陶苦子窳曰：孺人，程魏园先生琦公配也。魏园父大周公世宇，母王孺人，鹿门偕隐。长子瑱公早丧，冢妇王氏就食仪真，留孺人侍养。齑①羹烂饭，孺人长跽曲承，旻旻睦睦十余年无倦色。癸卯举子云鹏，余同学分斋先生华仲也②。甫数岁，大周公没，又数年，王孺人亦殁，孺人悲愁冒诉③不能已。当是时，魏园先生羁汉滨，而征五公且解绶蕲黄，曰："吾弟血荫止二女，以吾能女女也。"魏园虽缵先人遗祉，末由蒙业而安迎孺人居汉上，华仲因补江夏博士弟子员。

晋陵孙希声凤鸣曰：孺人喜吟咏，蕴藉典雅，与魏园先生时相唱和。前时祈请翁媪寿，每岁令华仲朝谒名山酬凤愿。孺人固积劳多疾，华仲且宿留高山深林巨谷，往往梦中心动，即驰归省视，果卧床褥。孺人平居从未讪笑，姻族子弟女子相见，使端坐，勉以家庭孝敬，如或饕餮饮食，纵谈华饰被服，则痛惩之毋少宽假。始皆畏惮，久乃自化。喜读《左氏传》，有得笺注几上，朱墨斓斑，谓左氏失之诬，然其用意与杜诗最近。释其所以然，而诬者正矣。且《公谷》纪事异辞，我辈未身历，亦止求其理之是耳？笺释既久，几字缥盈，拭易数四。汪梅坡太史鹤孙，孺人兄也，过之，摩读赞叹，录而后去，赋《左几诗》以见意。

山阳杜湘草首昌曰：予尝历游名山，必先有华仲君题句盘桓衍益，多戚戚悲怀，逮悟番禺屈翁山大均于大台慈圣寺，始识华仲诗为思亲也，始识华仲母氏之孝于父母翁媪也。华仲舟车所届，有闻声哀感而归休子舍者，孺人迹察之而喜。钦元闻孺人撄宿疾，孜孜以先世双节母丞尝为念。

程氏多贸迁，先人之旧庐鞠为茂草，每语冢妇潘氏，无忘兴复故冢，妇他日没，尚兢兢不敢忘训诫。华仲纳姬童英，英才色双绝，孺人授《左氏春秋》，晨夕扶将，寝兴疲怯，则令童姬按戏五禽或击剑娱目，动摇血脉，疾霍然而愈。华仲驰书告予，期与予会。亡何姬死，孺人忽忽不自得，促驾黄山而殒。其族侄分守保定道，汲议为之谥，予曰"贞懿恭孝"。孺人行也，内则征

---

① 齑：原文为"虀"，古同"齑"。

② 原注："音贯。"

③ 诉：原文为"訽"，古同"诉"。

五德,水大周魏园公引称之;外则客山甄庵希声、翁山湘草称之。华仲之名在天下,天下人信之,当有执彤管而书者。

孺人生于顺治二年乙酉五月二十三日未时,卒于康熙二十五年丙寅六月十四日午时,享年四十六。子一云鹏,湖广武昌府江夏县岁贡生候补训导,娶潘氏,继娶汪氏。孙行苇,娶汪氏①;孙女一,适傅溪吴厚力②。曾孙雨鄂、雨淮③。外曾孙道宁、道宽,俱以幼童擅文誉。魏园先生另有状,其三世著述,详载家谱。

汪棣园曰:予友程魏园先生,今之笃行君子也。淑配汪孺人,以贤孝称于乡间。父母翁姑没十余年,犹令令子④华仲朝谒名山,不忘先志。《左氏注》北平王昆绳尝抄录其半,华仲所传,惜为夏逆叛乱失去,在昆绳者颇采入《左选注》中代梓,诸公竟未载孺人名讳,而孺人固不藉此传也。年状中条列诸贤之语,见得非阿意赞颂,虽属创格,然非夙负太丘之望者,鲜克当此。

---

① 原注:"潘出。"
② 原注:"汪出。"
③ 原注:"行苇出。"
④ 令子:犹言佳儿,贤郎。多用于称美他人之子。

卷二十

贫婆传

程氏世勋烈,而妇人死于贼者亦显①。歙先世叔清氏女外,唐宋元明,或旌或未旌,史册家乘几与丈夫之行等。我朝比隆三代,泽及孤嫠,旌典所加,无幽不彻。于是,歙之曹钟英遇贼死,妻兆姬投绝壁下死而复苏②。中平王光范战殁,妻淑弟投火死。城北王廷升为贼将所杀,妻跃城下抚尸恸绝不食,念子无倚未死。而兆姬为锹③,贩枲百里,曳布履麻,饥不及餐④。今君坐高堂,策怒马,忿然诉⑤当局于人,宁复念祖父哉?往者君信青乌,丧气稠人,至今櫦椟露处,老妇每过之,怵惕而伤怀。夫已买地而不葬,留与子孙卖他人者⑥,皆是也。此岂有数存焉者乎?语竟忽失声大哭若颠狂者。客闻之大骇,愀焉而汗出⑦。予欲有问焉,不答而去,追之遂失。

汪绍闻曰:开财之源,节财之用,乃真善。守财者,不意贫婆能见及此。盖人寿百岁,外阅已多,故言之凿凿,吾愿居积而欲保其身者,各书一通于座右,庶不至掠剩使君弄也。南乡人言贫婆殁时百十三岁,终不□其姓氏,异哉!

---

① 原注:"提笔高际云霄。"

② 原注:"□法。"

③ 原注:"补法。"

④ 原注:"创业艰难,忘之久矣。"

⑤ 诉:原文为"愬",同"诉"。

⑥ 原注:"不可胜叹。"

⑦ 原注:"奈何终不悔悟。"

二蒋氏传

有坠楼而断阶石蒋烈君,有殡于堂堂裂、葬之山山裂蒋贞女。天地间,水火风雷,各随所激烈。君适谢继缙,年十八,继缙亡,登楼自经,姑不许,乃提斧自击额破,跃窗而下,阶石断。贞女字程德濂,德濂客长沙,二十年未迎娶,母议重婚,贞女悲哀死,气所鼓荡,裂堂裂山,阶石其小者也。贞乎烈哉!人同氏,志同书。

郑蔚文曰:落笔如横云断山,百十九字中有五步一楼、十步一阁之势。

乳孙朱母传

老妇可以乳子乎?曰:"不可。"女子四十九而天癸绝。天癸绝不身,太过者益之,五六年止尔。官塘朱观述其祖母汪氏,年七十四,子妇黄氏免身而卒,儿不食他乳。汪祷天曰:"泉不绝地,乳不绝人。天未厌朱氏,其使老妇乳。"乳泉注,果儿食。儿长,汪口授《论语》《孝经》《大学》,观祖朱春,儿曰学可,皆诵读。观选《群芳纪胜》诸书,有可观者。

方梓恬曰:买菜求益人对此攒眉。

剪发妇传

岁己丑,程子夜泊小姑山,闻鼓声填填,俄而变征。程子谓客曰:"岂所谓回风挝耶?"无何,管弦竞爽。程子乐甚,酒酣假寐,梦妇人指秃发求赋,程子谵言曰:"罗浮月下,髡留秀顶之松。溢子江边,苔落望夫之石。"客惊呼,问故,曰:"此必吴自恺妻也。"程子曰:"自恺妻若何?"客曰:"自恺,歙富饶人,祖父溢于财,为娶休宁金氏女。自恺流荡淫丝之音,尤妙击鼓,夜所闻诸传无赖弟子也。自穷死鄱阳,富人欲夺妇志,妇剪发抱夫木主于令,令义之,告于吾乡尚义者。"程子归,吴渊言曰:"自恺赖乡人赙,返梓先世冢侧。越二年,妇感疾亦亡。遗孤作力他姓,奉其祀。"

外史氏曰:"吾乡富人厚自封殖,朝夕与不动尊相对,抑知积而无用,理数必散,自取败亡,犹可言也。吴自恺非遇金氏贤,宁不羞其祖父哉?"

江坤含曰：足为多财翁棒喝。

施兰如传

潭渡黄汝材死，侍妾施兰如殉之。侍妾，微也；兰如，东瓯娟，尤微，胡殉？兰如幼亡父母，有殊色，为人掠卖，既而归汝材。汝材故浪子，嗜酒废业，兰如藉针绣自食十二年，坐卧层楼，至是，仰药卒。妇人死夫，义也；微而死，尤义。少有失，晚而盖孔子许管仲以仁，胡讥乎施氏？

汪云尺曰：此《春秋》经法，非三传传法也。数语耐人十日思。

冬梅传

异哉！郡志载冬梅之抚许氏孤也。许世达死，孤未晬①期，妻继亡。家饶益，族属耽耽，孤命如悬斾。是时，冬梅年十三，矫矫自立，朝夕调护。孤乳母侧族属，未得间，强欲夺冬梅嫁。冬梅自度不能脱，问道所由，欣然凤驾。经世达契友门，给异夫曰："曩有服饰寄此，取之多犒汝劳。"入诉契友汪君。汪君大诮让其族人，返冬梅，庇厥家。孤长，妇绵宗祀，冬梅卒不嫁，寿八十二终。家人事主母礼，辞不受。

程云鹏曰：古闺阁中，致命遂志，守经行权，何□蔑有若冬梅弱龄婢妾？卑疵而前，孅趋而言，任厥主人大事，古未有也。观其不受主母礼，才识过人，志未列姓氏里居，而汪契友亦义侠人也，其名不载，惜哉悲夫！

吴息关曰：本传绝类《三国志注》，赞论亦司马氏之长。

· 137 ·

水灾妇传

潭渡许彦宾母程氏，守节五十年，寿七十七而终。飞淌入室，殡幕泛溢，家属登楼哭。水且平楼，节母枢无方寸动，水势杀，而明器诸无损。闾里异焉。

汪明倩妻姚氏，竭田人。守节三十四载，遗腹子希谦娶詹氏，亦寡。水冲邻屋，姚氏命詹及娣侄诸妇缝衣衪，甫毕，水至漂荡，不露形体。

---

① 晬：古代称婴儿满一百天或一周岁。周；周年。

黄右臣妻江氏，家近河，知不免，命诸妇缠衣。妇适有舟欲登，江氏曰："若等不见舟人皆裸乎？宁死未可往也。"水至漂没，家妇抱门前树获生。

西关杨湘妻汪氏，孝姑，喜行善事。屋舍倾倒，家人压屋底，汪氏觉有一柳枝，攀援而上，随势飘泊，至张村湾得救而苏。

吴士元母金氏，孀居二十年，水涌楼上，穿壁逃生。既而返取衣物，士元泣谏不从，遂与士元妻程氏俱死。士元访遗尸三昼夜，得母尸于潭渡烈女坟①。

洪三玉妻王氏，压覆屋下，人有遥见神人捽②其发提置竹箄获生。

程云鹏曰：戊戌六月二十五夜水灾，歙、绩、宣、南、泾五县坏田地七千七百四十九顷三十四亩，横尸遍沟港。次日，予郡守郭公、歙令蒋公登城痛哭，求身代，掷仪门大匾额于河，水势渐杀。程节母冰霜锻炼至五十余年，虽泰山不足摇其志操，况区区厉蛟暴虐乎？孟子曰："耻之于人□③矣。"凡落水者辄先落衣褕④，妇仰男负，人所贱□。姚氏、江氏衣裹而终，乃汪氏独如人夹持行水中，身不仰露，异哉！又闻汪氏行水中时甚苦寒颤，意念所及，水变温平，似澡浴盘中，浑身和畅。信哉！为善之征矣。姚氏同室妇女赖全衣易识得返故尸，而姚与詹既不得与杨湘、洪三玉妻同生，又不能与吴士元母同死烈女墓侧，迅速下严江，葬江鱼腹中，尸无觅处。悲夫！新安万峰插天，非犹泽国霉雨淫溢，岁必有一二藏蛟破空而出，坏人庐舍。今此一夕，万蛟腾跃，怀山襄陵，故不及洒沈澹灾。古有蛟人氏司其薮泽，民无患害，岂抑有未易行者欤？

汪鸣时曰：水灾后，予与兆仁叔氏遍历被患之处，编为《纪实》一书，于中有孝义贤节者必为感叹而加意采录，得先生表扬，尤为至幸。惜南河一带多湮没无闻也。

绿衣女传

顺治己亥，海寇蹒江宁，歙东山营游兵唐士奇叛掠村舍，获绿衣女。发鬖鬖始覆额。士奇惊其艳，欲污之。女间自纫衣袵甚固。饴以利，女泣詈不

---

① 原注："桃花坝下首。"

② 捽：方言，揪；抓。

③ □：应为"大"字。据《孟子·尽心上》第七章"耻之于人大矣"可知。

④ 褕：即襜褕。古代一种较长的单衣。有直裾和曲裾二式，为男女通用的非正朝之服，因其宽大而长作襜襜然状，故名。《史记·魏其武安侯列传》："元朔三年，武安侯坐衣襜褕入宫，不敬。"司马贞索隐："襜，尺占反。褕音逾。谓非正朝衣，若妇人服也。"

已。士奇急不得，尝奋欲刃女，顾视女泣如戴露芙蓉，刃不敢下，微以锋触其肤。女啮舌喷士奇血，骂愈厉。士奇怒，刃十余创而死。死时衣绿，不知姓氏，故称"绿衣女"。士奇亲语医人陆君、潭渡黄氏瘗于大围山麓，题墓方淇蕞，纪事□□鹤，皆歙庠生。

余华瑞曰：海氛警起婺源，防将李芝奉檄征调，中途而叛。徽营游兵唐士奇倡其党以应，蹂躏村邑。李芝还婺源，令张弘美御之，不得人，辄犯黟县，邑人舒德辉率乡兵与敌，斩其渠魁刘养心，芝遂遁。唐士奇自东山攻郡城弗克，侵休宁。休之丁壮拒之力，乃返。据于歙之潭渡，兼时而后遁去。

跋

　　外祖兮斋程先生著述等身,集所为文近百卷。《女行录》一编,则集中表扬贞烈之作,因其人隶新安,捡剔而裒辑①之,故以署名也。其间为传、为记、为序、为表、为赞、为墓表、墓碑、墓碣、为圹志、为哀辞、为祭文、为碑阴、为书后、书事、为跋,悉以文传,非同纪事之书,必归一例也。编辑之役,昉于雍正甲辰,予小子年才卯角②,从外祖门下生搜辑③抄校。家伯兄宁原名道宁,曾为后序附于篇。今外祖去人间世忽忽廿余年,鸠梓人而摩脱行世,谨附一言于剩帧云。乾隆庚午秋九月,外孙吴宽百拜谨书。

---

　　① 裒辑:收集辑录。[宋]程大昌《考古编·诗论》:"是故《诗》之作也……及其裒辑既成,部位已定,圣人因焉定之。"[明]张居正《承天大志纪赞·宝谟纪》:"臣谨分类裒辑,并录献皇后之《女训》,附载于后。"裒:聚集。

　　② 卯角:指童年或少年时期。[唐]方干《孙氏林亭》诗:"卯角相知或白首,而今欢笑莫咨嗟。"[宋]王安石《王平甫墓志》:"自卯角未尝从人受学,操笔为戏,文皆成理。"[元]姚文奂《竹枝词》:"家住西湖第四桥,自从卯角学吹箫。"[清]龚自珍《己亥杂诗》之三五:"卯角春明入塾年,丈人摩我道峥然。"卯:年幼。

　　③ 搜辑:搜求辑录。[明]胡应麟《少室山房笔丛·艺林学山二·莲花诗》:"杜祁公以厚德称,而绝句精工乃尔。《诗薮·杂编》搜辑殆无余力,复遗此,因录之。"[清]龚自珍《己亥杂诗》之五四:"本朝七十九科矣,搜辑科名意在斯。"自注:"八岁得旧《登科录》读之,是搜辑二百年科名掌故之始。"搜:原文为"蒐",同"搜"。

新安女史征

［清］汪洪度 著　董家魁 校注

尚書春秋經而史者也是知史也者具褒譏之權
佐天與君扶植人倫以翼經者也史之良者無若
子長蔚宗然文君新寡艷敘琴心文姬三嫁標名
列女風化之謂何此吾兄息廬先生有使吾搦管
必不忍爲此之歎誠千古卓識哉惜也未有其權
也然先生之文走雞林竄窟者幾三十年余頃得
依晨夕見世之思得一言爲重者不憚千百里而
走其人誚焉每欲裒其集以行世而先生謝未遑
也以謂當代詞壇遞相雄長藉口秦漢者鄙學唐

新安女史徵

歙　汪洪度　著

重修孝女廟疏

郡城南二十里山有廟焉祀唐章氏二孝女二孝
女者歙章頂女也幼隨母程登山樵采母爲虎攫
二女號呼奔救一拉虎尾一從虎口血淋漓奪母
出負之歸旣長爲擇配則曰母子三人生死同命
詎恐一日離母不復彊也俱以處女終至今所居
之鄉若橋若村若里皆以孝女名吾郡處萬山中。

《新安女史徵》书影(清乾隆三十七年刻本，国家图书馆藏)

《新安女史征》序

　　新安汪息庐采摭其乡妇德，作《女史征》，附列其母程孺人及庶母苏孺人、生母袁孺人行实。余读而系之，言曰：

　　内行之修岂不赖于前人之风劝也哉？夫忠孝大节，发乎情，止乎礼，义宜无所择于古人而为之。然自中人居常无事，闺窬①之中，横耳所闻不出乎嚣陵燕婧②之为。而凡女师之教，《内则》③所垂言物行，恒懵然若无睹也。则其情之发也，不能无偏，而阴教之亏，莫由以自返。刘向辑《列女传》，上自宫闱，下逮委巷之妻，嘉言懿行备焉。传久浸讹，南丰曾氏疑其非成于向一人之手，然自有向书，而东汉之女德，几与诸节义士匹焉。班昭④之训、张华⑤之箴、范蔚宗⑥之传，踵是以兴女史之功，不其伟欤！

---

　　① 闺窬：即闺窦。[明]张煌言《乡荐经义·君子务本立而道生》："身不出闺窬，而克广其内心。"参见"闺窦"：穿墙小门。上圆下方，似圭。《左传·襄公十年》："筚门闺窦之人。"杜预注："闺窦，小户，穿壁为户，山锐下方，状如圭也。"

　　② 嚣陵：见"嚣凌"。浮华不实。[明]陈龙正《欣睹旌直之典疏》："末世嚣凌，人多情伪。"[清]梁章钜《退庵随笔·政事二》："如果南亩西畴，人无余力，于耜举趾，日无暇时，则心志自多淳朴，风俗自鲜嚣凌。"婧：古同"惰"。燕惰：亦作"燕婧"。形容仪容闲散不整。《汉书·外戚传上·孝武李夫人》："妇人貌不修饰，不见君父。妾不敢以燕婧见帝。"颜师古注："婧与'惰'同。谓不严饰。"[明]归有光《封奉政大夫王君墓表》："居家无燕婧之容，检御精明。"

　　③ 《内则》：《礼记》篇名。内容为妇女在家庭内必须遵守的规范和准则。《礼记·内则》题注孔颖达疏："郑玄目录云：'名曰《内则》者，以其记男女居室事父母舅姑之法。此于《别录》属子法。'以闺门之内，轨仪可则，故曰内则。"

　　④ 班昭：东汉扶风安陵人，一名姬，字惠班。班彪女，班固妹。嫁同郡曹寿。博学高才。兄班固著《汉书》，八表及《天文志》遗稿散乱，未竟而卒，和帝诏昭续成之。《汉书》初出，教授马融诵读。帝数召入宫，令皇后贵人师事之，号曹大家。善赋颂，作《东征赋》《女诫》等。

　　⑤ 张华：西晋范阳方城（今河北固安南）人，字茂先。魏太守张平子。初仕魏为佐著作郎，官至中书郎。司马炎代魏，官至中书令。惠帝即位，谋诛楚王玮有功，加侍中、中书监。治国有方，博学善文，著有《鹪鹩赋》《女史箴》《博物志》等。永康元年，被赵王伦所杀。

　　⑥ 范蔚宗：即范晔（398—445），南朝宋顺阳人，字蔚宗。范泰子。少好学，善文章，能隶书，晓音律。袭封武兴县五等侯。初为彭城王刘义康冠军参军。后为檀道济司马，随军北征，迁尚书吏部郎。文帝元嘉九年，触犯义康，左迁宣城太守。不得志，乃删取诸家而作《后汉书》。十七年，义康以专权被黜，晔迁左卫将军，官至太子詹事。二十二年末，因涉及孔熙先等欲迎立义康事，被杀。狱中作《与诸甥侄书》，述所撰《后汉书》意旨。

汪氏世有妇德，自子喻先生隐居养母，厥妇相之，敬事无违，教诸子驯驯有家法，新安称内范者必归焉。凡史家叙传例得及其先人，息庐之详其母犹此志也。朱子尝病伯恭《女戒》言有未备，欲别集守身、事夫、宜家、御下诸古语为小学一书，疏其门目有八，以示刘子澄，而书未就也。息庐采诸近代，信而有征，不惟有以广石渠之传，表先夫人之美，而并缵成乡先儒未竟之绪言，于以风劝闺门，助流王化。世有南丰氏者，出而校之，其必跻诸正史之列矣。岁在癸巳仲春，长沙陈鹏年拜题于南徐寓斋。

附手札

古人为学，惟以修身立德为务，其获遇于时，而建功树业亦不过行其所学而已，非以为荣利也。实至而名归，随之不胫而走，即高卧东山，而苍生之望早有所归，正如水镜、卧龙出处不同，其揆则一。弟从前薄宦俱在吴越之间，咫尺高阳之里，耳热二难，高致私心，仰企①已非一日，奈一身匏系②，不得亲承颜色，快聆绪论，实深室迩人遐之慨，乃辱先施③瑶函宠贶④，承示大刻鸿篇，盥手庄诵，如亲芝宇⑤，不胜忻跃。

《女史征》一刻，阐潜德之幽光，忠孝节烈，天地正气，本原一理，足使观感兴起，其裨益名教，岂为浅鲜？良史之才，如椽之笔，自足千古，鄙言何足为重轻哉！惟太夫人懿德淑行，超迈钟郝，略见集中，不可以无述，勉为操笔，深愧固陋，不能表扬万一也。至于鄙性愚拙，动而获尤，待罪江干，几及三载。幸赖圣天子明鉴，格外鸿恩，得蒙昭雪。然尚未有归结之期，方怨艾之不遑，来谕推奖过情，益增愧汗矣。临颖⑥无任瞻溯。眷同学弟陈鹏年拜。

---

① 仰企：仰慕企望。[唐]孟郊《贫女词寄从叔先辈简》诗："仰企碧霞仙，高控沧海云。"[清]王先谦《续古文辞类纂序》："愚柔者仰企而不及，贤智者则务为浩侈，不肯自抑其才。"

② 匏系：喻不为时用；赋闲。[宋]苏辙《思归》诗之一："匏系虽非愿，蠖屈当有俟。"[元]辛文房《唐才子传·李昌符》："后为御史劾奏，以为轻薄……谪去，匏系终身。"

③ 先施：《礼记·中庸》："所求乎朋友，先施之。"孔颖达疏："欲求朋友以恩惠施己，则己当先施恩惠于朋友也。"后以"先施"指人先行拜访或馈赠礼物。[明]邵璨《香囊记·酬恩》："老母援溺之情，小弟提携之义，大恩未报，又辱先施。"

④ 瑶函宠贶：书翰宠临，深感荣耀。瑶函：对他人书信的美称。宠贶：光耀恩宠。

⑤ 芝宇：《新唐书·元德秀传》："房琯每见德秀，叹息曰：'见紫芝眉宇，使人名利之心都尽。'"后遂以"芝宇"为称人容颜的敬词。常用于书信中。[明]无名氏《赠书记·扫莹遘侠》："一点芳情未许人，式瞻芝宇顿倾心。"

⑥ 临颖：犹临笔。常用于书信。《颜氏家藏尺牍·王曰高》："小刻奉览，临颖神驰。"

序

弇州雅言子长不绝也，其书绝矣。千古而有子长也，问有《史记》中人与事乎？震川亦自谓："生平足迹未及天下，不得当世奇功伟烈书之以为憾。"由是观之，无题宁复有文哉！题至今日，几无留遗矣。乃天地大，文迟而未发，发之犹未尽其致。其在吾乡尚有二焉：一曰黄山，一曰女德。虽与《史记》之人之事未可并论，要之岩壑有须眉，烟霞有情性，巾帼有伊霍①，闺阁有夷齐②。苟得长康③妙手，使颊上三毫栩栩欲动，又安见其不同，故山亦称史、女亦称史有以也。

吾兄息庐先生曾取黄山而录其领要，吾师渔洋公见而叹曰："此天留不得志之良史才所为也！"既版而行世矣。顷吴太史伯仲有《新安列女传》之刻，吾兄举平日著述中有涉女德者，出以应之。予一批览，不自知其色飞而神耸云：吾乡列女人不相师，事不相袭，孤行其志，咸足维九鼎扶三光，吾兄以雄深雅健之笔，曲曲传神，无一规橅子长，无一非子长神髓，则此书之为女史也，其谁曰不然？而顾以征命名，若第④举其概，以备簪笔者之采择云，尔不知吾兄造诣必以何者为税驾⑤所乎？独是茫茫宇宙仅留二题，皆在吾乡，今皆为吾兄所据，而有此予所谓不能无叹且羡也。然则士患无史才，得志不得志固无论耳，才苟有以自见矣，即使不得志，所得不既多乎哉？

· 147 ·

愚弟绎东山谨撰

---

①伊霍：商伊尹和汉霍光。伊尹放太甲于桐，霍光废昌邑王，立宣帝。后常并称，泛指能左右朝政的重臣。《后汉书·宦者传序》："或称伊霍之勋，无谢于往载；或谓良平之画，复兴于当今。"

②夷齐：伯夷和叔齐的并称。《孔丛子·陈士义》："夷齐无欲，虽文武不能制。"[唐]李白《梁园吟》："持盐把酒但饮之，莫学夷齐事高洁。"

③长康：晋顾恺之的字。[唐]李嘉佑《访韩司空不遇》诗："图画风流似长康，文词体格效陈王。"顾恺之：东晋晋陵无锡（今属江苏）人，字长康，小字虎头。顾悦之子。博学有才气，尤善绘画，并善于画眼睛表达人物的感情。世人称恺之有三绝，即才绝、画绝、痴绝。著有《筝赋》《启蒙记》等。初为桓温大司马参军，深得桓温器重。与殷仲堪、桓玄等相友善。终于散骑常侍。

④第：原文为"苐"，古同"第"。

⑤税驾：犹解驾，停车。谓休息或归宿。《史记·李斯列传》："物极则衰，吾未知所税驾也。"司马贞索隐："税驾，犹解驾，言休息也。李斯言己今日富贵已极，然未知向后吉凶，正泊在何处也。"

序

序①

　　《尚书》《春秋》,经而史者也。是知史也者具褒讥之权,佐天与君扶植人伦以翼经者也。史之良者,无若子长②、蔚宗③,然文君新寡④,艳叙琴心,文姬⑤三嫁标名列女,风化之谓何此? 吾兄息庐先生有使吾搦管⑥,必不忍为此之叹,诚千古卓识哉! 惜也,未有权也。

　　然先生之文,走鸡林窠窟⑦者,几三十年余。顷得依晨夕见世之思,得一

　　① 原文无此标题,是为校注者所拟。

　　② 子长:司马子长,即司马迁。西汉夏阳(今陕西韩城南)人,字子长。司马谈之子。二十岁时曾游历全国各地,考察风俗,采集历史遗闻。武帝时初为郎中,奉使巴蜀。前108年,继父职任太史令。太初元年(前104),与唐都、落下闳共制订《太初历》。后因替投降匈奴的李陵辩解,触怒武帝,被系狱处以腐刑。出狱后,任中书令,发愤完成所著史籍,时称《太史公书》,后人称为《史记》。此书是我国第一部通史著作,开创了我国纪传体史书的体例。其中许多传记,状人写物,栩栩如生,具有很高文学价值,对后世史学与文学都有深远影响。

　　③ 蔚宗:即范蔚宗,见前注。

　　④ 文君新寡:原指刚死去丈夫的卓文君初做寡妇,后常形容年轻女子丧夫寡居。多用于指代年轻寡妇,也作"文君早寡"。此典出自司马迁《史记·司马相如列传》:"是时卓王孙有女文君新寡,好音,故相如缪以令相重,而以琴心挑之。"卓文君看上了汉代辞赋家司马相如,便私奔之,二人结为伉俪。后人便以"文君新寡"意指年轻女子丧夫寡居。[明]张岱《陶庵梦忆·烟雨楼》:"柳湾桃坞,痴迷伫想,若遇仙缘,洒然别去,不落姓氏。间有倩女离魂,文君新寡,亦效颦为之。"

　　⑤ 文姬:即蔡文姬,东汉末女诗人。名琰,字文姬,陈留圉(今河南杞县南)人。蔡邕之女。博学有才辩,妙解音律。一生遭遇不幸。幼随父亡命流离,年十六嫁河东卫仲道,夫亡无子,归居母家。献帝初平三年(192),父因坐董卓之乱而被杀。兴平(194—195)中,她又被胡骑所虏,陷于南匈奴12年,与左贤王生二子。后曹操雄据北方,因与其父邕素相善,痛邕无子,乃遣使者以金璧赎她回乡,再嫁同郡董祀。祀为屯田都尉,尝犯法当死,她蓬首诣操请罪,音辞清辩,言甚哀酸,坐者为之改容,曹操乃赦祀罪。后操欲求其父所撰碑文,因遭战乱不存,她凭诵忆缮写四百余篇奉上。原有集一卷,已佚。现存《悲愤诗》二首。《后汉书·烈女传》有《董祀妻传》。

　　⑥ 搦管:握笔;执笔为文。[南朝梁]简文帝《玄圃园讲颂序》:"搦管摛章,既便娟锦缛;清谈论辩,方参差玉照。"[唐]刘知几《史通·辨职》:"搦管操觚,归其仪的。"[明]陈汝元《金莲记·弹丝》:"与朝云妹子同枝连气,原为中表之亲;搦管拈针,更结相知之雅。"搦:握,持,拿着。

　　⑦ 鸡林窠窟:比喻文章享誉遐迩,流传极广。鸡林:即古代鸡林国,位于今朝鲜半岛。窠窟:洞窟,为隐士所居之处。

言为重者，不惮千百里而走。其人请焉，每欲裒其集以行世，而先生谢未遑也。以谓当代词坛，递相雄长，借口秦汉者鄙学唐宋，借口唐宋者鄙学秦汉，要之皆非也。请以学语为喻，天地职行，生而不言，有参赞者出而代为之言，则六经是已。得其所以言之意，而大放厥辞。生于齐，为齐言；生于楚，为楚言。则在秦汉时为秦汉，在唐宋时为唐宋，是已不得秦汉、唐宋所以立言之意，而徒争论于字栉句比之问，何异傅①楚语者讥齐，傅齐语者讥楚哉！吾方如婴儿学语，求所以言之旨而未能也，而遽蕲以言传，不亦谬乎？余唯唯退。

今年春，东岩漪堂两吴公征刻《新安列女传》。先生出箧中所撰，寄之余，因得而卒业。其于纲常名教，皆人所欲言而不能言者，且言之多文，能使读者跃跃兴起曰："是犹不可以传乎？"吾郡黄山白岳，奇秀蟊天，练水渐江，纤鳞不掩其钟，于女子者多介特而洁清，或毁容守死，或殉义捐生，或仓卒受遗，或达权变而完毁卵，或积精诚以格顽冥，不必尽出一途，咸足惊天震地猗欤盛哉！第微旌典者，百不得一。即志乘亦多缺焉，非藉良史以广其传，则毅魄贞魂几何不与荒榛蔓草同腐欤。

今先生之文具在，虽其人不无贤智之过，然世风之靡极矣。闻其风者，曷亦思彼遇事变而尚能如是？则凡平居修饰，益励坚贞，于以扶植名教，其权顾不重哉！先生邃于经学，研穷精微，著述几与身等，宜乎其发言，皆原本于先民如此也。先生即不欲以言传，忍使毅魄贞魂终于湮没乎？以是为文献之征，乌乎不可，先生无以难也。爰与同人授诸梓氏。

康熙丙戌仲夏既望，弟树琪玉依拜题于古墨斋

序

---

① 傅：教导。

序①

　　古者闾必有史书，其乡之德行道艺以昭劝美而厚风俗，而女子之德亦必有女史纪之。《诗》首"二南"，《周南》一十一篇，言女德者十；《召南》一十四篇，言女德者九。其余若申人之女、蔡人之妻、息君之夫人、黎庄夫人、卫庄姜之傅母，并入太史②、辎轩③之采焉。

　　三代以后，闾史之职废，而太史氏亦无采风之举。自范蔚宗始传列女，后之作史者继之。然时地有间隔，见闻有缺略，其得入载记，代仅数人而已。士君子行谊卓卓，可以楷模人物，而史官采访不及，犹有湮没不彰者，矧内言不出于梱④，女子以贞信自守，每韬匿其光采，使非有发潜阐幽者考订于州闾之近，曷以信今而传后哉？

　　新安汪息庐先生湛深经术，著作等身，尤于阐扬节义不遗余力，尝为《女史征》一书，凡其乡之苦节奇行，并据其实而登于篇。其先世之闺德，亦谨志

---

　　①原文无此标题，是为校注者所拟。

　　②太史：官名。西周、春秋时太史掌记载史事、编写史书、起草文书，兼管国家典籍和天文历法等。秦汉曰太史令，汉属太常，掌天时星历。魏晋以后，修史之职归著作郎，太史专掌历法。隋改称太史监，唐改为太史局，宋有太史局、司天监、天文院等名称。元改称太史院。明清称钦天监；修史之职归之翰林院，故俗称翰林为太史。

　　③辎轩：古代使臣的代称。《文选·张协〈七命〉》："语不传于辎轩，地不被乎正朔。"李善注引《风俗通》："秦周常以八月辎轩使采异代方言，藏之秘府。"《新唐书·高季辅传》："为政之道，期于易从，不恤其匮，而须其廉，正恐巡察岁出，辎轩继轨，而侵渔不息也。"章炳麟《〈新方言〉序》："钱晓征盖志辎轩之官守者也，知古今方言不相远，及其作《恒言录》，沾沾独取史传为征，亡由知声音文字之本柢。"辎：古代一种轻便的车。

　　④梱：同"阃"。门槛，门限。《说文·木部》："梱，门橛也。"徐锴系传："谓门两旁挟门短限，今人谓门限。"《礼记·曲礼上》："外言不入于梱，内言不出于梱。"

弗谖。是书梓行岁久，板刻漫漶①，先生从孙默人司马重授之剞劂②。

予窃惟女子不幸，处人伦之变，极人世奇穷，或杀身成仁，或鞠躬尽瘁，其慷慨激烈出于至性，非有慕乎名誉而为之。然而正气之在天地，必亘古今而无终穷，其在著述家本乎与人子言孝、与人臣言忠之旨，而流传楮墨，使百世之下闻风兴起，其为功于名教甚大。先生是书，洵可补间史之缺，备太史之采，广正史之传。至于文笔出入韩欧，追逐迁固，尤卓然不朽者已。今国家德化隆洽，遐陬僻壤，节义林立，惜居乡士大夫鲜如椽之笔，树之风声，惟新安女德之盛，赖有先生之文。庶几被金石而德广，流管弦而日新也。披是编因以为当世载笔者劝，而默人表章之功，亦不可泯没也。

夫时乾隆三十有七年壬辰八月中秋节，淮南阮学濬谨序

---

① 漫漶：模糊不可辨别。[唐]韩愈《新修滕王阁记》："于是栋楹梁桷板槛之腐黑挠折者，盖瓦级砖之破缺者，赤白之漫漶不鲜者，治之则已，无侈前人，无废后观。"

② 剞劂：刻镂的刀具。《楚辞·严忌〈哀时命〉》："握剞劂而不用兮，操规矩而无所施。"洪兴祖补注引应劭曰："剞，曲刀；劂，曲凿。"雕板；刻印。[明]周履靖《〈锦笺记〉题录》："剞劂生涯已，诗书艺业长。刻字的候列位老爷刊同年录。"[清]沈初《西清笔记·纪典故》："内廷有奉诏编纂《宫史》一书，不授剞劂。"

序

重刻《新安女史征》序

先叔祖息庐公与先大父嵩如公，六服昆季也。自幼肄业一堂，笃埙篪①之谊，先子观察公事之惟谨。康熙丁酉，余随先观察归里，公一见即爱而教之。是夏，余有事池阳，公题画箑②赠行，曰："尔翁粉署暂归来，汝亦相随梓里回。怪煞五更残月晓，鸡声催进别离杯。"其蒙爱如此。

岁己亥，先观察自都门缄书来扬，命余奉先慈尹太恭人归里，为余授室，且守先世坵垄。自此侍公侧者数载，大而经济理学，小而一举一动，皆引经证古，教诲不倦，即花晨月夕，杯酒谈心，未尝不循循善诱，余小子至今寤寐不忘也。

公执经于吴徽仲、施虹玉两先生，仪封张清恪公抚吴时，亲送两先生栗主入紫阳书院从祀，盖公于理学有正传矣。髫年即工制举业，尝偕弟文治公读书焦山，一试而见赏于学使者，名俱首列，时人有二汪之称。既而困踬场屋，屡试不售，故专精古学，旁及诗词书画，无一不臻其极。早年诗文受知于新城王阮亭先生，曾选刻息庐诗行世。惜晚年诗文散佚无存，是编为公极意之笔。尝谓余曰："吾乡妇德自古称奇，但苦寒者多，无力显扬，故我作《女史征》一书，以补旌表所不逮。"此集一篇一格不相雷同，庶几信今而传后焉。后其家不戒于火，诗文刻板皆毁。余闻之，心戚戚然，急谋重刊以垂后。无论吾乡节义林立，未可泯没，即公里居数十年，维风化以劝薄俗，申孝悌以肃人心，苦心孤诣，手泽存焉，岂可任其澌灭而不为之计哉？余小子亲随杖履，

---

① 埙篪：借指兄弟。[宋]黄庭坚《送伯氏入都》诗："岂无他人游，不如我埙篪。"[清]赵翼《题北溪谦斋蓉湖三寿图》诗："近追寿恺堂，埙篪耄犹对。"埙、篪皆古代乐器，二者合奏时声音相应和。因常以"埙篪"比喻兄弟亲密和睦。《诗·小雅·何人斯》："伯氏吹埙，仲氏吹篪。"毛传："土曰埙，竹曰篪。"郑玄笺："伯仲，喻兄弟也。我与女恩如兄弟，其相应和如埙篪，以言俱为王臣，宜相亲爱。"孔颖达疏："其恩亦当如伯仲之为兄弟，其情志亦当如埙篪之相应和。"[清]吴苑《到家》诗："忆昔少年时，老屋埙篪奏。树下共嬉游，兄先弟随后。"

② 画箑：有画饰的扇。[宋]苏轼《端午帖子词·夫人阁》之二："仙风随画箑，拜赐落人间。"冯应榴合注："《方言》：'扇自关而东，谓之箑。'"箑：扇子。

面聆绪言,然于公之人品、学术挂一漏百,不能覶缕①手是编,不禁呜咽云。谨叙。

乾隆三十有七年岁次壬辰良月受业,侄孙淳修敬书于五世读书园中

重刻《新安女史征》序

---

① 覶缕:详细而有条理地叙述。覶:亦作"覼"。繁,琐细。

目　　录

重修孝女庙疏

郡城南二十里山有庙焉，祀唐章氏二孝女。二孝女者，歙章顶女也。幼随母程登山樵采，母为虎攫，二女号呼奔救，一拉虎尾，一从虎口血淋漓夺母出，负之归。

既长，为择配，则曰："母子三人生死同命，讵忍一日离母。"不复强也，俱以处女终。至今所居之乡，若桥、若村、若里，皆以孝女名。

吾郡处万山中，至汉始设官分治，其得被二南之化，盖亦寡矣。自二女出，历唐宋以迄于今，列女之名载国史列志乘者，百千余人。开风化之先，补王教所不逮，谁之力欤。二女之遇虎，谓非天意使然哉？且吾闻虎有以义称者矣。昔有恶少艳其友妇美，诱友经绝壑，推之堕崖，绐妇死于虎，寻诱妇入壑，虎突出衔恶少去，夫亦自崖中归。由是观之，虎非尽无知也。二女非不能以情感也，乃必鼓其义愤，争生骨肉[1]于饿虎齿吻间，果力足胜虎哉？力之猛者，无逾虎，乃今力无所施，无他，气夺之也。天将开一方，以千秋之节烈，特以一往无前之气，钟于薿然闺秀。使虽猛如虎，而犹莫之能胜者，以为之倡。若曰凡守死全贞，不可无胜虎之气也。然则天之生二女，非偶然已。

庙自元时已废，有南里节妇洪为立祠，肖像置田以供祀事。乡先生郑玉请于有司，岁时致祭，载祀典。尔来四百有余岁，庙又将圮矣。夫风化倡始之地，与学校相表里，唐刺史刘赞嘉二女节，为之蠲其户税，观察使韩滉奏赞治有异行，得诏褒迁，则风化之倡，岂非为政急务哉！举而新之，是在维持风化之君子。

中幅议论雄伟亦具神威，意虽创辟，理实不刊。即以此为一切节烈之总序可也。孙豹人。

祝京兆《义虎传》娓娓千余言，论中小传只四十一字，隳括[2]已尽，纯钢寸刃，愈炼愈净，愈净愈劲，作者笔力如是。吴东岩。

---

① 肉：原文为"月"，"肉"的异体字。

② 隳括：亦作"隳栝"。就原有的文章、著作加以剪裁、改写。[南朝梁]刘勰《文心雕龙·熔裁》："蹊要所司，职在镕裁，隳括情理，矫揉文采也。"《宋史·文苑传五·贺铸》："尤长于度曲，掇拾人所弃遗，少加隳括，皆为新奇。"隳：原文为"隳"，古同"隳"。

鹤冢铭

呜呼！物贱于人，有时情不甚异于人，人得其全，物得其偏，故人贵于物。有时情反不如物，物守其常，人善为变。故至善为变，而变忍言哉。鸣鸠鹈鹊，物之至微渺者耳，风人每取以与人并衡。人或近于禽，或有愧于禽，腼然①人面者，不知何以为心也。若夫易变者人也，能守其常不变，得其偏者物也，无异于得其全。斯又情之至者，自然之孚②。

呜呼！如烈妇黄可风已。黄幼耽书史，好声诗，及笄③，归④歙罗田方以仁为继妇。以仁客死嘉禾⑤，黄买舟扶榇南归。先是，嘉禾旅寓蓄双鹤已失其雄，霜晨月夕，振翮⑥孤鸣，黄以为类己也，益加怜惜。世俗旅榇⑦归例以鸡随，黄则易以鹤载之归。营二圹⑧，自为文祭以仁粘之槽⑨。逾日，刺鹤顶血饮之，立死。鹤绕尸彷徨鸣，不食数日亦死。乡人瘗⑩鹤冢⑪旁，碑曰"鹤冢"。余为之铭曰：

对舞兮良辰，纷展翮兮向人；匹偶兮愿常，似尔鬓毛兮相对如银；忽中宵兮孤唳，闻其声兮哀以厉；心暗惊兮不祥，果良人兮远逝；肝肠兮寸裂，爱羽毛兮孤洁；暂忍死兮须臾，资旅途兮伴结；桐江浩浩兮严濑⑫，渐渐松杉被崖兮直接家园；对清景思故雄兮欲矫翮以翩跹⑬，耻只影之无依兮愿同赴乎黄泉；黄泉兮不可久留，乘埃风兮碧落与游；忽反睇兮永忍，遐举夜夜月明兮

---

①腼然：面目具备之貌。《国语·越语下》："余虽腼然而人面哉，吾犹禽兽也。"韦昭注："腼，面目之貌。"

②孚：萌发。

③笄：古代特指女子十五岁可以盘发插笄的年龄，即成年。

④归：古代称女子出嫁。

⑤嘉禾：旧时浙江嘉兴府的别称。三国吴时有嘉禾(野稻)生于此，故称。

⑥翮：鸟的翅膀。

⑦旅榇：客死者的灵柩；谓暂寄灵柩。

⑧圹：墓穴，亦指坟墓。

⑨槽：小棺材。

⑩瘗：掩埋，埋葬。

⑪冢：原文皆为"塚"。坟墓。

⑫严濑：即严陵濑。[清]陈维崧《醉蓬莱·感遇》词之二："磻溪严濑，千古同垂钓。"严陵濑在浙江桐庐县南，相传为东汉严光隐居垂钓处。《后汉书·逸民传·严光》："除为谏议大夫，不屈，乃耕于富春山，后人名其钓处为严陵濑焉。"

⑬翩跹：飘逸飞舞貌。

归来。

故邱①前半似子，后半似骚，而机杼则由己出，造句设色，使人神爽，真苦心世道之言。钝翁。

书洪氏两世节妇事

歙县洪储，明万历时人。妻汪氏，美姿容，娴妇训，归储不数月，储客于外。三年，母忆储，遣人逆储归。储始惊曰："遂三年乎？当治装归矣。特宿逋未清耳，姑少待。"待数月，仍未清也。逆者请先归报其母，后即至，已不果至。踰数年，遣人往，则入楚矣。踰数年，母病，复遣人往，则入荆且入蜀矣。母死，或谓汪曰："盍乘母死趋奔丧，则必归。"汪曰："母生以疾召，不归。母死乃归，为母乎？抑非为母乎？且吾为夫妇日浅，声音笑貌，梦中犹未分明。昔母召不归，今即归，我何面目与相见乎？"卒不遣人往，祭葬诸礼悉己一身拮据为之。

已闻蜀中娶妇生子矣，子名沂。汪喜为之议婚，祝天曰："儿幸归而完娶，得绍宗祧，吾无憾焉矣。"因聘吾宗汪良知女为妇，年二十二，犹待年于家，或劝其父母曰："蜀去吾乡万里，议婚且十余年，洪氏子存亡未可知，即存焉，知不他娶乎？女与已成妇不同，倘误终身，悔何及？"父母心动，女微觉之，即断发自矢，谓："女闻从一，不闻其他。况洪氏子存亡未可知，即亡，不有姑可依乎？"父母遂不复言。已沂自蜀归，为纳妇，寻有身，沂复入蜀，妇生男。不一年，储与沂相继殁于蜀，汪率仆婢间关万里护两丧归，举宗人环拜而迎之里门，曰："奇哉！节也。"汪年六十余卒。妇年少抚孤，举蜀中所遗器物递售，以供饘粥。不继，忍饥终日，心固甘之。特以望子心切，小拂意辄抑郁，久之致疾而卒。妇□发雪肌，闻夫丧，即毁容杜门，不与邻里相见，治家凛凛，一守姑遗范云。洪度闻吾乡昔有夫娶妇甫三月，即远贾，妇刺绣为生，每岁积余羡，易一珠以纪岁月。曰："此泪珠也。"夫还，妇殁已三载。启视其箧，积珠已二十余颗。又有少妇思夫病殁，遗诗一册，鼠啮几尽，中有随某母看红叶诗，仅存"隔溪灯火起，愁杀夜归人"二语。今合洪氏两世节妇观之，人伦之变，孰有惨于此者哉？乃相习以为此吾乡之常，恬不足怪。

悲夫！吾友魏叔子尝心恶其俗，谓他日得志，当以法绳之。余谓此非法所能绳也，身一出，即如飘蓬断梗，迄无定所，固安所得而法以绳诸。吾乡可

---

① 邱：同"丘"。坟墓。

耕之田,处万山中十之一,丈夫生十岁以上即贾四方,冠而归,为之娶妇,弥月即出,越三年冬尽乃归,寒食祭扫毕又出。三年一归为常,而此三年中,吉凶存亡不知其几也。甚至十年、三二十年不归,归而子又出,有终身两不识面者,其情状有不齐。尝综而计之,大约因时势不得归者有三,牵于情欲可归不归者有二:或微赀耗尽,羞见江东,甘老江湖岁月,一也;或膺会计于身,不翅金汤,重寄一归,则庖孰可代而筹孰与持?二也;或轻身远涉,烽燧无端,阻隔关津,生还无日,三也。若可归不归,一则妖歌漫舞,千金邀顾,越女一笑,动为三年,留也;一则朝吴暮越,贪逐无厌,志不遂,即矢不归,如题柱也。前三者,迫于不得已,情之伤倍苦于法之酷,犹可原也。后二者,其心方荡,其惑方深,即或趣之使归,何异持方枘内圆凿,不相入矣。虽峻法驱之,不从也。其若洪储之徒何?或曰:"凡物赋质坚贞者,天恒不欲以顺适稯其材,必摧残挫折不遗余力,使之愈盘错而愈成非常之观。"则洪氏两世,天故成之以警颓波①而砥末俗,未可知也。惜乎!其已惨也,于斯人乎?何罪也哉!然而其风已百世矣。

节本属未亡人事,新安又以守有夫之节见奇。后幅推见至隐,亦惟新安为然,语悲凉而义严正,各书一通置诸行箧,所不回心者非夫也。魏叔子。

写吾乡作客情状,几无剩义,至叙事雅润、典赡,笔有余地,非寝食西京之久不能。吴剑宜。

婺源施氏特建贞孝姑祠堂记

黎阳施子虹玉应婺源宗人修谱牒之请,遍发诸艺文,读之至《贞孝集》,废书而叹曰:"微姑,吾宗安有今日乎?"则晨起盥沐肃衣冠,而谒于祠,见姑主袝食母右,则又叹曰:"崇德报功,礼以义起,是姑也。虽以始祖礼嗣之可也。矧姑无袝食祖庙礼,以别为庙,春秋崇祀为宜。"诸宗人同声应曰:"先生之言是。"于是,择地鸠工。不一年,祠成。既宇既庭祀事,有经过者,始知施门所由大实肇基于此,靡弗人人嗟叹。施子曰:"是不可无记也。"诘旦过洪度,再拜请曰:

寒族先祖姑,女之圣贤而豪杰者也。父仁卿,明洪武初以重赏起义,从龙金陵。越明年,夫妻死王事,姑年十五。遗孤继善甫二龄,惟姑是依。家

---

① 颓波:比喻衰颓的世风或事物衰落的趋势。

故丰腴,强宗悍仆,中外交构①,谓可割而啗②也。数将不利于继善,姑日夕忧之。中夜起坐,自思曰:"肥腴不去,则肌肤筋骨之真脉不存。弟真脉也,孰重孰轻可弗决之早哉! 非割产散财,不足厌若辈心已。"又思曰:"得无犹有迹邪? 何如披怀以示吾父义于国岂反靳于家,凡吾所推行皆父志也。如是虽黠者,安知不可诚格邪?"质明召诸强宗悍仆至,分以财产,布以腹心。人人感姑义,矢同戮力抚继善。及冠而婚之,姑曰:"吾事毕矣。"乃以外事畀③继善,而内主家政,终身去粉黛,无修容。里妇间以匹偶讽,谢曰:"吾年已至此,吾耻之,慎勿言。"卒以兄道自处,继善亦恭谨事之,殁为服衰三年。迄今寒族数千百指,皆姑抚弟所遗也。宫保工部尚书朱镇山谥之曰"贞孝。"宇内巨儒赠文百篇,汇之曰《贞孝集》。今特祠奉祀,拟复续征名作,而善为倡导,非吾子文不可。敢乞记记之?

余观集中,谓姑仁、智、勇如祝公世禄、万公国钦、洪公垣,论之详矣,其又奚俟余言。特昔之议者谓当作始祖姑祠,于理未悖。乃迟之又久,四百年后,一旦始有专④祠,施氏后昆可不谓有志光前者哉? 然而前未易光也。姑女兄也,抚继善襁褓中,揣其痛痒,时其饥寒,推湿就燥,则为母教以义方。俾克绍先业,则为父为师。捍灾御患,则为安社稷之臣。创建规模,垂统奕祀,则为百世不迁之祖。举须眉丈夫所不能为之事,毅然任之有余,有百世之泽者,宜受百世之享,特祠祀之,适以酬之云。尔乌足云光,光非俎豆笙簧,勿替引之之谓。谓善身善世,事事以姑为法,而后先与之辉映也。今入庙骏奔者,须眉俨然也,而可弗深长思也。施子避席再拜曰:"是能举前集未发之旨,而畅⑤言之,以牖⑥我后人者也。请勒石以告诸来者。"

虹玉与于鼎同讲学紫阳山中,于鼎兼工古文辞,虹玉自以为不及。然两人愤时下礼制多庚于古,惜负修明之志,皆未遑也。于此想见一斑,此与侯贞女事略同,明怀宗御题句曰:"春秋六十四龄,犹然处子;史记三千余载,独此完人。"不知此姑已开其先矣。通篇从虹玉口中叙述,而中夜起坐一段,先

---

① 交构:亦作"交遘"。勾结。构:原文为"搆",同"构"。

② 啗:同"啖"字,同"啖"。吃,即侵夺。

③ 畀:原文为"畁","畀"的异体字。给与。

④ 专:原文为"耑",同"专"。

⑤ 畅:原文为"暢",同"畅"。痛快,尽情地。

⑥ 牖:通"诱"。引导。《广雅·释诂三》:"牖,道也。"王念孙疏证:"道谓之牖,故道引亦谓之牖。"《诗·大雅·板》:"天之牖民,如埙如篪。"孔颖达疏:"'牖'与'诱'古字通用,故以为导也。"[清]章学诚《文史通义·针名》:"先王所以觉世牖民,不外名教,伊古以来,未有舍名而可为治者也。"

作筹划，至后质明处用二语点，实得盲左虚者实之、实者虚之之法。蛟门。

孤燕纪略

余幼居扬州，闻人说燕门节妇事。其言曰：某氏妇新寡，适有孤燕来栖屋梁，妇顾而喜曰："吾得伴矣。"一日引一雄来，呢喃帘幂①间飞飞不定。妇正容数燕曰："吾安能禁尔终不择偶哉？第尔禽也，非人也。我人也，非禽也。从一之义，不能见尔双栖，尔其别觅他巢，可乎？"燕似有知者，逐雄去，仍孤栖故巢。

秋去春来，相伴余十载。无何妇死，春燕复来，不见妇，仓皇飞翔。邻媪泣，指之曰："妇死矣。某山林木深处，其新阡也。"语未究，燕忽不见。异日，其家有展墓者，见孤燕死茔前，邻里异其事。穿穴瘗之，上之有司，题其墓曰"燕门节妇"。余闻而异焉，因求妇姓氏不得，及读潘景升氏所为《孤燕记》，知为歙西石川方宜麟妻鲍氏，年十九守节抚孤，记与语合。妇后以子贵，赠孺人。

前虚后实，左史遗法，讽咏循环，凄然欲绝。孺人元孙女适余表弟吴逢吉，有贤声，事载《春蚕草》中，知遗徽远矣。情文之妙，屈评尽之。程修驭。

义女谥议

义女名冬梅，求其姓不可得也，为歙许世达使女。世达殁，遗孤二龄。主母病，女年十二，主母知其能，委以家，秉克胜任，益重之。病且革，执女手谓曰："吾夫妇仅有此儿，中道弃之，纵交游中有可托者，疏不踰戚也。凡戚属所为，若素知，吾如之何目能瞑邪？"女跪泣曰："愿主无忧，设不讳，婢跬步矢不敢与幼主离。"主母伏枕谢曰："能如是乎，幸甚！"既殁，家遗赀累巨万，戚属利其有，百计思中孤，赖女护持，无隙可乘也。因墐户防守绝其亲故往来。已忽倡言女大当适人，阴构媒妁鬻他氏，女度不能脱，痛哭执孤袂，若不忍生离者，群拥之登舆去。路经世达故人汪某之门，绐舁者曰："昔有金帛寄其家，愿入取之。"许分赂舁者，遂下舆，泣诉于汪。汪义之，以其事鸣之官，谯让戚属令从女志抚遗孤。迨孤成立娶妇育子，家道兴矣。乡邻高其义，孤

---

① 帘幂：原文为"簾羃"。

亦愿以庶母礼礼之。女坚辞,终身为使女,寿八十二岁终。

　　呜呼！若女可谓精于义者矣。吾于此不能无家国之感也。夫无安不危,无平不陂者,势也。转危为安,易颇为平者,人也。乃此人者,君不及知,亲不及爱,中往往有之,求之矜尚才华侈谈经济者,百不得一焉。何哉？母亦理欲之几未晰欤？又岂利害太明欤？不然或事变猝投多仓皇失措,抑机事不密,使敌得以窥其隙,卒亦鲜克有成欤？若乃女,生至贱也;职服役,任劳也。一受遗命,与强暴相持,卒能不动声色,弄虎狼若婴儿于鼓掌上,而延垂绝之线于缀旒,非见理至明、守志至确、应机至暇、藏用至深,未易几此也。虽任天下,事无难也。至功成不居,甘终微贱。揆之古大臣身系天下安危,劳而不伐,与功名终者,又何多让？呜呼！可谓精于义者矣。今人以所生女鬻于人,为人使令,皆称义女。吾谓斯名也,惟斯女始不愧志乘所载,或曰冬梅,或曰义婢,言之皆不顺,请以一字谥之曰"义女"可也。

　　古丈夫、古大臣之体具,而女之以女道,至斯女始备也。益叹此谥为不可易。杜于皇。

　　处人家国之道尽此矣,宁仅传义女已哉！吴子默。

记程淑人逸事

　　程淑人之殉忠愍公也,先司马盖尝为之碑与传云,中载公力战死事,与淑人投井不得死,至丧归绝粒状以及褒赠从祀诸典甚悉。

　　忠愍公讳一中,于先司马为叔父,余之高大父行也。居潜口,与余家相近。今年六月六日,过公六世孙骥驷家见曝遗书若冠服绶帔之属于庭,有敝坏衣若葛者箧而陈之居中,珍护尤甚。余问曰:"此何为者？"乃竦立拱手对曰:"忠愍公授命时所衣裼衣,淑人所手制者也。"因请展视,古血胶粘斑驳襟袖间纵横断裂,与碑所称"臂中刃者三,肋与胫中枪者"二语合。余为悚[①]然,已复相顾叹息,骥驷因言自得司马公文淑人传矣,顾先世遗书,尚有一二逸事,惧其久而渐忘也,乞续书以传。

　　命受而读之,知淑人之烈,殆天性然也。又度公刑于之化,淑人渐染,砥砺必深,不然舍生取义何其不谋而合？若是淑人通经史,精女红,事封公、方太宜人至孝,而时见其才,太宜人喜已而私语封公曰:"吾闻妇之才者,往往无如命何也？新妇才,吾惧其命之难副已。"后淑人从公之任江西,及护丧

――――――――――
①悚:原文为"慄",同"慺"字,古同"悚",恐惧。

归,矢以死殉,众环而谏之,不听。人或谓太宜人以年高心恸之说动之,宜见从。太宜人大泣曰:"已矣,不可夺已。吾见其临事义所当为,辄独断于心而行之决焉,且吾亦尝虑其命之难副其才矣。已矣,言之未必能济。"已或以语淑人。淑人曰:"吾宁不念太宜人心加恸邪?吾即不死,恐亦难以抒其恸也。吾死与夫等耳,太宜人既教子成忠矣,又何惜吾一死哉?"卒不食,死。人咸谓太宜人知人。

公故以诗鸣,七子亦称莫逆,然知心者鲜。尝谓:"知余心者,外则胡司马,内则吾妻。"公殁时,胡襄懋公宗宪以大司马总督东南军务,愤公之丧其元于贼也,严趣诸将进兵斩获亡算,生擒贼渠宋宁,断其头函以祭公,谓:"丈夫志事,容有须形骸而后完者,而因贼中断,见此首级可以怒目矣。丈夫志事,有不与形骸而共死者,而因贼成忠褒表百代,见此首级可以瞑目矣。"又哭公诗有"十年慷慨共襟期"句,则公与司马夙昔所期许可知,岂其平生之言,淑人反无默契于心者?

先是公在江西,有以布馈者似葛而缜密,公摩挲^①良久,谓淑人曰:"若工剪裁,可分制两裼衣,为我二人异日合剑地。"淑人愕曰:"公言何为出此哉?"曰:"宇内升平久,民不知兵,自海寇起,吴越闽广几万里皆被荼毒,吾所辖境与相接,夫四郊多垒,彼马革裹尸者何人?吾与若欲长共此黻,佩以终其身,其可得邪?"语未既,淑人喟然叹曰:"公言及此,非儿女子所知也?敢不奉刀尺以从?"于时议练兵防御,会贼大举躏泰和界,江西动摇。公方宴会滕王阁得羽檄,即起举酒酹地,誓不与贼俱生。趋归易所,制裼衣仓皇出,淑人挽裾问之,第曰:"吾将行部耳。"乃疾驰至泰和,战而死。讣闻,淑人恸几绝。已虑当暑,郊原积尸不可辨识,急令持己衣物色得之,解所制裼衣捧而长号,以舌舐^②衣上血,食之几尽,已而悔之曰:"化碧者,非此邪?"曷藏以待,因留未尽血戒子妇毋湔澣^③,褚^④之家庙,世世宝之,即今曝于庭者是也。己之衣则服以入井,曰:"千百年后,有光怪从井出,其吾夫妇衣复合时乎。"

淑人刚毅性成,然逮下慈惠。业举子居敬矣,复为公置二室李、赵两孺人,举子居功、居业、居朝,恩抚之不殊己出。厥后,一门之内继淑人而起,有

①摩挲:见"摩挲"。摩挲:亦作"摩莎"、"摩挲"。抚摸。《释名·释姿容》:"摩挲,犹末杀也,手上下之言也。"

②舐:原文为"舐",同"舐"字。舔。

③湔澣:洗濯。[宋]司马光《答彭朝议书》:"不意时俗忘加虚名,如火附萤,如膏污衣,潜逃湔澣,不知所避。湔:洗。澣:同"浣"。

④褚:古同"储",贮藏。

祖姑、继姑及妇,同时苦节守志者三人,以奇烈殉夫死者二人焉。洪度获睹裳衣,复闻诸逸事,窃幸附名司马后有余荣焉,爰应骥驷请而书以赆之。

于鼎接太函家学,犹韩、柳之学,龙门此篇镌刻情事,又如张中丞传后叙、段太尉逸事状,即韩柳与龙门亦难辨矣,真太函后劲也。王阮亭师。

淑人逸事,半出曾大父士元公述祖言行录中兄子良《凤上复杂举所闻以供吾叔驱使》篇中。祖姑忠愍公侧室赵也,继姑居朝公继室徐也,妇嘉祚公配程也。奇烈二人,一知几公配蒋,一谦吉公配吴也。寒门节烈并藉以传,幸矣。廷玢。

一段烈出天性,一段能知公心,一段带叙樛木①之仁、遗风之远,疆界本自秩然,而错综变化,故乱其绪,尤得文家三昧。门人洪遵识。

程氏一门崇祀八节烈传

程门之以八节烈显,实自节母朱开其先云。朱出宋徽国文公后,世居歙之竭田。年十六适同邑槐塘程泰亨,泰亨宋丞相吉国文清公族裔也。幼复其先陇之见侵于人者,力不继,朱脱簪珥佐之。无何客粤东死,朱时年三十有三,念四子皆未成立,日夜仰天而祝曰:"安得儿长成,归我粤东旅榇哉!"长子尚信至性人也,闻母言默识于心,稍长即请于母,愿之粤东归父榇。及至粤,榇未举而尚信又殁。次尚安恸父兄皆早世,不忍以家计贻母忧也,业盐策而家大起。次尚仁举弘治甲子乡试,之粤东奉父兄两丧归葬,筮仕为华容县令。会大珰刘瑾索金,不予,忤瑾归。瑾败,复起知永兴县,以刚毅有守不畏强御闻。次尚伦授武德将军。四子奉母教,以文武忠孝起家,母皆及身亲见之。

尚信妇与姑同姓,当尚信之殁粤东也,昼不敢悲啼,恐增姑戚,强为愉色以博其欢心,则隐然内伤,抚遗孤一如姑之教诸子者教之。长子宏体母志,不忍与弟析箸,凡功缌之戚百口皆为给衣食,器用财贿贮之,公不以自私。以孙子鳌贵,诰赠中大夫。子鳌、弟子铎、子钺称同胞三进士云。

朱再传而有诸生璟夫者试留都不第,归郁郁成疾,其妇凌百计医治之,卒不起。抚犹子为嗣,既殡,阖户自经,媵救解。久之,防稍懈,复剉金珥屑吞之,吭裂肠堕以死,时嘉靖五年也。有司上其事,奉旨旌表。

自朱以迄,凌程门节烈于兹盖三世矣。其家声亦由兹而大,至汪恭人则

---

① 樛木:枝向下弯曲的树。樛:向下弯曲的树木。

节弥告而报弥厚焉。恭人赠中宪大夫宠妻也,宠卒,恭人年甚少,子方襁褓,教育之不少姑息。长赠文林郎大经以弟大宾才克修儒业也,己则贾盐策于浙,家渐饶益。程督其弟恐分其志,一切家秉身任之,夜篝灯以伺,闻读书声乃喜。寻遣入成均,夜梦神以弟试目告。及入乡会闱试,目皆与梦合,闻者惊叹以为孝友所感。次即大宾也,嘉靖丙辰进士,授吏部主事,历任广西副使、提督贵州学政。念恭人春秋高,乞终养,许之。家居讲学十二年,未尝旦夕离。恭人卒时年九十有二,于是守节者七十年,身所出登乡会榜者五十九人,设帨之辰,父子、祖孙、兄弟、叔侄一室簪缨,以次列阶下,递跪起称觞,仪容肃然,为介寿以来所未有。

嗣恭人而守节者,孙妇二人、从孙妇二人。

子诏妇黄之称未亡人也,时年二十有二,念舅姑在,不敢死,竭力养之,其守志也,声不出梱,足不逾阈,数十年如一日。邑令夏公表其闾曰"节孝"。孝廉子说娶于汪,吾宗宗孝公女弟也。子说殁,汪以青年守志,延名师课其子从伸,后以文章名世。汪通经史,精会计,而好行其德。尝归宁,见由槐塘至堨田大路久倾坏,欲修之。未由得其寻丈也,于肩舆中计舆人跬步默数之,凡步几何,知地若干丈,用若干缗,及功成,验之尺寸不爽。其他见义必为,务使人沾实惠类此。

子鎛继室汪早寡,以高节抚孤,闻于乡。

子鈇,万历丙戌进士,司理杭州,未考绩而卒,居官清介,杭人德之。卒之日,橐萧然也。继室吴食贫当户,性温恭而令严肃教。子从泽成立后,以明经登仕,风采克世其家。

论曰:将欲伸之,先故屈之,天道也。特质匪坚贞屈之,适以折之。故曰:"天主因一视其所受,何如耳?"以余观于节母朱,方其旅榇未归,拮据卒瘏以哺诸雏也。持坚贞一念,以为分所宜尔,而不知有他,岂知后此无穷之光焰①已潜伏星星,于灰寒烟烬之中,此盈虚消长,理之至常无足怪者。独是屈矣复伸,伸矣复屈,乃至郡邑节烈祠五世而八膺祀典。彼苍之心何独于程门?若是其眷眷也,是则非余所知也。说者曰:"美徽音之嗣者,必溯思娟思斋,其遗风远矣。家与国无二理也,岂不然哉?"

写八节烈,懿行不同,而生气则皆肖,至穿插至落变化脱换处,又何神似酷吏传也!曹浚原。

两提其纲,诸节烈分承其下,史家遗法也。苦节幽贞久而弥,耀笔补造

---

①焰:原文为"燄",同"爓"。爓:古同"焰",火苗。

岑山程氏三世女德传

明歙孝子程孝廉然，御史忠节公材之仲子也。未婚妻黄氏以烈著，继妻曹氏继之，子妇江氏以节著，曾孙妇吴氏继之，一门三世，女德茂焉。煌煌乎！与臣忠子孝争烈矣。不书忠孝，而书女德者何？忠孝事载国史，女德国史所不及载也，作《三世女德传》。

黄氏，歙富人黄某女，忠节闻其贤而智，聘为仲子然妇。正德初，忠节屡疏劾诸执政。时太监刘瑾、马永成、谷大用辈窃弄威柄，忠节劾其奸，会病卒，瑾憾未已追论前疏，矫旨徙其家。海内仍行原籍查取伊二子默、然，尽收之无脱，脱罪坐所司。然时甫十三龄，母方命其逃匿黄某家，曰："黄某，而妇翁也，可相依为命也。"已，然泣别归黄。黄某念家距城十里，脱露风声，祸将及己，乃阴与妇谋幽然别室中，已乘日未暮，诣所司密首。所司急呼役藏械系具，随某后星夜往捕。然然所聘妻，时年甫一四，当父母密谋时，已潜觉之，乘父出疾驰至别室，门闭，女排闼入，呼曰："公子祸至矣。"因告以故，然愕不知所为，女乃潜引至舍后门，指间道趋速亡，不然捕立至。然行不数武，女复呼至，尽解臂金及诸项饰赠，曰："持此可无忧旅食矣。"是时，月初上，仿佛辨路，女乃以目送。然去，退自念未为妇，私见且馈遗，皆越礼，何以见我父母？遂自经而死。然变姓名亡去，瑾败，奉檄还宥其家。又八年，举正德丙子乡试第四人。世宗即位，伏阙上书鸣父冤，诏赐祭葬予谥。一时称然孝子。然追念微黄此身何由脱？父冤何由白哉？乃请迎枢于黄，黄某弗许，然深憾之。

然兄默、从弟烈以次举于乡，而烈成进士，皆娶妇矣。然独矢不娶，常咨嗟而泪流，或知其不忘前烈也。曰："娶称继以存嫡，无乃不可乎？"然不应。一日，同里父执都御史曹公祥亦以继为讽，然正容对曰："继之一字，非然所愿闻也。"公微笑曰："予不忍忘前烈固也。无后为大，子独忍忘乎？"然微色动，公因命蹇修通己意，愿以己息女妻然为继室。兄默强之而后委禽焉。曹夫人念为继，恐伤女心，戒弗与知。保母有微泄其意者，女曰："是何伤哉？昔吾兄深甫释褐，即率同谱进士百余人撼瑾逆状疏于朝，奉旨罚跪午门五日，因羸成疾，今程公子以孝成忠，与吾门适相当也。得为之继，庸何伤？"及于归，循循自下克尽妇道。无何，然卒，无子，兄默以季子应会为然后。曹寻亦死，且死，执应会手嘱曰："嫡母柩不得归，而父毕生之憾，宜以衣冠招魂，与而父合葬，我死祔窆其右，墓门石第书曹氏二娘子，无书继室。继之一字，而父生不忍闻，死无违厥志矣。"

初，曹既立应会为后，喜曰："忠孝有遗体，吾可以死矣。"应会长而娶妇江氏，江同邑名门女，闻先世遗事，尝默识于心不忘。无何，应会卒，所生子甫十三龄，曰："天乎！幸而忠孝有遗体，宁忍其生而不玉于成乎？"迨天德娶妇生子，而后心稍慰也。无何，天德夫妇复相继逝，遗孤铨甫数龄，则又泣曰："天乎！既使忠孝有遗体，奈何壮而强者且弗保，更安冀此藐然者乎？"当是时，内鲜期功之亲，外鲜姻娅友朋之助，老稚伶俜，形影相吊，洴澼①织纴以易，饔飧不给，并日而食以为常，独从师取友，必竭力尊崇。迨铨学成而名立，江仰天谢曰："今而后可见吾先姑地下矣。"年八十有九卒，守节四十有八年。

铨配吴氏，勤劳恪谨，能代祖姑理家秉，俾铨专心向学。铨游成均入棘弗售，遂弃经生业，留心经世实学，所著《鹾政全书》，两淮奉为科律。因以盐策起家，性好结纳。吴脱簪珥以佐客馈，喜解纷急难，屡散千金。多吴赞襄之力，年未五十而殁，孤浚方弱冠，吴所以训迪督课之者，一本祖姑遗法。有孤侄痘几殆，不惜己资，力为医治，俾延其嗣。塾师贫不能应举，解槖劝驾，因以获隽。邑中以小罪滞狱者多人，每岁终，悉为纳锾释出。或曰："母之教子与祖姑同，而所为之丰俭，何若是悬殊哉？"曰："彼一时也，欲为而志弗逮。此一时也，力可为则为之，吾亦犹行祖姑之志耳。使祖姑今日而在，安知不什伯于兹者乎？"浚举康熙丙辰进士，官中书舍人，陈情终养，六年始卒，年八十有二。后浚官士名府知府，廉明正直，有祖风。孙蓬攀暨诸曾元，联翩继起，蔚为大宗。人谓上延忠孝之泽，下开奕祀之祥，吴与祖姑之功同伟矣，黄、曹徽音为克嗣云。

赞曰：智脱人于危，犹秉礼以捐躯，继甘居人后，犹退让而不居，不谓一年仅十四龄，一身为贵戚姝也。又况一线之蔓，绵瓜瓞于垂绝之余，实赖两世八十之母相嗣续以勤劬者耶？清淑之气，婉嫟扶舆。呜呼！洵萃尔一家矣夫。

黄、曹两夫人懿行，先生近得事实于太守，犹子蕴山笥中泚笔成此，太守见而深感之，请以江、吴两夫人传补入。黄之达权守礼，曹之谦卑善下，江、吴之抚孤勤苦，生气皆能曲，曲传出至前后，皆以忠孝作线，识高法老。吴

---

①洴澼：漂洗（丝绵）。

桐阜。

日暮月上，为时无几，而事遂可。千古又一生，不忘夫志，尽露于临决片言，所谓一时可作百年人者，此也。两世抚孤，年皆逾八十，而一念不渝，所谓百年如一日者，此也。皆可为吾儒制行砥躬之准，不仅增光家乘而已。昆生识。

二贞女传

《礼》：女子未庙见①前，皆不成为妇，则未成妇而从夫死，非礼也。吾友黄白山则谓："宜与士未仕而为君死者等，援孔子仁夷齐为据。"其言奇，而法可以砥砺末俗。吾独谓：死易节难耳，人岂无激于一时义愤，不难舍生而取义者。至于节则虽迫于义，而实本乎情，既为妇者所为也。若未成妇矣，情与义两何所处哉？故女而死者容有之，女而节也盖寥寥已。适吾友程子途远以其乡二女事书以示余，一蒋出而许字槐塘，一出槐塘而许字于蒋，皆未成妇而能守贞者。余异之，作《二贞女传》。

贞女蒋，蒋村人，槐塘程继濂未婚妻也。继濂既议婚于蒋，从其父贾长沙，女父母待之十余年，音耗无一至也。欲改字女而潜与妁媒，女觉之，长跪请于父母，矢以死待，遂不能强。复待之十余年，终不至，女郁郁成疾以死。未死时，父延医来视，女坚拒之。及父欲诊其脉，亦内手不出，诘其故，曰："儿未适人，此手岂可为人执邪？"既殁，殡之室，室裂焉；葬之山，山裂焉。

越七十年，夫之族有女亦以贞特闻。槐塘贞女程，幼许字竭田蒋氏子，未婚而蒋氏子殁，女闻讣，临丧哭奠，归即自经，母救得解，屡劝之。对曰："母欲儿姑缓死，必坐卧小楼，悬绳以通食饮，然后可。"母从之，居楼中，足不履地，手织纴以赡饔飧。二十八年中，惟闻姑病，一往视汤药，姑病愈即返。死之日，戚属登其楼，见几席宁缺陷而不令修也，所坐具宁倾攲而不令整也，无不凄然，已无不悚然起敬者。于是乡先达衣冠张盖鼓乐亲送其柩于蒋，蒋亦率绅士出里门数里外迎之归，与夫合葬焉。已复与继濂未婚妻同奉主入节烈祠，有司春秋崇祀。

论曰：余尝稽载籍，见妇有愤强暴之牵其臂引刀而自断者矣，士有终老海滨木槲为之穿者矣，岂非充夷齐不降不辱之心，以至义之尽者耶？特不知

---

① 庙见：称新妇首次拜谒祖庙为庙见。[宋]梅尧臣《闰正月二日夜张氏纳妇》诗："环佩遥闻出，当修庙见仪。"[明]顾起元《客座赘语·礼制》："按：家礼，于第三日庙见，见舅姑第四日。"

屡然弱植，目不知书，何所见而亦臻此也？甚至一乡之中，一见不已，至于再见。呜呼！德必有邻，虽比烈西山何多让焉？

庐陵衣钵，当于神髓中求之，若第论其苍凉、疏秀，犹属皮相耳。潜邨。

只各叙其一事，遂使生平大节全体呈露，前后借夷齐立论，尤觉顾盼多姿。途远识。

凌氏一门忠义孝烈传

凌公讳駉，字龙翰，歙沙溪人。慷慨负大志，于凡子史、象纬、舆地、韬略、奇门、玉帐诸书，靡弗淹贯。崇祯丙子举于乡，仪部郎恶其策语多触时忌，第摘其语为杜撰，而不知出《白虎通》也，竟落籍。宗伯王锡衮上其事，得赐复。癸未举南宫，甲申正月，闯贼李自成犯太原，授公职方司主事，赞理督辅李建泰军事。建泰之出师也，上授以节钺，仿古推毂礼，亲赐卮酒，既行目送之。是日大风，督辅舆杠折，不数里晋阳、晋宁、两河、云中、上党俱陷，一军惊溃，督辅束手无策，欲南行避之。公折一矢，誓曰："有临难苟免者，如此矢。"众莫敢言。三月抵保定，贼应内起，外贼从东门入，公拔佩刀格斗杀数人，势不能支，贼执公，诱之降，公且绐且走，跃道旁罾①井中，不得死，贼曳出之，公怒詈贼，贼挥刀伤臂侵脑，昏仆于地，贼复射四矢，一贯喉，视公果死，舍之去。赖城旁大悲寺僧观吾负公入寺，经宿苏，已舆载入德州。闻上殉社稷，公哭之恸，复乘舟至临清主王守仕家。守仕，商贾中大侠也，所交多猛士，感公义愤然，集众数百人从公，遂盟之。更与阴结故工部主事于廷跃、户部主事何敦季、副总兵官王国栋、凌岳、汪有泽及樊林、丘之隆等二百人同举义，会伪州官刘师曾坐堂上，隶厮持杖列左右，集其党千人唱筹发粟，公令尽荷担挈橐藏短刃，杂为领粟之兵，簇至州前，樊林等二百人止于门，公左手挈橐，右手荷担入门，守仕、国栋从及阶。公忽投担橐直上，拔刃拍案，大呼："天兵至，斩伪州官。"门外二百人尽拔刃突入，贼党咸震怖，伏地叩头请死。公大书"奉命讨贼"示于门，枭伪州官首门上，随传伪防御使斩于市，而临清平。遂乘胜委官援剿东昌，东昌下伪将军郭升挟贼数万据临淄，公计诱之出，伏兵起斩贼数万，降贼数千，升西遁，自是驰檄德州、津海、登州、单县、历下、莱州、青州，悉下。又诸寨闻风来者，东昌、高唐、束鹿、新河、深州、馆陶、新集，一时响应，盖东至于登青，南至于桃宿，西至于卫漳，北至于顺庐，尽恢

① 罾：枯竭。

复焉。七月,督师史公可法移书慰劳,始知润生从旁观之,作诗曰:"鞠旅陈师誓大川,时乎不利怅徒然。毡帏仰卧身长啸,叱驭青虹上问天。"公和诗,有"自古文山能有几,不如杖节学平原"之句。慷慨曼声而歌,歌罢各书衣襟上,南向拜毕,公缢。润生抱公安氍毹①上,旋以公绳自缢而死。

公之子嘉恪,字龡②,三侧室时出也。甫一岁,国变公殁。自公贵后,即驰驱王事,太夫人伍氏苦节三十五年,未得归拜堂下,嘉恪生亦未之见也。新安数罹兵燹,家徒四壁立,时侍夫人殷纤绩易米,育嘉恪于凶荒之岁。稍长,教以诗书,为文章倾辈流,或劝就试。则曰:"吾家读书种,不忍自吾而斩,若藉是以博青紫,非嘉恪所敢闻。"盖始终不忘父志。以孝称于乡,年三十卒。

嘉恪生而未识父面也,遍谒诸父执问公生平所为状,退而笔之书。执友中有孝廉吴公琬玉者,见其有父风,因以女字之,即吴媛也。媛婉娩温恭,读书知大义,及笄归嘉恪时,两姑在堂,虽家贫窭,一菽一水必诚敬以博欢心。每鸡未鸣时即起,负担汲于井,恐稍迟有邻妇见也,故晨炊尝在天未明时,而嘉恪诵读常至夜分不休,则执麻枲缉纫其旁,一灯相伴。两姑尝叹曰:"计新妇每夜就枕时,应无片晷③矣。"嘉恪弱不胜衣,以发愤故,久而成疾。媛恐伤姑心,侍侧时常带欢颜,不令知夫之有疾,退则背人焚香吁天④,愿以身代,刲臂肉和羹以进。而卒不起也,绝粒七日,誓以死从。姑百端慰藉,忽一日含笑整妆⑤,示无他意,入室雉经而殁。郡邑上其事于朝,得奉旨旌表。

论曰:鼎革之际,吾郡以烈殉社稷者三人,休宁则简讨汪公、修撰金公,吾歙则公也。从汪公死有三夫人,从金公死有江天一。同心赴难,节炳丹青。说者谓:"德必有邻,信矣。"夫而不图义以助报国之忠,烈以成藐孤之孝,如之四人者,不尤古今希觏哉!然吾观四人所为,皆情发于中,独行其志,得其一亦足奠纲维、扶名教,而况萃于一门。呜呼!盛矣。

鲍更昔为御史,传万言不觉其多,今余乞汪子合传,精练不觉其少,可悟文家繁简法。吴山立。

---

① 氍毹:同"氍毺"。毛织的地毯,旧时演戏多用来铺在地上或台上,因此常用"氍毺"或"红氍毺"代称舞台。

② 龡:同"胤"。

③ 片晷:犹片刻。晷:日晷,测日的仪器,借指时间。[清]方文《石桥怀与治》诗:"经旬甫一过,言笑无片晷。"

④ 吁天:呼天诉苦。吁:原文为"籲",同"吁"。为某种要求而呼喊。

⑤ 妆:原文为"粧",同"妆"。

书耿夫人死难事后

明崇祯甲申三月之变，帝、后同殉社稷，在朝诸臣夫妇死者若而人，简讨汪公伟及继妻耿夫人之死为尤烈云。《国变录》载：公知京城将危，誓为厉鬼杀贼。夫人耿氏曰："妾则请从。"十九日城破，夫人执榼承饮，请公酌毕，互拜起，公缢于右，夫人缢于左。夫人既引颈，忽顾曰："虽颠沛，不可失夫妇之序。"乃解帛易左右位，缢以死。天下至今传述无异辞。公休宁人，夫人出歙河西耿氏。公死后，休宁绅士立祠城东，春秋奉祀，已念未与学宫俎豆，于康熙二十八年奉公主入乡贤祠，而征诗文以告公。余因得读太仓张公采《曾公五典》所为纪事述略，与《国变录》小异，其言曰："三月十七日，贼薄都城。十八日将晡，公呼一老班役素恩信者，携四岁儿及橐中所有，属之曰：'贼破城，我当死以是累若。'班役泣诺，随挈四岁儿去。十九日黎明，呼侄起，示以贼焰急，旋促夫人耿氏就妆，夫人肃然整衣裳请命。公曰：'日者与若所期，在此刻矣。'耿唯唯退。公曰：'止遽死，且莫辨。'乃书其襟及带，曰：'翰林院简讨汪伟妻。'耿氏属曰：'其加绖。'耿唯唯退。俄报夫人入室死。公视侄微哂曰：'吾妇能成吾志，得死所矣。'复绐侄觅他室匿之，侄出，公阖户自经。侄归启视，壁间大书：'崇祯十七年三月十九日，城陷，东宫讲官汪伟同继室耿氏死节。'末书：'身不可辱，志不可降，夫妻同死，节义成双，新安汪伟绝笔。'"

按：张与公同谱，曾为公癸未礼闱所得士，其言信而有征，独不及易左易右事，岂好事者嘉其烈，因为文饰，见夫人晓大义，且能从容致命钦？余观公语夫人"日者所期，正在此刻"，非不晓大义者；观夫人两受命皆唯唯退，非不能从容者，此与悬帛时不失男女左右之序者相若，未可以是分优劣也。假令夫人须臾无死，与公同时毕命，或仓卒悬帛误居公左，吾知夫人必易左而居右也。何也？能舍命以报君，必不逾礼而居夫左，三纲位定，其义一也。此虽好事者逆揣之辞，要实公与夫人必至之理，倘必以是分优劣，是泥迹而不原心，乌足与道古。

易左右位之说，久播寰区，无非著其讲明有素，临难从容耳。从此勘破议论，雄肆可称，无碍辨才。紫沧。

此事当以此为定论，举今人所纷纷称述者，顿如锦江浣濯，空鲜异常。苕洲。

书新安贾妻妾事①

明末，有新安贾业屠沽京城，妻妾与俱。甲申春，闯贼薄都门，所过残戮，妇女不免，贾忧之。谓妻妾曰："我死奈若何？"妻曰："君无忧，我两人已熟筹之，脱不幸，必先死君前，以明吾两人之不辱君也。"指一酒瓶曰："已置鸩其中，事急饮此矣。"城陷，贾匿梁上，见两贼挟刃入室中，止二少妇。一贼先抱持妾，妻乘间引瓶注酒觥中，自饮。贼方嬉笑，因调之曰："盍与我共醉乎？"妾遽往夺其瓶，笑责妻，自取两巨觥满引，次第奉贼为寿，己亦引觥作微饮状，徐入内取琵琶出弹，以侑酒掩抑，凄恻如不胜情，贼为之心荡。其一贼饮立尽，一贼饮及半而止。俄而饮者皆仆，饮及半者见同伴仆，疑之，怒辗转起，拔所佩刃，刃将出，妾夺其柄相持良久。贾从梁跃下，持屠刀刺贼喉，毙之。先是，人有言羊血可解鸩者，妾忆及，谓贾曰："嫡殆矣，曷试诸？"贾急刲羊灌妻，已断两贼首，沉诸后河，衣尸以己敝衣，与妾舁而横置门内，贼后至者见之不复入，竟得免。妻饮血旋苏，以鸩未深也。事平，人过垆头，饮者相诧，叹谓："非妾智过人，不至此。"及问知妻死复苏状，则又群叹其烈。呜呼！矢死以坚其志，临机以济其变，皆能处猝以暇，然非经丧乱，大智奇烈奚从而见之？乃独见于阛阓间异哉！

叙饮时春和景丽，叙险处浪骇涛惊，洵写生妙手。赵恒夫。

"匿梁上……从梁跃下"，中间一段皆贾目中所见，此镜中取影法；"刺贼喉毙之"下用"先是"二字作转，此水穷云起法。信笔直书不自知，其法来赴我矣。俞觐文。

谢烈妇传

谢烈妇，祁门诸生天恩元配②也。姓方氏，讳月容，字素玉。方世有军功，为歙大族。生而颖慧，读书过目成诵，工诗文。有至性，尝两刲臂疗父母疾，以孝称。幼许字生，生大父存仁一岁而孤，母汪太夫人忍死抚之，以进士历官兵部尚书，有社稷功，归本母教，天子以节旌其闾。父庭椿，出为从父相国存位，后由口北道擢监团营军；母游封夫人，晚居广平。崇祯甲申，闻变，

---

① 该篇前面有卷端和落款"新安女史征（歙 汪洪度 著）"。

② 元配：始娶的正妻。

夫妇投缳死。生依兄天荣，天荣为浙[①]西兵备道，城陷遁去。

生子身归，寻旧盟，赘于方。时年十四，稺[②]朴未谙人事，虽同卧起，犹兄弟也。方夜必籝灯佐读，爱敬无间。越数年，始成昏礼[③]。方之兄继贵忍人[④]也，谓世安得此戆[⑤]儿，且门第中衰，妹姿容绝世，计诱之改适，遂多方谋所以中生。方觉之，继贵惧滋，欲杀之甚。会有伪印札事发，阴令人以生名窜逆案中，逮讯直使者，生倔强不少屈，几毙极刑。

初，生被逮时，方有身数月矣。继贵伪以生凶问至，方念既有身不可骤死，拔利刃剜出左目，以矢无他念已[⑥]。兄鸷，忍即幸生男，恐弗免，适有比邻汪氏妇免身生女，欲弗举。越三日为顺治甲午夏五月十七日，方免身生男，密令保母向汪通其意，许之潜以女易儿去。继贵从外来发禠[⑦]，见女掷于地，践而毙之。方抱女尸恸，几绝，私念："儿幸得所如，天未忍绝忠烈祠，或异日儿归有期，吾乃今可以死矣。"作绝命诗四章，中有"雏凤玉冰，青史白日"句。不食十四日死，时顺治甲午六月某日也，年二十耳。

生系狱久之无验，赖义仆刘子成昧死控制府[⑧]白其冤。制府悉前后诬罔情，释之归。生知妻女俱亡，不复问外家，浪游楚越十余年。继贵以他事罹法，非命死。生后从保母得诗，泣而和之，不知中藏廋语[⑨]。又传闻某易婴事，心动，绎前诗，始悟"雏凤"实有指，而言玉冰则析汪之合体也。乃大恸，矢觅儿归，间关万里，越数十年卒不得，郁郁成疾以殁。先是，生虑先泽斩然，复娶妇生子名善信，痛母烈未扬、父志未遂，乞余传其事，将广布之，冀与其兄遇焉。

赞曰：余读方绝命诗至"青史白日"句，掩卷而惊曰："妇也，乃有志名垂青史哉！"彼身且不惜，何有于名？闻其风可以愧矣。然从来有志者，天必成

---

①浙：同"浙"。

②稺：同"稚"。

③昏礼：婚娶之礼。古时于黄昏举行，故称。古代昏礼有六：纳采、问名、纳吉、纳征、请期、亲迎。《墨子·非儒下》："昏礼威仪，如承祭祀。"《礼记·郊特牲》："夫昏礼万世之始也，取于异姓，所以附远厚亲也。"[宋]王谠《唐语林·方正》："伺璟家有昏礼，将刺杀之。"[清]魏源《默觚下·治篇五》："媵娣侄于昏礼，登孙尸于祭祀。"

④忍人：此谓残忍之人。

⑤戆：愚蠢（侧重于迂直、不知变通）；憨厚而刚直。

⑥此处原文为"已念"，根据文意应为"念已"。

⑦禠：婴儿的包被。

⑧制府：宋代的安抚使、制置使，明清两代的总督，均尊称为"制府"。

⑨廋语：即廋辞，隐语。廋：原文为"庚"，应是"廋"。隐藏，藏匿。

之,何寂寂也？闻所易儿久变姓名,致身通显矣。其父访求几得,惜无人焉通之,遂使方目至今未瞑。呜呼！天岂不欲成之乎？抑尚有待耶？

附方绝命诗

平生摧折已多年,至死从君不二天。
安得倩将青鸟去,便刳丹血写文笺①。

生憎骨肉虎狼横,挤②却良缘断此生。
若使苍天还有耳,难闻午夜杜鹃声③。

樊笼摧翮一鸾单,雏凤分飞顾影寒。
心逐玉冰君不见,何年回首月中看④。

君家忠孝久相传,千古声名志欲坚。
青史但能留白日,红颜何惜掩黄泉⑤。

奇人奇事非藉奇文不传,文道洁精警,不落唐人小说蹊径,真得班马三昧。四诗音节近古,无脂粉气。许玉载。

淳安县重建烈妇祠碑

烈妇姓叶氏,歙县人,洪志达妻也,生同庚。顺治乙酉,歙四郊未靖,叶从志达避乱邻邑淳安梓桐源侨石岭对河之郑家村以居。明年春二月,忽传兵下青溪矣。俄又传有数游骑逾蜀岭,且旦夕至矣。志达夫妇随居民奔窜,已而游骑果至,见道旁藩溷⑥,疑有人,下马索之,积薪下一妇人匿焉,年少貌奇丽则叶也,争狎而迫之。志达素膂力绝人,见之眦尽裂,突拳一兵背,痛仆

---

① 原注:"一。"
② 挤:舍弃。
③ 原注:"二。"
④ 原注:"三。"
⑤ 原注:"四。"
⑥ 藩溷:篱笆和厕所。《晋书·文苑传·左思》:"复欲赋三都……遂构思十年,门庭藩溷皆着笔纸,遇得一句,即便疏之。"

地,众拔刃并进,志达大吼,奋两拳格之,连击数人,递起递仆,恚①愈甚,则挽弓齐射,志达中数流矢贯睛及颅而死。叶抱尸大恸,群掖之上马,叶比欲死而不得间也。勉乘马渡水过石岭,见岭上高岩峭壁数十仞,下有潭深叵测,忽从马上奋身倒掷入潭中,诸骑相顾失色,吐舌良久,见没不起,知已死,乃去。时丙戌春二月一日也,年十有七。后五日,尸浮水上,容色如生。居民有识者曰:"涸旁被流矢死,即其夫也。"第未悉其姓氏,为并覆以浅土,建亭其上。

越数月,叶见梦其家人,告以己靖节处,家人惊寤②,如所言偕众往,果得尸于潭石上,容色不变如初娶,观数百人,一时远近乡邻咸惊叹其为烈也,因敛而归葬之。嗣后,每月明风定,行人见叶衣绯衣,飘飘若神仙,数往来崖畔。又惊叹以为神,里有水旱、疾病、灾沴,悉祷之,屡著灵异。于是乡先达徐君蜀首倡建祠,为文勒石崖侧,又合徐、卢两姓绅士上其事,郡邑大夫列名志乘。歆有侍御胡公德迈者,志达其母党兄弟也,岁己丑舟过淳安,访求遗迹,绅士徐君常言康熙乙酉水涨暴发时,碑为巨石所断,祠亦毁,乡人拟复建祠,因乞侍御大书勒石,以风境内。侍御敬诺,属友汪洪度记其事,并为侑神辞以授升歌者。洪度既为记,复为辞曰:

丝萝方幸成连理,风鹤无端动地起。负戴相将别乡里,远引聊同鸿雁徙。危机早触鸳鸯趾,文采襹褷③堕潭水。潭水空明深见底,崖上香蕣杂芳芷。洁清不染纤尘滓,澡身浴德无过此。贞魂允合依清沚,夫壻④鬖鬖⑤伟男子。能挽天河斫⑥云垒,惜哉膂力无人使。身作鬼雄发犹指,侬心不愿为厉鬼。愿化和风作甘雨,沾洒田畴足穈芑⑦。长驱猛蛟走毒虺⑧,物无疵疠⑨人燕喜⑩。鼓鼙无自惊双耳,夫耕妇织同老死。萍蓬永不离桑梓,布泽一方既勤止。还驾苍虬骖赤鲤,朝游汤谷夕蒙汜。逝将一木支天圮,扶植三纲同一轨。此邦之人荷神祉,击鼓吹笙崇报祀。一盏寒泉荐甘旨,胡不少留驻灵

· 175 ·

---

① 恚:恨,怒。

② 惊寤:受惊动而醒来。寤:睡醒。

③ 襹褷:也作"離褷"、"离褷"。羽毛初生的样子。

④ 壻:古同"婿"。夫壻:亦作"夫婿";丈夫。

⑤ 鬖鬖:须发稀疏貌。

⑥ 斫:大锄。引申为用刀、斧等砍。

⑦ 穈:谷的一种。芑:原文为"芑","芑"的异体字。粱、黍一类的农作物。

⑧ 虺:古书上说的一种毒蛇。

⑨ 疵疠:亦作"疵厉"。灾害疫病;灾变。

⑩ 燕喜:(参见宴喜)宴饮喜乐。

几。溪山星月多清美，夜静如闻奏宫征。环佩珊珊声渐迩，佑我民无间终始。

楮里行间，隐然有一天仙化人在，而以雷霆冰雪出之，信命世之笔力也。后辞得九歌之髓，不屑袭其痕，尤觉灵气惝恍。学士仇兆鳌篆额并识。

雄深雅健如此，后人安得以伪古自命？此真西京法物耳。幼闻母党奇烈，思表章者有年，顷归里门得此杰构①，实获我心矣。侍御胡德迈书丹并识。

旌表孝烈王门叶氏墓表

康熙辛酉秋七月有诏，旌歙县民王则荣妻叶氏，表其门曰"孝烈"，令有司致奠。越二年，则荣枢粤西归，与"孝烈"合葬村北之岩下坞口。则荣父文学前泣，请于余曰："儿妇不幸，辱学宪洪公谥曰'孝烈'，并为立传，因得上闻。柱史许公复志而铭之矣。然旌表之夕，儿妇见梦曰：'汪君传我，盖君字也。'今墓门之石，将藉君言，为众敢以请。"余时馆其乡学宪家，与"孝烈"所居为邻，凡"孝烈"生艰难死从容状，闻之稔矣。其敢以不文辞。按：

孝烈出歙西岩镇叶氏，年十六归则荣。则荣父读儒书，家事悉委则荣，服贾数年，赀尽耗。孝烈惧失二人欢，晓夜操作，极人世所难无敢避。舅姑怜之，益归咎则荣。则荣归，遂令析居。孝烈度则荣家食益难，则解笥中嫁时服饰尽鬻以资行李，趣行贾，于是则荣复浮江湖至粤西贾焉。孝烈别居子舍，纴绩浣繲洮易甘毳，以奉堂上，己则累日爨烟弗举以为常。无何粤西讣至，孝烈踉跄还子舍，就内湢盥沐毕已，尽纫其里衣，为位西向哭曰："天乎！吾讵知有今日，恨昔者趣夫行也。吾终不令夫得独死。"遂勺水不入口，姑慰劳之，对曰："妇不能终养姑矣。姑羸弱，幸自爱。"叔姒拜床下，涕泣劝留，则以堂上晨昏为托。一时深闺邃阁②闻其烈，递遣女侍相存问，见孝烈胸覆古镜，两手抚弄木桃，馨香盈袖，神色不变，娓娓谢诸存问者，存问者人人感动，若非心铁石者钦！何貌昳丽③、语柔婉如斯？饿十有四日死。死后或驰尺书

---

① 杰构：佳作。《四库全书总目·别集九·简斋集》："初，与义尝作《墨梅》诗，见知于徽宗；其后又以'客子光阴诗卷里，杏花消息雨声中'句为高宗所赏，遂驯至执政，在南渡诗人之中最为显达，然皆非其杰构。"

② 阁：用同"阁"，特指女子的卧房。

③ 昳丽：光艳美丽。《战国策·齐策一》："邹忌修八尺有余，身体昳丽。"鲍彪注："昳，徒结切，日侧也。故有光艳意。"[清]纳兰性德《拟古》诗之四十："神采照殿廷，至尊叹昳丽。"

至文学,启视则孝烈手书寄粤西,夫殁复邮返者,勉夫一念蕲报亲恩,自无复蹈前辙,兼属蛮烟瘴雨起居宜慎,无一语及其私。文学乃大恸,遍持示人,无弗咨嗟感叹“孝烈”之名,由是传播遐迩。

初,则荣之入粤也,孝烈执其袂,谓曰:“勉矣,丈夫不以一眚自弃,苟竭力懋迁,虽天心可回。矧生我者,盖冀夫雪丧赀之耻,以全其孝慈。”此初意也,不谓趣之行,适以速之死也。天心其果无知矣,非徒无以谢逝者,并无以自解于堂上矣。绝粒捐躯,所为不待再计决乎?乃孝烈死,督抚大吏上其事,天子为之动容。家有赐,闾有表,又旅榇天涯以素不相识之吴翁为之经纪其丧,由江涉汉扶归故山。夫足不出闺,名达九重,身死无依,骨归万里,此天下至难,今一诚格之无难焉。不宁惟是,则荣一绳枢之子耳,一旦名显当时,垂后世且世传某某有妇如是,为舅姑者亦与有荣焉。其与获锱铢以归,以养口体为孝,以无责备为慈,果孰多也?然则天心非果无知也,劝一以风百,理固然也。过其墓者,处人伦之常,无论己不幸而值其变,而知无不可回之天心,其亦可憬然悟矣夫。

叙事详赡[1]而顿挫,议论雄伟而中正,兼孟坚、永叔之长。洪谷一。

文中吴翁,即先伯兆祥公也。翁与王素非亲故,居楚时闻此烈,至粤西亲扶其枢归,远近高翁义,翁谢曰:“烈所感也,我何与焉?”文从此立论,大有关系,激劝世风不浅。吴玉孚。

许节母传

节母汪,歙潜口人,性刚有志操,遇事无巨细,能不动声色处之裕如。幼失怙,依节母以居,能分理家务。及笄,适潭渡许翁懋华,家故饶,寻中落,翁以寝门视膳,岁时宾祭,母一身任之有余。乃挟策游淮扬,理故业,未几客死。母年仅二十有五,闻讣即不欲生,顾姑年暮,怀中儿甫三龄,乃不敢死。当是时,故乡寇盗充斥,居民多奔窜,母茕茕一身,抚孤儿泣曰:“吾何恃而见若之成立耶?”母兄更庵公义侠人也,同心教育,孤卒赖以成立。无何孤又卒,则抚两孤孙当户六十六年。

盖母幼时,即通经史,知大义,居恒谓:“人生根本莫大于丘墓封树,家门

----

① 详赡:详细丰富;详细充实。[宋]陆游《施司谏注东坡诗序》:“近世有蜀人任渊,尝注宋子京、黄鲁直、陈无己三家诗,颇称详赡。”《明史·文苑传三·王慎中》:“壮年废弃,益肆力古文,演迤详赡,卓然成家,与顺之齐名。”

急务莫大于税粮输公。"祖墓数百年荫木,族中有谋伐售者,母闻知急捐赀赎还,俾世世永保。高曾以下丘陇,有税无田,岁久难稽,则为清丈亩、定税额,按候上输。烝尝俎豆,皆取办母一人手。顾性鲠直①,最重礼法,不特自己出者,督责维严,他如姻党戚属中一言动稍踰越,必正言厉色使之改辙更弦,无少宽假。一时聆其声,多引避去。及接其容,靡不肃然起敬。然心无城府,事过即忘,凡意所欲为即明白指陈,故人亦乐为之役。尤好施予,虽拮据,必减膳以济人,岁歉则以粟,冬寒则以薪,以缓急来告,未尝不应。下逮臧获,一味之甘必分给,不以自私。每女红,暇命内外子妇、女孙列坐,为讲说古列女节孝贤明事。课子若孙未入塾时,经书皆口授成诵。入塾归,日有稽,月有程,毋令荒废,教以义方,非端人正士不令相接也。综理家政,早夜会计,或偶有遗忘,虽已寝必呼家人急起,秉烛处分而后即安。其孙士僎②炎每为余言之,犹涕泣不能止。岁乙巳曾构危疾,几不起,孤适远游,妇割臂肉和羹进,病获疗,年九十一无疾而终。乡党称妇孝,皆母节所致云。

论曰:余观古今节妇,性严厉,几不可近者,十人而九。夫柔顺者妇之德,此论其常耳。不幸而值人伦之变,稍委蛇而克全其操者寡矣。或者以贞自守有余。任艰巨不足,大节无亏,要亦人世不多觏③也。若赋性既坚贞,且能扶危定倾开基垂统,即须眉中有几人哉?余以是益叹母之贤为不可及。已闻其乡有神降于乩,嘉母节而卜其门必大,此其说近怪,儒者雅弗道,然从来严气正性往往幽能格神鬼,太岳之裔后必浸昌。母德贻留,理之至常。呜呼! 何怪之有?

许两生髫年从余潭滨书馆,恪守幼仪,知实本于母教。又见从来尊师未有如母之隆重者,故余知之特详。今读此文,言言撝实,即续入古贤母传,与日月争光可也。施虹玉。

叙闾范懿行全从零碎,错落处用笔生气勃勃,能令千载下读之,犹凛然神悚。梓琴。

柏 颂

柏,木尔,奚为颂?颂人也。然则奚为不颂人而颂木,木与人不同而节

---

① 鲠直:同"梗直""耿直"。

② 僎:古同"俊"。

③ 觏:遇见。

同也。节同者何？程氏盖有节母矣，其姓鲍，其母妊时梦中见有神人者，以一枝授之，曰："此瑶枝也，可善护之。"谛视①其枝，则翠然柏也。及瘝而母生，因以瑶枝命之也。

母生有异质，耐劳苦，性不喜近梦华。及笄，归程太学家蔚，太学读书，雅不善治生。凡饔飧膏火，悉取办母十指所出。寒宵雨雪常持刀尺伴诵读，久之渐通文义。太学诵诗至《柏舟》篇，母见柏字而心动也。叩其义，为释之，乃废刀尺叹曰："嗟乎！为妇当如是矣。"阅数年，太学殁，比欲以身殉，而无如此，藐孤者何也？强起抚之，极人世艰辛，无弗历心，固甘之。族有宵人利母之再适也，丐媒百计诱之，母指庭前枯柏树矢之曰："柏可靡，吾志终不可夺。"当是时，柏叶已尽枯矣。人以为百千年物，未忍遽加斧斤。忽一夕雷雨过，萌蘖生焉。戚里惊哗，以为母节所感，宵人由是寝其谋。

时两孤长秀、长康皆在襁褓，稍长恂恂然奉母训惟谨。会母疾，疾几殆，医弗能治，长康恸母苦节一生而不获报也，谋之兄同中夜吁天，愿以身代。己刲臂肉和药进，母饮之，疾顿愈，年至大耋。

先是，一室中仅母子三人耳，称觞日身所出者几百余人，郡邑大夫以迄荐绅三老，车马声填里巷，群望柏下以趋见，向之萌蘖生者，至是繁阴满庭焉。曰奇哉，柏也。于是，郡大夫张公大书"柏节"旌其门。母年过八十，一日晨起朗吟《柏舟》诗数过，吟罢匡坐②而逝。距今未三十年，子姓衣冠文物之盛，几甲一乡。其孙浩之、洲，曾孙锡鳌、青桂，余友也。念母节虽载郡邑志，而逸事未详，笔之家乘以示洪度，属为颂。颂曰：

彼柏也木，天生使独。匪死复生，其心谁暴？彼柏也人，能甘苦辛。匪雪加霜，其志曷伸？木耶人耶，节则不二。吐馥流芬，同苍共翠。蝼蚁暂容，鸾凤终栖。于万斯年，令名永齐。

颂柏处皆是颂人，颂人处皆是颂柏，却一毫不失宾主意，此史欧③不传之秘也。运笔简雅，我先姑生气，令读者如目击矣。鲍虞师。

借木颂人是诗家六义之比，余伯母毕生矢志，后嗣克昌，今得名笔敷扬，

---

① 谛视：仔细察看。[唐]韩愈《落齿》诗："人言齿之豁，左右惊谛视。"

② 匡坐：正坐。《庄子·让王》："原宪居鲁，环堵之室，茨以生草；蓬户不完，桑以为枢；而瓮牖二室，褐以为塞；上漏下湿，匡坐而弦。"《南史·王思远传》："王思远终日匡坐，不妄言笑。"[清]曹溶《答顾宁人》诗："艰辛戈戟间，匡坐说苍昊。"

③ 欧：古同"讴"，歌唱。

柏何幸哉！会当与蜀相祠前共蟠郁①天壤间耳，若笔致孤骞高古，肃穆自足配刘中垒外编文字。程翼识。②

绿衣女墓碑

绿衣女不知姓氏，盖徽郡人，为贼唐士奇所掠，不屈死者。顺治己亥夏，江南提督征诸郡兵御海，士奇为徽营千总，奉召至姑孰，闻海势迫逃回，乌合无赖万余人为盗，蹂诸村镇，妇女多被掠。贼退，潭滨老农见有绿浮道左，谛视之，一衣绿女子也。年将及笄，发垂肩，身被刃伤死，衣表里皆罗绮，上下缝纫完密，碧血裹结。怜而负其尸，瘗大园山之麓。有医士某闻而心动，曰："贼帅唐得暴疾，似有鬼物凭之以为疟③也。"延医诊视，自言兵所过，死之烈，无如衣绿女者。医诘其状，曰："貌绝丽，欲留之，如骂不绝口，何军士以刀拟之，骂愈厉，遂断其臂，仆而死，意此祟乎？"言未终，面无人色，战栗移时未定。益信老农所瘗为是女无疑，因广为传说，怡亭方氏即瘗处，树石表墓。岁清明日，邻乡女伴群执壶榼拜扫，遂沿为例。余友江之鹤为立传，谒郡邑大夫请奉主人节烈祠，春秋崇祀。忆己亥秋，洪度年尚童稚，闻官军至，士奇扶病而遁，死乱军手。今与病疟语合，岂女魂阴褫④其魄耶？谨为词以招之，令镌⑤之墓石。其词曰：

疾风忽其肆暴兮，吹散谁家之掌珍。貌如花之艳丽兮，衣如黛之鲜新。幼奚从闻大义兮，思患能预防其身。衣自表及里兮，尽坚缝而密纫。遭百折心不回兮，蹈白刃以成仁。魂不散其上冲兮，头批发而撞天阊。愿以身为厉兮，化疟鬼以靖妖氛。苟余身其不污兮，名湮没亦何怨。望乡关何处兮，骨与肉今焉存。纷绛裙与红袖兮，荐芳馨以渚苹。魂曷归来兮，大园山倚乎潭滨。潭上下成一色兮，荷出水而竹干云。竹劲不陨严霜兮，荷净不染夫纤尘。同衣与血之碧兮，千秋万古而为邻。

疟鬼近神怪，偏能言之凿凿；绿衣易纤巧，偏能点染大方。由得古大家

---

①蟠郁：盘曲起伏。郁：茂盛的样子。[清]方东树《〈刘悌堂诗集〉序》："楚地尽江淮间，自蕲黄以东，迤北迄寿春，其山脉起伏蟠郁千余里，舒广雄远，自古以来，多产贤豪英杰异士。"

②此段文字在康熙版有，而乾隆版没有，现补录进来。

③疟：原文为"瘧"，疟疾。

④褫：剥夺。

⑤镌：刺，凿。

之章，程也。忆丙寅，息庐诸小赋名震一时，今读此辞，仿佛骚①些情致。梅雪坪。

奇烈传

奇烈者何？吴氏女以未嫁而从夫死，闻于朝坊，大书曰"奇烈"者也。女名淑姬，岩镇人。父瀚与潭渡黄梦柏相友善，梦柏之仲子名是，瀚爱其才，因以女许字之。无何是失怙，父挈之楚游，从师受学，学成将就试而病殁，时康熙丙寅冬十一月也。女闻讣，即毁容绝粒，誓以死殉。父多方慰谕，乃强起饮食，以榇归得往成服为请，父许之。明年丁卯夏四月，榇至自楚，女复绝粒如初。父因忆前语，知其志不可夺，命往吊于黄，曰："若终身为黄氏妇，可也？"女敬诺，诘旦如黄，以衰进，服之；以帼进，却之。入丧次，哭拜尽哀，哭不呼婿也，而呼姑，以姑先逝故。谒舅、谒姑像，以次谒诸姑娣姒，悉中礼。已入内寝就盥沐，饮食意度自如，家人察其无他，方厖具以厥明行庙见礼。夜未分，已解带自经死矣。盖四月五日也，时年甫十有七，其生也少是二岁，为康熙辛亥五月廿五日云。安徽巡抚上其事，请旌之，得表其门。

赞曰：礼有正，无奇者也。女生长深闺，姆即善训，未闻以死训者，即训以妇当从一死。亦未闻未嫁而以从夫死训者，则夫从一者，礼也。未嫁而从夫死，礼文所不载也。今烈所为若是，说者曰："却其帼示未成妇也，哭止呼姑，未成妇难为称也，虽礼文不载，而揆诸礼意已潜符也。独是未嫁而从夫死，是遵何礼哉？岂非奇僻之行欤？"然余观先王制礼，未敢尚奇者，虑无以处，夫人情之正者尔。苟于人情之正，有或遗无以自比于人数。当是时，即百守正者当前，而心未必动焉。然使一闻奇僻之风，未有不翻然愧者，愧或可冀其归于正矣。则烈虽奇，而实有裨于正也。即以为亡于礼者之礼，何不可乎？

志一定矣。眼豫将之有余也，处处从此传神，一赞议论创辟庐陵，学龙门往往有此。方灵皋。

虽曰贤知之过，然使愚不肖可企而及乎？中未始，不可以风末世也。协于情而准于义，可补檀弓一则。许楚耕。

---

① 骚：指屈原的《离骚》，后泛指诗文。

潘烈妇碣文①

祭酒吴公苑予告归,岩居键户,事非关风化弗与闻,独喜与余兄弟考故乡山水及古今义烈事。一日谓余吾镇中有潘氏妇,夫殁矢身从,不食数日矣。闻其家惑于俗说,谓烈出则山川灵秀之气尽泄,家亦随索,多方劝止之。幸也,妇坚贞之性,似一往不可回者,越数日果死。

妇歙北呈坎人,姓罗氏。父念祖早死,母程抚孤守节,尝病几殆,赖妇刲臂获瘳②。妇十七适岩镇潘廷谏,家贫糊口四方。妇家素封,至是心固甘之,事舅姑益谨。舅疽发背,廷谏远贾未归,妇晨夕侍奉,数为拂拭痛溃,舅以为儿归也。及询知为妇,急止之,谓气秽不宜近。妇曰:"妇即儿也,惟求翁愈,不知其他。"卒拂拭如初。

舅殁,廷谏归,未几病瘵。妇衣不解带者几两载,而医药卒无功也。中夜披发入神祠,头触阶石几死,祈以身代而神莫之从也。廷谏疾革,伏枕谢曰:"若自归我家,历尽艰难,曾无几微见于色,至孝吾父母也。吾多有愧于心,若年少且无子,我死后……"言未终,妇张目急问曰:"死后当何如耶?"廷谏语塞。妇乃曰:"嗟乎!君心宜不贰妾矣,生死从君志决久矣。"廷谏殁,妇恸绝复苏,勉起备送死具。敛毕,合户自经,母与姑急解救,不死。因环守之,妇乘间登楼,奋身跃下。楼高四仞,臂折又不死,乃寝故夫之床,闭目不食,母与姑陈说万端,不应,饿九日死,时康熙乙亥秋八月三日也。年二十有六,死时颜色如生。祭酒偕予过其家送敛,异香满室,经宿犹未散云。无远近亲知,吊③者赙④者不绝于道,阖镇诸绅士耆老出赀卜地,于月之廿四日合葬文几山侧,郡邑大夫率众设祭三日,观者数万人,皆嗟叹以为荣。数月,邑中死烈者若而人。

于是,汪洪度曰:山川灵秀之气从此发之,殆未有艾哉!此气在山川为灵秀者,钟于人为至大至刚。特值其常不觉遇变多激宕,而成奇愈发愈穷,未闻有虞,其易尽者也。一乡之中而有节烈者出,观感而则傚,不独在闺门求仁得仁,亦不必尽以死。观烈妇不为俗说所惑,之死靡他,不数月间,闻

---

① 碣文:墓碣上的文字。
② 瘳:病愈。
③ 吊:原文为"弔",同"吊"。
④ 赙:拿钱财帮助别人办理丧事。

风殉烈者已不旋踵，则将来此地之为贞臣、为孝子、为信友、为义夫，谓皆自此妇倡之也，其谁曰不然？则世所为不祥者，乃吾之所以为大祥也。闻前明万历中，潘九如妻汪氏殉烈饿死，事载其家景升先生《亘史》中。九如，廷谏兄弟也。使气果泄之而尽，则相去八十年，舍生取义，气烈风声，何以复见一门之内哉？彼谓气泄而家因以索者，不欲成人之美耳。怀二心而思以自便其身图耳。非明理道者，所宜从而和之也。今设有人于此，夫死即复择其可者醮之，美衣丰食偕享大年。夫循天理难，徇人欲易，加以饥寒迫之，诱慕中之，靡弗相引以入于改节之途。即或至性坚贞，复有邪说以严为之禁，势不至相率而人化为禽不止，犹曰山川灵秀之气，必如是始藏之愈固也。有是理乎？且藏而不发，又安贵此气之灵秀者乎？祭酒既为传为铭，恐世之惑于俗说者多也，属余次其说为文，并勒诸墓石。

识力高人万倍，故畅所欲言，允足振聩发聩。中间"言未终，妇张目"横插一段，左史遗法。吴绮园。

《霜筠录》序

吾友许子起昆之母，年二十而寡。凡起昆饬躬砥行，以文章知名当世，皆母教也。后以苦节终，起昆念显扬无，自痛心濡血书其质行，乞宗人今大宗伯公为立传。公时以视江南学政内擢寻转佐容台，皆有①风化之责，故月旦②不虚，而母之节于是传播遐迩，咸以为殆天意云。

母出澄塘吴氏，幼父客死，樆归一恸几绝。年十六归唐模许君昌祯，合卺后即持药椀奉病姑，宵衣扶侍，久弗倦。及卒，佐夫襄大事，三年丧毕，始有身生男，即起昆也。而夫忽病，当是时，产未弥月，两膝不能立，强③起匍匐床蓐④间，躬亲汤药，卒罔效。弥留之际，视夫色似重有忧者，知为两世晨昏遗孤教育故也，矢以代夫为己任，目乃瞑。自是，衣麻乳孤，事祖姑十余载，祖姑年八十有三，疾卒。母生侍疾，殁尽哀，与丧姑与夫时等。寻事继姑。无何，姑又病且死，谓母贤，以幼子托母。迭遭闵凶，黾勉妇职，貌瘁神伤，病数年而卒。

---

① 有：原文为"冇"，此同"有"。

② 月旦：指旧历每月初一。

③ 强：原文为"疆"，此同"强"。尽力，勉强。

④ 蓐：陈草复生，引申为草垫子，草席。

起昆体母志，折节向学，食饩邑庠，所交多天下士。天下士闻母风，皆乐为称道之，此《霜筼①录》所由作也。或谓筼年寿不逮松柏，能同傲岁寒，缘生而节先具故。又竹有慈孝，子母共命，青冥②相守，及霆震枝繁，遂上梢乎云日。许氏母子有其象焉，故以是名也。而不特此也，筼之始生，其色浅碧，为有目所共爱。顾淡不胜浓，当芳菲竞艳之晨，有指之者曰："此坚贞质也。"谁则信之？惟繁霜既降，众芳摇落，则有目皆见之矣。

母性温惠，娴内则，即安常处顺以终其身，安在不可以自树？乃缞麻不离于体，忧危不释于心，摧残盘错，若不遗余力焉者。夫身处荜门圭窦③，能以苦节著世，岂无人谓天有意成之，固也。若生于华腴④矣，其异亦奚从而见哉？则必使之茹荼集蓼⑤，所以困其心，衡其虑者，不什伯于荜门圭窦不止，然后任所投而无所处之不当，而因以示天下殊尤卓绝之品，知生于华腴，不幸遭家不造复如是，其可法而可传焉。此亦何异物之负其异于众者，天不欲以凡卉毕其能，故必倍凡卉而加之困厄也。霜筼之义，毋乃或出于此乎？虽然非母志也，母方以未亡为憾，第知事上抚孤，为职所不容辞，故忍须臾无死，使知凡身所为，足以生后人无穷则傚，且留为歌咏之资，其至性必因之愈戚矣。然懿德之好，不泯于人心，自卫有《柏舟》篇，后世颂扬懿节者，笔不胜书。自后汉有《列女传》，后世簪笔史臣多相沿以为例，盖国家严贞邪之辨，振纲常，扶名教，莫大乎是。采风而无闻也则已，一旦轺轩之使⑥拥传而过吾乡，求其信而有征，请以是录进。

从孔子闲居，风雨霜露无非教也。一语窥破造物之心，实有此一段。委曲写来确不可易，非湛深经术洗发"霜筼"二字，鲜有不入纤巧蹊径者矣。孙蓂山。

余与许世同里居，起昆字玉载，受业余门，知篇中所叙，言言皆实录也。

---

① 霜筼：指竹。[唐]贾岛《竹》诗："子猷没后知音少，粉节霜筼漫岁寒。"[宋]欧阳修《渔家傲》词："风雨时时添气候，成行新笋霜筼厚。"[宋]苏轼《渼陂鱼》诗："霜筼细破为双掩，中有长鱼如卧剑。"

② 青冥：竹木郁茂貌。[南朝宋]鲍照《从登香炉峰》诗："青冥摇烟树，穿跨负天石。"

③ 荜门圭窦：借指贫贱寒微之家。荜门：用竹荆编织的门，常指房屋简陋破旧。圭窦：形状如圭的墙洞。

④ 华腴：华贵；显贵。[明]沈德符《野获编·神仙·谈相徐爵遇神人》："二人俱市井驵侩，本无足道，然亦以小慧寸长，坐致华腴。"[清]龚自珍《〈鸿雪因缘图记〉序》："今使所遇而永承平无事也，起家功名，致身华腴，一切勿问，固不得预于贤大夫之数。"腴：肥沃，盛，多。

⑤ 茹荼集蓼：指吃苦受难。茹荼：比喻受尽苦难。集蓼：谓遭遇苦难。

⑥ 轺轩之使：轺轩：轻车，多由使臣乘坐。指出使的大臣。[汉]应劭《风俗通义·序》："周、秦常以岁八月，轺轩之使，求异代方言。"

震川谓："不切题为陈言,史公传神妙手殆从此得金针乎?"兄远士。

旌节程安人传书后

吾乡节妇,能守身以延似续者,不绝于纪载。若兼能守先世典籍,择其重且大者藏之,虽世远年湮,犹足信今而传后,则余耳目所及仅得一人。盖读大程后裔五经博士①佳璠所为《程安人传》,知安人有孙曰其祖博士宗人也。世居歙之槐塘,博士年七十由河南归新安省墓,并访先世源流,以两夫子家乘兵燹后多残缺,一旦支分派②衍,了③如指掌,实赖其祖所藏之谱牒为据依焉,而因推原安人藏书之功为不可泯云。

安人姓陈氏,程勋妻也。勋大父松崖先生玠,明成化甲辰进士,思建奇勋伟烈而志未就,著书数种,丘文庄叹为一代异人者也。勋思传其学,攻苦成疾,母丧哀毁不胜,五日而没,年二十。当是时,姑枢④在堂,夫死苦块,安人欲殉,则舅已老,孤甫二龄,屡绝屡苏,强起治事。舅亦寻没,室如悬罄,惟残书满篚。安人启之,见祖父赢时人所称贷诸券,尽取而畀诸火,曰:"吾先世所留以遗子孙者,当更有在。"及见谱牒并诸丹铅散帙,曰:"此其是矣。"亲为封识,俟孤长而后授之。

呜呼!积金与积书,昔人辨之审矣。顾能辨者卒鲜,而况于妇人?今观安人所为,视冯舍人之烧券、萧相国之收律令图书何以异甚矣!安人所见之大也。厥后两夫子祠庙不难奉旨更新,独世系失次不能臆为增损。自有此谱牒千年水木不患无征,当安人藏书时,岂能逆知有此?然则第患无名山之藏耳,传之宁患无人欤?

余忆幼时侍先君子侧,见案有《松崖医径》一编,请问松崖何人?先君子曰:"噫嘻!王佐才也。"惜仅以神医名世,闻所造木牛流马,可五步筑室。按八门遁甲术,夜户不扃,盗无敢入者。余因默识之曰:"异日当访其书,以传其术焉。"后闻所著《星历》《谶纬》《奇门大定数》诸书,临终戒其子曰:"此非可言传者。"令尽毁之,所存仅谱牒及经史诸儒论说、岐黄家言耳。夫谱牒之

· 185 ·

① 五经博士:教授五经的学官。汉武帝始置。[汉]荀悦《汉纪·武帝纪一》:"(建元五年春正月)初置五经博士。博士,本秦官,掌通古今,员至数十人,汉置五经而已。"《新唐书·百官志三》:"五经博士各二人,正五品上。掌以其经之学教国学。"

② 派:原文为"泒",同"派"字。

③ 了:原文为"瞭","了"的异体字。

④ 枢:原文为"匶",古同"柩"。

藏,其效尚如此矣。医既得不传之秘,则于经史诸儒论说当必有心得,如隆中之略观大意而不徒袭夫章句者,安得发所藏而尽窥其蕴乎?意所传以成王佐才者,在此不在彼乎?传又云:有服叔殁,子四岁,妻贫不能自存,将改适,安人引"饿死事小,失节事大"语切谕之,弗听,则抚其子如己子,卒用成立。博士谓非熏沐先夫子之训者深,安能有此?则安人不特有功伊洛宗派并伊洛心法,亦若有以窥其蕴者。殁而郡邑大夫旌其节,春秋崇祀之,宜哉!余喜其祖能守遗书,松崖之泽不患无传也,敬书此于传后。

按伊川状明道谓:"五世而上居中山博野。"欧阳程文简碑谓:"中山博野之程出自灵洗。"今博士亦谓:"先世自新安灵洗公长子文季十二传,纂生四子琼、璇、珍、瑞,遭乱离散。"珍八子曰:"汾居歙槐塘。"瑞三子曰:"峄峄生秀,居燕之中山博野;秀生淑淑,生羽迁河南,数传至太中大夫珦,则两夫子父也。"世系不爽,第得此传而源流益明,得此书后而安人之识愈关系非尠矣。程青路。

因松崖而思王佐,因王佐而思读其书。齿颊外感慨悠扬,低徊不尽,与庐陵王铁枪《画像记》忽插己胸中一段,命意略同。门人吴化广识。

双孝传

吾乡盖有寻亲孝子云:"宜传孝子,而传双孝何?"寻亲者孝子,赞寻亲者孝子妇也。孝子程姓,世铎其名,歙褒嘉里人,系出元谭公后,自泰乙公数传至父有和,伯仲四人,皆以义侠闻。父为世铎择配于徐,徐歙望族,性贤淑,即孝妇也。

世铎既受室,而寝食常弗宁也。徐询其故,曰:"吾父挟赀远游,每数岁一归,自甲寅逆藩倡乱以远,烽燧连年,关河阻绝,今虽荡平,尚杳无音耗,吾如之何不郁郁耶?"曰:"万里寻亲,古今人有行之者,彼独非人子哉?"曰:"吾志久矣,奈母病何。"曰:"我在,君何忧焉?"世铎乃起,再拜以晨昏,托曰:"梱以外,吾弟世铉足任之;梱以内,不能无望于子矣。"遂告辞家庙,随伯叔之楚游,往来三湘七泽间,逢襟捉问"知吾父姓名不?"皆谢不知。最后,有自滇南外水西来者,独知之。特所知者姓耳,未知名也。世铎心动,度告伯叔,或以幼稺不任艰危见阻,竟不告而行,深入不毛,昼冲暴虫以过,宵分月黑突逢不若弗惧也。饥渴甚,啜松毛,掬行潦,或日一食,或累日不食,弗恤也。毒瘴气侵毛髓,濒死者数矣。心急足不前,喘息稍苏,贾勇更进,弗悔也。如是者经年,始至其地,至犹不得通,盖迟之。又久而后得与父遇焉,初彼此几不相识也。及通籍贯,数庚甲,乃相持大恸,且恸且喜,即日为负笈幞,扶侍以归。

当世铎初辞家日,徐既受命,日惴惴焉。以不克负荷为忧,会姑病几殆,曰:"息壤①在彼,虽悔何及矣,计惟有身代耳。"遂割臂疗之,获愈。无何又病,又割臂疗之,卒保无恙,以俟万里人归,一堂欢聚焉。奉养益不敢懈。家渐饶益,好行其德。子家文贤而才,不忍二人之孝不传也,思表扬之者无不至,人谓"克世其孝"云。

汪叔子曰:余尝入吴观演《黄孝子寻亲传奇》,孝子履独木彴②过千寻陡壁,湍号涨怒,如闻其声,深箐杳冥中触危机蹈不测,一往无前之气如不可遏,奇哉!孝至此乎?然未尝不窃疑之,优孟绝技惯善摹虚耳,岂意视程君所履,尚未克摹其什一耶?顾读《黄孝子传》未详其妻,今观孝妇徐能陈大义以劝夫行,代子职以坚夫志,虽孝子之孝出于天性,脱非妇孝则母病未免婴怀,亦不得快然行其志也。以视黄也,不尤奇矣哉?余故传孝子而并传孝妇也。

西京北宋往来,若离若即间,人第揽其胜,莫能名其名。许彦宾。

裂井碑

裂井者,歙汪谦吉妇吴殉烈处也。谦吉先世忠愍公一中死王事,淑人程以烈殉,又知几妇蒋不食殉夫,皆被诏旌门,故累世尚风节。

谦吉初业儒,既而行贾嘉定客死。吴矢身从,父闻多方辟慰之。已令子妇归,日夕守卫。子妇者,即吴姑也。与同卧起,不得间。会姑有儿戏池畔,姑往抱儿,吴乘间奔赴井,井口石隘不得下,奋身倒掷石,划然裂身,坠殁井中,时康熙二十年四月丁未也。远近趋视,遂称裂井,而私谥吴曰"毅烈"云。

子二,初兰、初莨方童稺。其从叔沇欲为请旌,会沇殁弗果。越二十有五年,二子始建亭井上,奉主以祀。沇之子梓琴请余书其事于石,吴系出莘墟兵部侍郎宁之孙大溥之女,谦吉家潜③口,于余为族弟,余尝过井上,徘徊裂石之间,想见石初裂时,犹凛然心悸焉。爰系以诗,诗曰:

人亦有言,石破天惊。匪石能破?惟心之诚。当其精锐,挟电鞭霆。何

---

① 息壤:古代传说的一种能自生长,永不减耗的土壤。

② 彴:独木桥。

③ 潜:原文为"濳","潜"的异体字,同"潜"。

坚弗摧？何顽弗灵？谓余不信，请视兹井。井上光腾，侵人骨冷。乱石草间，倾欹未整。裂痕宛然，其势犹猛。井裂伊何？有吴氏媛。家风司马，前身彩鸾。乃缘旧戚，申以新昏。施衿结帨，作嫔汪门。故乡风俗，多为游子。纵好风光，难羁行李。明月一轮，秋风千里。寂寞清辉，同看有几。寻思夜梦，正不分明。何图噩耗？遽返柴荆。禽名比翼，未肯分形。花开并蒂，讵忍孤生。况昔先世，鱼轩蘵茅。宁舍荣华，而坚殉节。况昔先世，兰芽玉茁。甘死如饴，经旬粒绝。今也从夫，矢志不移。茫茫泉路，何处相期？繄①井有泉，曷②往从之？井与石谋，早待其来。彼石能言，或凭于物。彼石点头，为法所说。岂若兹石，因井而裂。得共芳名，千秋称烈。

余读裂井诗，乃知古来节烈之行，真可动天地、泣鬼神，有非寻常亿计所可及者。夫以孱焉懦弱之质从容赴井，其气力岂足撼石，而石乃为之裂，愚夫愚妇惊相诧异以为神奇，盖其贞节之气一往无坚，发于天性而然，当其井裂时，咸谓妇之名，因此瑰奇怪骇之事以传于世，不知石有时而泐，而烈妇之行万古不磨，则石固藉妇之名以永也。

妇姓吴氏，歙县人，嫔于汪，死时年二十九。同时潜口又有汪氏妇洪姓，随其夫祥麟居泰州之富安场，夫殁，洪誓死以殉，奉其枢归，甫及里门，即绝粒，凡十有二日而卒，事具县志。其家贫无能彰显其事，今因吴氏妇而连书之，翰林院编修汪士鋐跋于芜城诗局。

余姑奇烈岁久湮，不复传。得息庐先生文、隐③庵先生书，一时几有黄绢幼妇④之目。文升太史为之跋，并同时之烈妇亦传，真不朽盛事！其井上楣帖有云："心坚石为裂，人没水犹寒。"又云"毅从九原裂光三，极玉依禹裁伯仲"句也，皆足以不朽余姑者，并书于末。翰林院庶吉士吴瞻淇识。

贞白里郑氏双节传

贞白里，盖歙西郑氏所居之里也。元令尹郑公千龄殁，谥贞白先生。其子玉聘翰林待制，辞爵家居，与余忠宣阙相友善，同志操，后同死国难，至今

---

① 繄：相当于"是"。

② 曷：怎么，为什么；何时。

③ 隐：原文为"月"，同"隐"。

④ 文妙黄绢："绝妙"二字的隐语。[宋]金盈之《醉翁谈录·约朋友结果檄书》："文妙黄绢幼妇，赋高鸟有子虚。"

里门忠宣所篆"贞白"字在焉。世以风节相尚,不独丈夫也,巾帼中亦往往而有,至昭代而双节尤著。双节者,同为郑门妇,其出同孝行里之黄,其夫同早死,青年守志,同年同登大耋。五十余年食贫,抚孤成立,无弗同也。余友胡侍御、吴太史各以所为状来属余,合为之传。

按状,郑良槐、良栻兄弟也,皆娶于黄,良槐妇为伯姒。岁戊子寇氛之变,良槐及于难。伯姒年二十有六,有身数月矣,恸夫死非命,将捐躯以殉。舅以大义谕之,谓:"死与延宗祧孰重?死则而夫将不祀,今若既有身,安知天不锡之男以延宗祧也。"伯姒虽勉承命,舅窥其志甚烈,则又未知所举果男欤女欤? 因语之曰:"昨卜之日者,谓若所举当男,第初生数年不利见其母,必无自乳,然后可。"及免身,家人报之曰:"男也。"喜。急令抱送乳媪家,弗令见。越六年,曰:"可矣。"急呼归抱而视之,女也。怒掷之地,仰天而悔曰:"吾蚤知天不予吾夫以后也,何若速死之为愈乎?"擗踊痛哭,拟复捐躯以殉。舅从容语之曰:"无庸也。若叔姒今又举一子矣,吾即令为若嗣,而夫不且无后而有后乎?"舅盖必俟似续有人,而后以实告,故茬苒而迟之六年也。伯姒乃今而知舅为吾夫宗祧计,用心如是其苦,爱感激流涕,捐躯之念始不复萌,矢以抚孤为己任,而孤即叔姒所举第二子星焕。叔姒即良栻妇,伯姒之从女弟也。

当是时,食指百余人,舅姑垂白在堂,命良栻而其暂舍儒业,代吾综理家秉,梱以内而母老矣,而妇可佐而嫂分理之。于是同龟勉尽职,惴惴焉恐不当二人心。数年,良栻忽遘疾,叔姒宵衣侍之汤药罔效,则刲臂以进。越明年,遂不起,舅姑复相继逝,家益中落,孤星燉仅十二龄。叔姒持伯姒袂,泣曰:"天祸郑氏,此藐诸孤将何恃而成立耶? 非勤十指无以赡朝夕,计自今愿从伯姒藉女红以佐两孤诵读矣。"伯姒喜曰:"能如是,是吾志也,愿终身以之。"由是,织作声与咿唔声无寒暑昼夜不少休,邻里闻之凄然,识者早卜其家必兴矣。迨两孤长而授室,虽儒也仍令服贾,克勤克俭,家果复兴。顾两嫠性皆耐劳苦,微特宾祭冠婚诸大典无敢苟,即细而笾库锁钥,以迄园圃树艺诸务,亦必更番程督不尽委之臧获手。两孤惧其愈也,长跽请少自爱,则同声责之曰:"敬姜所训谓何,孺子未之前闻耶? 一息尚存,妇职岂容旷也?"后以次登大耋,两孤欲制锦称觞,则又同声止之曰:"凡吾两人之不速死者,姑以待若辈之成耳。天假之年,适滋我戚,吾方憾迟迟弗获从而父地下,如之何顿忘沉痛,与世俗争一日之荣哉?"两孤重违其志,不敢复言。一时吴越词人闻之,竞为诗文称扬其行。两孤什袭藏之家塾曰:"庶可藉是以不朽吾母乎?"

伯姒过八十者一龄,叔姒不及八十者亦仅一龄,逝时相距仅两阅岁,同居五十余年,相推相让,下气怡声几微,阃间子姓繁衍,一门之内肃若朝仪,皆本两母教云。

汪洪度曰:余读《易》而知妇道与臣道一也,特其志有未可概论者,间尝求臣志之同犹易,求妇志之同则难,岂非其利断金同心者二人也?其志不同行同居者二女乎?今双节独非女乎?何同居而志复同行也?推斯志也以立朝,虽夹辅之勋,分陕之猷,岂难再见?惜也,仅见之一家也。斯人也,洵无忝尔贞白家风矣。呜呼!岂仅无忝尔贞白家风已哉。

合传体间架不难,难在变化参错处。文中虽分两段,而上下照应钩连,绝无痕迹,法度之峻整如此。程乐行。

一同字成文,凡十余见而句法诡谲变幻,不得其绪。《汉书》叙萧何追韩信,用数十亡字;昌黎送孟东野,用数十鸣字。知蹑神夺髓者深矣。门人程钫识。

节孝吴母传①

母姓张氏,歙绍村人,年十六适同邑吴君秉位。秉位为太学慎生公次子,母项孺人性严毅,教子有法。秉位性纯孝,恭兄秉吉而友弟秉度。幼随父游江淮间,恪共子职,能先意承顺得父欢心。娶未三年,庚午秋以病卒于震泽客舍。母时年十九,闻讣恸不欲生,既而悔之曰:"吾有夫遗腹在,天或怜夫孝友不绝其嗣,予之男未可知藉非男也!迟一月而泉路相从未晚矣。"后一月免身得男,而祖父母喜可知也,命之曰自济。见自济初生孱弱,则又隐以为忧,母经摧折痛悼之余,苟延残喘,亲为乳哺。所居一小楼,儿间有疾,虽霜天炎宇必抱之,终夕绕楼行,以手拍其背,惟恐呻吟声出或闻于舅姑。稍长,督课不少宽假,阴为调护,爱惜弗显。令儿知祖服阕,即令随诸父游虞山,理世业。自济濒②行,恋恋慈闱不忍舍。母正色曰:"大丈夫四海为家,安用是儿女子态为?"自济忍泪拜别,微察母暗以袂拭目者再,因悟母爱我以德,不以姑息为爱云。

初,自济在襁褓,不特不使啼声闻于舅姑也,即已朝夕奠,亦暗吞声不敢

---

① 此篇传记在康熙版有,而乾隆版未收录,现补录进来。

② 濒:接近,将,临。

号泣。每省觐①必勉为欢笑,当是时舅姑年皆七十余。遇良辰佳节触绪伤怀,母抱儿跪于前欲多方解慰,至哽咽不能出一语。姑瞪目相视,强为罢泣,见者咸恻然伤之。姑殁,舅八十矣,母念饮食起居左右不可无人,则令自济同卧起,曰:"孺子亦知而②祖何时不念而父耶? 不忍而父无闻也。自为传,伸笔濡墨,泪涔涔流弗止,书未数行,辄投笔而起,如是者数年,传始成。夫老年忆子,其情倍苦,见孺子如见而父,孺子其善事之。"自济由是罔敢跬步离也。乙酉祖殁,既服阕③,母仍戒三年内毋衣缯帛,毋与宴会,曰:"服固有定制,顾而祖之视尔何如心丧,讵常服所能限乎? 必俟祖丧毕而后有虞山之命。"

母居常布衣蔬食,早夜作苦弗辍,好善乐施而不佞④佛,巫祝⑤尼媪⑥足迹罔敢入其门。遇姻娅戚里,则恂恂善下,色温而辞辑⑦。自济言母二十年来叠遭大故,养生送死悉遵典礼,其教自济也常恐不克负荷以贻前人羞,盖至今犹未能一日释诸怀焉!

论曰:母邻乡有项母者,守节抚孤五十年,奉旨建坊旌表,远近啧啧以为荣,人谓母节而兼孝。今自济入成均,行登仕籍,所以显扬于将来者,可以项母为券。母闻而蹙然曰:"夫死而代之养亲课子,人生之大不幸也。抑亦不忍自负其心也,项母亦幸而逢其会耳,当其初心宁计及此哉。"嗟乎! 观母所言非根于至性,又服习内则阃范者深,安能若是? 余闻之其族叔文学化广,其言为不诬云!

前叙节、后叙孝,至穿插过递则如烟云,出没无迹可寻,而部位仍秩然不紊。写情至处,字字中含涕泪,布格搞辞仿佛先民,允足发潜德之幽光矣!吴伊叔。

---

①省觐:探望父母或其他尊长。[唐]裴铏《传奇·郑德璘》:"(韦氏)叩头曰:'吾之父母,当在水府,可省觐否?'"[宋]苏轼《与范纯夫书》:"子由长子名迟者,官满来筠省觐,亦不久到。"[清]孙枝蔚《送王子侧归新城》诗:"东归闻有期,彩衣急省觐。"

②而:古同"尔",代词,你或你的。

③服阕:守丧期满除服(古代三年之丧满)。阕:停止,终了。《旧唐书·王丘传》:"丁父忧去职,服阕,拜右散骑常侍,仍知制诰。"[清]戴名世《詹烈妇传》:"大功病且死,与父母诀曰:'儿不孝,不能长事父母,新妇服阕即嫁之。"

④佞:原文为"侫",同"佞"。善辩,巧言谄媚。

⑤巫祝:古代称事鬼神者为巫,祭主赞词者为祝;后连用以指掌占卜祭祀的人。

⑥尼媪:尼姑。

⑦辑:和,和睦。

郑节母传

往郑门二母,以节著贞白里中。其性同,其青年守志同。其抚孤成立迄年登大耋,无弗同也。余奇之,作《郑门双节传》,盖亲娣姒云而。不图其从娣姒中又有节如鲍者,不图鲍守节四十七年,计伉俪之日曾未满三月者,岂非节之尤奇者哉?复按状而为之传。

节母鲍,棠樾人也。棠樾鲍为歙巨族,上世多名宦。鲍生而颖慧,识字后,于群书过目多能成诵,至古《列女传》乃悚然知从一之义,为亘古不可易者,心尤嗜读之。年十七适贞白里郑良桢。良桢父德成家故饶,艰于嗣,置副室而良桢生。稍长为择配,得鲍两月而良桢病,病日深,医药罔效,鲍割臂肉和羹以进,而病终不起。

鲍念既适所天,百年非久,三月非暂也,决计效古贞烈所为,绝粒经旬以俟死。母力止之不可,已复从容晓之曰:"而曾不念而翁之艰于嗣耶?而姑早逝,而生姑又逝,与其徒死无益,无宁立嗣而抚之,而夫有子,而翁有孙,为益果孰多耶?且死易,抚孤难,而昔常读而慕乐之矣,而今日愿为其难乎?抑易耶?"鲍强起拜命于庭,翁为择吉,从古序继礼,以犹子栋之子星燧为之后。由是缟衣蔬食以抚星燧,凡从师、肄业、娶妇、生孙及一切家秉,悉由纺绩织纴之所入。暇则陈古《内则》《闺范》诸书于庭,正衣端坐,诸妇女孙以次左右列,为讲明书中大义,谆复不休。体素赢弱,晚益衰,而手持刀尺,口授箴规,终身无倦无怠。卒年六十有四。邑侯靳大书"千秋奇节"旌其闾。

赞曰:余闻母节,盖得之其从孙圻,与余所传双节,居然鼎足矣,何其盛哉?圻又言其先世自文贞公夫人殉节于前,至喜三公夫人姑媳许母、曾祖姑汪以节继之,余益叹徽音克嗣,不啻箕裘,然而未尝不隐悲乎郑门之多不幸也,至三月而称未亡尤可悲者也。及顾所居之里曰贞白,然后知一时不幸实千秋名教所赖以常扶,又爽然自失矣。

从三月生情,以读书作线,又是一法。又彬。

先生文鼓吹六经,鞭挞百氏,有裨风教匪浅。先传双节,嗣复获此寒舍贞芳,千秋行远矣。圻识。

朱母许孺人传

孺人歙唐模许氏女,生有至性,年十八适环溪文学朱公璧,公为封朝议大夫锡卿第六子,参藩君廷瑞弟。幼从兄受业,为名诸生,工诗古文辞,兼饶经济。参藩君由邑令起家,及视学持节皆公与俱。又尝游燕、粤、闽、浙间,辄经年或数年不返,赖孺人以养亲,课子为己任,故无忧内顾,得遂其壮游。后偕老里居,公任恤乡邻,则力为赞襄,居恒以道义相切劘,与公生同年月,惟先五日耳,其殁亦先五年,盖享年七十有九,佐公五十余年,人咸称为贤内助,不知为女、为妇、为母,皆曲尽其道于寻常之外,足资《阃范》云。

孺人在襁褓而母见背也,长而有知,追慕哀号,殚心以营宅兆,念生我劬劳,生不逮养,凡值岁时,必虔恭祭享。于归后犹庀具遥奠,数十年如一日。时时属其子妇曰:"我死,此举不可替也。替虽椎牛祭我,我不享矣。"其为妇也,不独黾勉有无纫箴补缀而已,一味之进,不假妪婵手,必躬自烹调,务使精腆而心始适。封公垂老,孺人身虽不近前,而精神常在其左右,一謦一欬动必关心,夜犹立牖下伺声息,闻齁声知睡熟矣,然后退。尝自憾事姑日浅,殁之日犹命诸子"葬我须近太恭人墓侧",庶不及侍生前者,得永侍于身后,其孝思没齿无斁①如是。

子四人皆胎教,稍长,程督尤严,与群儿嬉戏,微闻诟谇声,无问曲直,必加捶楚不少贷,曰:"不责己以责人,异日者或挟智欺愚,或挟贵凌贱,骄盈放逸,其渐讵可长乎?"及知学矣,则训之以先器识,重品行,毋苟且,毋浮沉,毋贪鄙,以自败其行检。诸子敬受教,夙夜孜孜,克绍书香,蔚为名儒,终身谦抑退让,佩服母训不忘。长君文学有节与余善,年七十矣,常追述母德,犹作孺子泣,泪涔涔下,弗止也。

论曰:孺人殁时,其季子文学有筼,泣血哀毁以殒其身。操月旦者谓贤知之过,然不失为孝子,为孝子传以传之,并称孺人所生,亦皆生有至性焉。诸子身或远游,父母家居偶婴微疾,夜必形于梦寐,累日惊悸不已,其孝感几与古孝子啮指心痛相符矣。女适青溪项氏者,姑病几殆,吁天割臂肉以进,而姑获瘥,因以"孝妇"称语云。孝子之后常生孝子,观孺人母子间,不益信欤?

昔人论画,钟进士抉鬼目图,周身精神血脉无一不注于第二指。文中

---

①无斁:犹无终,无尽。斁:终止。

"生有至性"四字，何一非周身精神血脉所注乎？贤母至性常留天地之间，所以赖有传神之笔也。郡司马汉阳张公评。

仇门两世贞节传

仇门两世贞节，谓姑汪氏、妇项氏也，俱歙人。汪氏年十八适仇国高，八年而国高殁，子成彦甫三龄，汪抚之长，为娶妇项氏，举子二人立礼、立祁，女一人。汪顾之色喜曰："仇氏宗祏，其可无忧矣乎？"迨成彦贾维扬，家渐起。汪闻之又色喜也，曰："仇氏世泽，其可复振矣乎？"无何成彦殁，项不食经旬，誓以死殉。汪持其袂，谓曰："而舅见背时，吾方抱而夫自乳，门以内依毗鲜期功①之戚也，使令乏三尺之童也，凭十指所入以饲而夫朝夕，吾采稆代粟，心固甘之，忧危空乏，视若今日何如？若死，我非不能以抚而夫者抚而子，顾筋力竭矣。假一旦填沟壑，此藐然者，将谁恃耶？"项乃不敢死，黾勉持家。姑殁，奉其成法，终身弗易。为孤等婚嫁毕，立孤阶下问之曰："孺子之有今日也，知谁之力耶？"曰："大母。"曰："固也。""然大母所以居心者，亦知之否耶？"曰："未尽知也。"曰："吾固知孺子之未尽知也。而父弃若时，他无所恋，独谓吾初远游，母即以及时葬父，随分行仁为勖，母之志吾生不克成，吾死安能无憾乎？

当是时，方鼎革遗骸满野，而父见而伤之，思为揞藏②而不及待。凡若此者，皆孺子所宜深念也。"两孤闻而继志之念始殷。弟视其囊萧然，彷徨罔措。项氏徐谓之曰："曷谋诸而外大父乎？"两孤承命而往外，大父掀髯笑曰："微孺子请，吾固将言之。"爰出所藏敝笥③陈于庭，令两孤启视，则父所贮千金在焉，封识完好，即令舁④归。两孤再拜流涕，乃辞母同贾东淘，修世业。稍克树立即归，跋履荒山深箐中，遍觅吉壤，久乃得地于飞布山之阳，奉两世归窀穸。其将渡江而北也，舟过江阴地，见战余白骨百万委弃原野间，恻然念父畴昔所言，尽倾囊买地君山，与黄田港僧一一敛而藏之。人见其勇于为义，推原所自知奉两节母教，叹曰："非是母不能有是子也。"及询其姑，夫亡

---

① 期功：古代丧服的名称。期：服丧一年。功：按关系亲疏分大功和小功，大功服丧九月，小功服丧五月。亦用以指五服之内的宗亲。

② 揞藏：掩盖，隐藏。揞：同"掩"。

③ 笥：盛饭或衣物的方形竹器。

④ 舁：带；载。

时年二十有六,寿六十二岁,守节三十六年;妇夫亡时年二十有四,寿七十岁,守节四十六年,尤惊相告也。大江南北今尚称之弗置云。

赞曰:甚矣!仇门两世之善为人母也何?莫非善为人妇者哉?家方艰难也。早以葬父行仁励其子,既席丰豫矣,必使其子艰辛遍历,然后授以厥考之遗,盖皆以远大相期,迨子道成矣,而先人之志业亦遂矣。立礼言其先十世以上,有子事节母以孝称者,母病几殆,子割心疗之。后迁四明,其家益大,登仕籍者至今弗替也。由是则仇门世发其祥,不可谓非坤厚之所培者远也。

明武宗正德时,歙仇金法母鲍氏夫死,青年守志,孝事舅姑,抚金法成立,忽患心病,医弗效。金法忧之,遇道者语之故,道曰:"病在心,非补之以心不可。"金法归,割心和药以进,母获瘳。越十年卒,金法庐居墓侧三年,后游四明,因家焉。子孙繁衍,簪缨弗绝,人以为节孝之报。附记。

两人苦志,俱借两人口中传出。倩女离魂,全体呈露,仍是一片空明。洪瞻仁。

妇姑高节,尤为新安仅见。安抚刘公为具题,复书"双节垂芳"旌其闾。然非此杰构无以行远,谁谓草野董狐不更重于华衮哉!门人方嘉宫识。

孝妇鲍安人传

人之言曰:子孝不如妇孝。余闻而窃疑之,妇即孝不过克供子职已耳,安有子孝矣反不如者哉?及观孝衰于妻子之说,然后知人少所慕,不能不因惑于妇听而移曰不如特父母所言云尔。悲夫!则妇而孝,孝而父母交口称之无异辞。求之末俗,殆难其人,况历颠沛而舍命不渝,更出寻常意量[1]所不及者乎?

歙有孝妇鲍安人,姓程氏,处士惟嘉女。年十九归州司马鲍君雪崖,越四年生子周士,又六年以疾终,年二十有九。其为女也,性至孝,工吟咏,才名传播遐迩。舅命蹇修纳采焉,已顾继姑语曰:"闻新妇才,幸矣。然吾惧其难为贫室妇,并难为继姑妇也。"及来归,则恂恂然无所见其才,而独娴礼数,乃大喜过望。当是时,家方中落,而不图其拮据以佐夫诵读。及夫远游,门内之职身任之,黾勉有无,不辞劳瘁也。舅好拮宾客,户外车声猝来,方仓皇

---

① 意量:犹气度。[清]叶廷琯《吹网录·建康集足本》:"此其意量,不皆过人远甚耶?"

无措，不图其鸡黍咄嗟而办也。舅常怀风木憾[1]，岁时伏腊[2]，及讳日，不图其躬亲洒扫，安奉先灵，洁治牺牲，粢盛[3]必诚必敬也。不图其事继姑婉娩柔顺，亲爱有加也。不图其子呱呱而泣，乳不足犹强哺之。虽致疾，犹强起操作，不敢闻于堂上也。乃与姑遍告邻里亲族，曰："贫室何修得此贤妇乎？吾见其体羸弱，恐不能支，安得天假之年以长事我二人乎？"

不数年，果疾作，遂不起。时周土生甫六龄，长而为名诸生，凡闻人称述其母生前一言一行，必笔之书，常中夜拊膺流涕曰："极人世艰辛，吾母其备尝之矣。举须眉男子委为无可如何而安之若命者，吾母不动声色，处之裕如[4]，忍令其闷而莫之闻乎？"则丐其族中书君为状，遍求作者显扬之。又惧孝妇之称，虽出自舅姑口，特孝为妇之常耳，遽足信今而传后哉？询诸同学汪洪度。

洪度按状所载：岁甲寅，滇黔寇起，邻氛薄我郡县，肆行剽掠，鲍君方随父客武林，安人[5]念姑在堂，脱遇危祸，将奈何？乃牵姑衭逃避深山中，道遇贼数人驱迫而前，持刀欲杀老者而掠少者，安人以身庇姑，甘代死，白刃交下，流血被体，弗顾也。贼见其志不可夺，乃舍之去，姑因获生。与君先世寿孙公，宋末盗起，父为盗所得，将杀而缚之树，公拜盗前请代父死，盗感而两释之事正相埒。

汪洪度曰：呜呼！孝常道也，遇变而常益显矣。寿孙公不惜一死以救其父，安人不惜一死以救其姑，何先后一揆若是？寿孙公事，《宋史》载之，明成祖御制诗褒之，至今所居人呼为慈孝里。是孝又安人世德，安人岂非克世其孝者哉？称曰孝妇，谁曰不然。状称，安人父梦鹤栖庭而安人生，及疾革，姑梦鹤飞去而安人殁。鲍君有悼鹤诗，同人和之。身有仙骨，志在云霄，不乐久居尘世，理或有之。又安人所为诗，脍炙人口者多警句，要皆其绪余无足

---

① 风木憾：为父母亡故不及奉养感到遗憾。

② 腊：原文为"臈"，古同"腊"。古代在农历十二月合祭众神叫做腊，因此农历十二月叫腊月。

③ 粢盛：古代盛在祭器内以供祭祀的谷物。粢：谷子，子实去壳后为小米；泛指谷物。《公羊传·桓公十四年》："御廪者何？粢盛委之所藏也。"何休注："黍稷曰粢，在器曰盛。"《汉书·文帝纪》："亲率耕，以给宗庙粢盛。"[明]徐霖《绣襦记·谋脱金蝉》："神仙斋供，间腥荤粢盛洁丰。"

④ 裕如：自如貌。[明]刘基《尚节亭记》："传曰：'行前定则不困。'平居而讲之，他日处之裕如也。"[清]林则徐《密陈夷务不能歇手片》："收其利者，必须预防其害，若前此以关税十分之一制炮造船，则制夷已可裕如，何至尚形棘手！"

⑤ 安人：封建时代命妇的一种封号。宋代自朝奉郎以上，其妻封安人。明清时，六品官之妻封安人。如系封与其母或祖母，则称太安人。[明]归有光《顾夫人八十寿序》："太保顾文康公以进士第一人历事孝武二朝……初公为谕德，有安人之诰；为侍读，有宜人之诰；进宫保，有一品夫人之诰。"

为安人重,吾不具论。论其大者,闻殁时,姑命厝里门慈孝坊侧,人见之咸曰:"以孝继孝,何让焉?"呜呼! 论定矣,作《孝妇鲍安人传》。

称美懿德,从舅姑意中实写,却作虚步。生平大端,从子口中虚叙,却是实事,更不多及而已。概其余后将寿孙公事、本地风光以为证佐篇,法便尔活动。眠长。

专就遇贼一节叙论其孝最得大要,其余字字无非孝矣。按状载,安人八九岁时诗云:"梨花欲吐春晴色,争奈鸣鸠唤雨来。"乱后侍姑无恙,寄外诗云:"白头坐看霜飞尽,拾得阳春几点梅。"又寄外诗云:"霜镜不堪孤雁影,月明还共说相思。"皆警句也。文中恐伤体格,故不及载,附录于后。门人吴三阶识。

旌表贞节程母传

旌表贞节程处士可诏之妻,歙石桥吴氏女也。生五年,父殁,随母以居。年十七,适处士为继室。二年,生子羽仪。又九年,处士客死鸠兹,母闻讣恸几绝。已念旅榇他乡,岂宜久滞? 乃往返千余里迎之归葬。孤羽仪方九龄,尝提其耳命之曰:"我非不能亡也,盖有望于汝也,汝身所系匪尠,我所以不亡之心,汝异日当自知之矣。"来嫔日,舅姑先物故,事伯姒惟谨,事必咨而后行以姑治家遗法,伯姒曾承指授也。至奉先祭享,必躬亲洁治以自尽其孝诚。所需多取给灌园辟绩之所入,稍获赢余,则节口量腹,锱铢积之。俟孤长有室,乃举而授之,命之服贾。

当是时,里中有一二事为前人所欲为而不及为者,处士在时常以为言,母因默识于心。羽仪方客江湖,未惶及也。及闻羽仪以诚信为贤豪长者所推重,又不惮劳瘁,贾恒三倍。不十年,家渐起。母喜展布有机,然后举所默识于心者告之,羽仪乃今而知母所望于我者,不仅为封殖计而已。故从此数十年拮据卒瘏,尽其所得,为一一仰酬夙愿而无憾,盖有由矣。夙愿维何? 一曰濒河之病涉也,一曰寝庙之未成也。盖所居地曰歙之临河,丰水界其中,两崖相悬数十仞,为南北要津。旧横略约以渡,每春夏积潦,助以万山飞瀑,冲突怒号,筏不得渡,渡者间遭漂溺,多望崖而返。母思易以石梁,积虑凡二十年始鸠工庀材,令羽仪躬自监督,筑成砥柱高出崖上者凡九,中横巨木,广容二轨,修四十寻,复建亭以憩行旅,见司成吴公碑记中。

而桥之南程氏宗祠在焉,先世聚族为之,规模略定,未遑卒业,日就倾圮，羽仪拟桥工毕，即相继举行，母曰："未也。夫桥可独任，而祠必协于众谋，然岂欲诿诸众哉，不欲汝尸厥功也。苟得一二同志，汝因而集其成，多寡非所问矣。"众计非巨万不可，族中响应什才盈二，母即独肩其五之四，命羽仪鸠工庀材，躬自监督如初，阅八载而后落成焉。方桥与祠工之兴也，母时治修脯酒浆以犒诸匠石，戒羽仪省视①毋苛，饩廪毋薄，程期毋迫，故咸踊跃而乐为之役。祠成矣，羽仪微察母色，似仍有未能释然者，请曰："得无念檃桷虽新，粢盛尚缺乎？儿愿捐金二百，置田以供享祀。"母欣然曰："孺子能曲体吾心，吾可借手以与吾夫相见矣。"甫踰两月，寝疾数日而殁，时年七十有五，守节四十九年。先是年过五十，例合请旌，母闻众谋，急止之。迨身殁日，复逢恩诏，督抚核实题请，上嘉叹，命表其闾。

论曰：桥成时，余与司成徘徊亭畔，见往来络绎，骡声载道，复惊相告曰："曾是桥也，乃成于寡妇一人之手乎？"于时祠事尚未遑也，司成早以"怀清"名其亭。说者谓：巴得金冗而程不阶尺土，巴仅用财自卫，而程能散以成仁，不知何以拟之？若是迨十年后，程以清节荷当宁之褒，与巴妇以清膺誉命，先后若合符节焉，然后叹司成之旦且不爽矣。

精神全注建桥、修祠二事，似属节孝绪余，而节孝一生心事不觉曲曲传出，是烘云托月法，格致纤徐澹荡，尤觉意言不尽。王公振。

书节孝陈母传后

同学陈君石麟孔抱出手编《节孝传》示余，节孝者其大叔父禹嘉公配许氏也。禹嘉公讳昌言，郡庠生，休宁山头人，早卒无子，配许氏以节孝闻。《传》后载：麟幼随父励君公赴省试，归道经族诸先陇，至大叔母墓而大惊曰："此思谨孺人墓，非禹嘉公墓也。"遍告诸宗人，信疑者半。有世德者，诚信人也，忽从旁诧曰："异哉！畴昔之夜梦节母贸贸然来，壹似以事相恳者。因问母全始全终，毕生无憾矣，尚安有未了事耶？节母欲言中止，惟掩袂流涕而已。"今闻伯父言，意必误葬无疑，其若无征不信何？岁庚辰，麟奉父遗命，为曾大叔父思让公②立墓碣，因得禹嘉公手录《祖茔记》载，诸茔土名山向甚悉。于是，举宗皆知误葬，而二十年之疑始释也。

丙戌秋，麟乃命工勒石，题某碑曰："禹嘉陈公之墓。"题某碑曰："明故陈

---

① 省视：察看；探望。原文为"省试"，疑为有误。
② 原注："禹嘉公父。"

思谨公配余氏孺人之墓。"至大叔母则大书曰："清故节孝陈禹嘉公配许氏孺人墓焉。"今京兆尹廖公时宰吾邑，闻母节孝，取其事状载邑乘《列女传》中，且旌之曰"苦节流徽"云云。余读未竟，掩卷而叹曰："嗟乎！母之节可谓生死不易者已。"或曰："孝至曾子，忠至诸葛，皆曰死而后已，苟生无愧怍，则死可安宁。母既守志而归窀穸矣，有何不可？已而犹抱憾重泉，若是明于生寄死归之义者，当不其然。"余则谓："物来而顺应，凡事不容固执，独三纲之在天地，断不可以游移耳。妇之节也，即臣之忠、子之孝也。古忠臣、孝子惟知君父而不知有他，况妇道从一而终，稍涉依违而即不可问矣。不观《柏舟》之诗之言之死矢靡它乎？岂非妇人之节虽死而犹不已之一证乎？"

余按传，禹嘉公安贫乐道，母娴《内则》，身任家栋，不敢告匮以贻其忧。夫殁时，年二十有六，家无余积，止生二女，抚育之，长为择配，且治家严肃，动必循礼，巫祝尼媪罔敢过其门，可不谓节乎？念生不逮事舅姑，夫未终子职，岁时伏腊事死之仪，必诚必敬，至老不衰。轮支众祀，值岁大饥，粢盛牲醴享祀丰洁，悉取办于女红之所入，可不谓孝乎？年七十有二而终，历艰贞者几五十年，死后应无遗憾，乃不幸遭误葬。夫生同室，死异穴，犹可言也。至误为他人妇，不可道也。故虽死而目犹不瞑，以待数十年后有心人一为洗之，即未获建坊旌表，而所得荣施多矣。此正坚贞一念之死而犹不已者，其足扶三纲于不坠，岂渺小也哉？然则石麟亦洵不可及也，承父志以表扬幽隐，更能推生顺殁，宁之心而及于已枯之骨，非锡类不匮者，其孰能之？

从见梦一事发出许大议论，惊心动魄，出以委蛇峭拔，此南丰一瓣香也。荇洲。

全以议论映带事实，是史氏论断大纲，文气舒卷，莽莽苍苍，深于秦汉者知之。识墓题碑已奇矣，篇中于天人交感、信义相成处，三致其意，遂使佳事历历不爽。金予兼。

闻陈君孔抱尊甫励君先生名儒也，嘉言懿行。孔抱梓以问世曰："顺宁录文谓善，推其所为确切不易。"芗岩。

汪烈妇洪氏传

烈妇姓洪氏，歙东源处士家彦女，适潜口汪士升家子祥麟，性柔顺温恭，事舅姑以孝闻。康熙十七年戊午，祥麟奉父命贾泰州之富安场，因挈家以往，无何祥麟遘危疾，九月十七日死客邸。烈妇比欲以身殉，念同死他乡，何日得归故土？岁久谁为祭奠者？乃勉进饘粥，治装奉旅榇南归。廿三日登舟，十月十五日抵里门，经纪毕，晨兴再拜，与舅姑诀曰："妇不幸失所天，下无嗣息，决计从夫地下。舅姑晨昏，有叔姒贤可代妇，愿加餐自爱，妇不能终事舅姑矣。"自是水浆不入口，父母亲族百端劝止，不应，饿十有二日死，是为十月二十六日，距夫死未两月云。乡大夫泊三老朝夕祭奠，上其事，有司冀上闻，得徽旌典。

而是年四月，潜口汪谦吉客死嘉定，妇吴氏闻讣，仓皇投井死，井石为裂。一乡一族一岁之间，两烈递见，远近异之。后二十八年丙戌，谦吉子初兰、初蒉建亭井上，乞余文勒碑以传母烈，而祥麟弟梦麟不忍其嫂烈之不传也，乞余为传，与裂井碑并传焉。

论曰：两烈皆余同族，吴之死也激烈，洪之死也从容，所值之时与势不同耳。从一心坚易地则皆然也，未可以是为优劣也。独是以常情论，当死生之际，能从容不迫，求之巾帼中，尤不易得哉。

碑裂井则惊流激湍也，传此烈又波恬浪静也。各肖其性情以立言，洵写生神技。程松门。

文升太史书先嫂裂井碑后，曾附载祥麟公妇洪殉烈事，今复得此传，不啻日月合璧争光矣。呜时。

吴氏园记

吾乡吴主政珣侨居广陵，于广陵城外林木佳处为小园，四面环以修竹，中堂三楹，堂左小轩，轩前清池半亩，中蓄游鲦千头，轩上有小楼，与珣父文学君墓相望，每晨起肃衣冠拜之，曰"岵望楼"。堂前名花异卉不可数计，堂后周遭甃石为阑，种芍药千百本。老种花者问以种多莫能名世，称广陵芍药此其是欤。花时，远近来观皆弗内，独迎母闵夫人来游其中。夫人每一至，辄掩袂呜咽，弗胜也，则以登楼之故也，自是遂不敢数迎。时洪度客广陵，珣知为父执友，一日招宾客肃余兄弟布席花间，讲祖父旧时事及其母守节诸苦状，娓娓不休，且谓斯园之设，本蕲养亲而不能得乎亲也，若不可以为人子者，诘其故，则曰：

恩至我母，非犹夫人之母而已。母为妇未三年，而父疾几殆也。时妹生周岁矣，日夜剑①吾妹泣父旁，曰："安得若男也，以延宗祧哉。"父微笑曰："有延宗祧者矣。"母惊问曰："何谓也？"曰："吾未娶若时，女侍侍侧，有身。及生男，舅姑命育于外舍，今数岁矣。"母征信于舅姑，既得实，呼珣归。父殁，则以牲告庙，令珣衰绖处丧次，母爱珣过于所生妹，督课不少姑息，口授经书，解说义理，谆谆以立身扬名为勖，而珣犹若此也，负吾母矣。

　　家虽席丰②，豫王父操下廪廪，日给外不令赢余，母一身及子女衣饰所需，悉以女红易，操作勤劬过于荜门寒素，至事王父母也，尤人所难也。王母常病笃，母中夜祷于神，愿以身代，夜恍惚梦神告曰："寿可延，他乡弗免。"忽惊瘳，病寻愈。及叔父官韶州，迎养王母，母跪泣，谏留不听，竟殁于韶，若神预为之告者。王父疽发背，医不能治，母默祷于神，割己肉和羹进，且以口吮其疽，疽溃寻愈，年逾九十。

　　初，吾王父母惧珣为母凌而匿之外舍也，早知圣善如斯，何必多为委曲哉？珣言至此，泪如雨下。又言：

　　父殁时，仓皇未留遗照，母追忆音容，一夕见于梦，梦觉亟呼灯援笔写照，宛如生前。家人见之，惊为神助，今敝庐所奉者是也。

　　余闻而心异之，已而叹曰：子策名天府，建坊以旌母节，人世所为荣举，无足以解其忧，必何如而后恔③于心乎无已？为子诵陟岵④之诗可乎？古孝子之思亲也，不言己思亲，而言亲之思已，不言己身宜慎，而言亲望已慎其身。尔欲报亲，一以亲之施于尔者为法。安见彼园中劲节千霄者，其下不生孝笋耶？安见瀺灂洿池⑤，非即江鱼之入馔？交柯接荫，生香不断，非即板舆迎养之花耶？然则孝岂必远求哉？归而求之有余矣。珣喜请书为记，镵之园壁，终身佩之。

· 201 ·

---

①剑：原文为"劔"，同"剑"。挟；抱。《礼记·曲礼上》："负剑辟咡诏之，则掩口而对。"郑玄注："剑谓挟之于旁。"孔颖达疏："剑，谓挟于胁下，如带剑也。"[宋]欧阳修《泷冈阡表》："回顾乳者剑汝而立于旁，因指而叹曰：'……吾不及见儿之立也。'"[清]刘大櫆《程孺人传》："孺人爱之甚，盛夏不敢持扇，遇啼哭，辄剑以行。"

②席丰：谓饮食丰盛，生活阔绰。

③恔：畅快。

④陟岵：借指父亲。[元]刘埙《隐居通议·文章四》："某自罹陟岵之忧，庐深山莫与往来。"[明]无名氏《鸣凤记·鹤楼赴义》："趋庭教，陟岵思，望断衡阳季子悲。"[清]钱谦益《吏部文选清吏司员外郎张振秀父绍泰加赠清吏司员外郎制》："用以著资庭之报，庶几慰陟岵之思。"《诗·魏风·陟岵》："陟彼岵兮，瞻望父兮。"后因以"陟岵"为思念父亲之典。[宋]王安石《送子思兄参惠州军》诗："送君强成歌，陟岵翻感激。"

⑤瀺灂：状声词，形容水流声。洿池：水塘。

一篇皆极力写节母，却从侧面衬①笔传神，此文章布置可法处。黄仪九。

尝评欧公《海陵许氏园记》，后幅转入花木禽鸟结束，通章倍增神采，不可目为纤巧，于此文亦云。禹裁。

鲍母吴孺人传

孺人吴姓，莘墟处士定国女，生而贞静②，言动中《内则》。时竺溪鲍文学炘方髫龀③，颖秀能文，处士见而以孺人字之。孺人既适文学，见文学世守一经，不事家人生产，而心尝以不克奉养二人为忧。二人望子成名，心又甚切，孺人思两适其怀，则代综家秉，自宾祭以至米盐诸务悉区划得宜，而甘脆之奉必手自亲调。文学乃得肆力于学，及声振胶庠，孺人私心窃喜，不独两释其怀，且不负吾父夙昔所期矣。

无何，文学病卒，孺人年三十有二，比欲相从地下，念舅姑别无息子，遗孤廷望甫五龄，乃忍死奉养舅姑晨夕，至视死丧葬皆无违礼。一灯荧荧然伴儿诵读至鸡鸣弗辍，廷望弱冠补诸生，益锐意钻，仰思④捧檄以慰亲心。孺人劳之曰："孺子第求文章行谊无忝祖父箕裘足矣。富贵利达是有命焉，无容强也。"岁乙亥夏，孺人以天年终，年七十有四，盖历艰辛者四十二年。宗族里闬⑤间思其德惠久而弗置，详袁中翰浚所为传中。

传又云：初孺人之称未亡也，日夜持廷望泣于姑前，曰："鲍氏一线危若缀旒，此藐然一身恐不足恃也。"姑曰："微子言，吾亦尝念之。"乃为请于舅，复娶孙孺人，连举二丈夫子。逾年而姑即世，又逾年，舅庶姑相继即世，所遗两孤皆幼，孺人于是涕泪交流，抚两叔而维持调护之，迄于今椒聊繁衍，鲍氏之泽方新未艾云。

呜呼！孺人可谓理明而见大者矣。夫读书以承先泽，非为禄仕而已。观孺人所以教子，可不谓理之明乎？惧藐孤之孑然一身，汲汲然以广嗣续为念，可不谓见之大乎？今世之为父兄者，当蒙养伊始，即以利禄相期。及为

---

① 衬：原文为"襯"，见"衬"。搭配上别的东西。

② 贞静：端庄娴静。[元]王恽《细君推氏哀辞》："性姿贞静伯姬恭，四十三年好梦空。"

③ 髫龀：谓幼年。《后汉书·文苑传下·边让》："髫龀夙孤，不尽家训。"[唐]元稹《祭礼部庾侍郎太夫人文》："教自髫龀，成于冠婚。"

④ 仰思：追思。语本《孟子·离娄下》："周公思兼三王，以施四事，其有不合者，仰而思之，夜以继日。"焦循正义："自后观前亦为仰，此仰思，盖即谓仰举三王之事而思其合。"

⑤ 里闬：指里门，代指乡里。闬：里巷的门，又泛指门；乡里。

人妻，而不恤其夫之宗祧者比比也，而况为人子妇也？闻孺人之风，其亦可以知所取法矣。

不事震惊夸诩，惟从大处发有关系议论，简洁陗拔，可称惜墨如金。玉依。

方门沈节母传

汪子曰："吾乡女德，岂其得于天者独殊哉？何苦节之相尚也。嫡无论已，媵之中亦往往而有。"或曰："壹与之齐，终身不改，以言乎嫡也。媵何为者？"或曰："否。嫡与媵不同，而从一同。"余窃以为，吾乡苦节，媵有时乎不让嫡者，盖有说焉。毋亦藐孤一线寄其身，不忍令大业之绝祀，媵①与嫡其责均欤？不然家有恒产，何必不有恒心？无嫡与媵一欤？又不然山峭水激之乡，刻苦其性成矣。嫡能然，媵何独不然也？遂习贯而成自然欤，乃若主夫之祀，既不患无人，而迫于饥寒，不可以终日，己之身可去可留也，安能坐以待毙哉？于此而能立意较然，独行其志，难已。若吾友方兆仁之母沈，则尤难之难者云。

母吴人，歙方文学启贤副室也。先是，方有世业在吴，文学籍吴庠，而侨居其地，家有节母老矣，欲迎养焉，曰："吾安故土，未忍离也，而妇程孝而贤，其留以侍我，而客中中馈不有吴女可择而代耶？"文学因之纳母于吴也。甫及笄，即能综理家秉，生子一人即兆仁也，女一人。无何以中落故，挈家还歙。文学寻殁，子八龄，女三龄耳。

当是时，元配所举子五人，业废箸以居，旋各行贾数百里、数千里外，母与子女三人形影相吊也。里妇②有见其贫而相偶语③者谓："女而生于吴也，其习也必勤；生于吾乡，其习也必俭，勤与俭，皆足以自存。今若欲勤而不能勤也，欲俭更无可俭也，钳之罄矣，吾虞其客之难留已。"母闻而笑曰："嘻！若独不闻吾家老姑邪？幼亦尝矢志立孤矣，卒何以有今日邪？"视其手十指依然，曰："若可，无为我虞。"已置弗问，已而稍稍有以微言讽者，已而有明劝

---

① 媵：古代称姬妾婢女。

② 里妇：同里的妇人。《汉书·蒯通传》："臣之里妇，与里之诸母相善也。"[明]高启《邯郸才人嫁为厮养卒妇》诗："出宫非故颜，里妇犹相羡。"妇：原文为"媍"，古同"妇"。

③ 偶语：相聚议论或窃窃私语。《史记·高祖本纪》："父老苦秦苛法久矣，诽谤者族，偶语者弃市。"《新唐书·藩镇传·李正己》："政令严酷，在所不敢偶语，威震邻境。"

其易志者,母曰:"是非可以口舌争也。"乃藏利刃于身,曰:"所不坚其志而为不入耳之言动者,如此刃。"于是,断发劙①面,取箧中一二绮縠衣及耀首杂饰,曰:"此生无所用之矣。"尽持以易米盐哺子女。会祁寒棉久不温,则以腹分贴子女背,齿震骨战,目瞩窗棂日出,漏沉沉不得旦。遇天暑酷烈,帷敝难御蚊蚋,揽衣拂子女俾安寝,已咂痕遍体若粟,无悔也。迨兆仁经书成诵,即令从师学制举义,寄食僧寺中。曰:"近市喧,非所以居业也。"寺距家五六里许,僧以不能寄食辞,乃鸡初鸣即起执爨,饭熟,倩童子将之,不继则咽糠核②、饮水减膳,膳之以为常。以及子有室、女有家,皆取办十指缝纫辟纑③之所入。虽拮据万状,戒勿令儿知。曰:"恐分其志。"兆仁学既成,年方弱冠,试辄受知学使,名重胶庠,远近奉为人师,郡邑大夫士争器重之。谓规行矩步,而出言有章,岂长贫贱者?及询,知其悉本母教。及守节诸刻苦状,则又惊且叹曰:"母非素与吾乡习者,能忍吾乡所不能忍,以玉子于成,又何天心之不可回,其由困而亨讵可量也哉。"

奇横峭洁,兼公谷、柳州之长,而手眼则独出也,心思则独运也。所谓自成一家者耶。吴仲云。

母非素与吾乡习者,乃一篇主脑也。史公作传,看定其人生平,立一句主脑,通篇归此一句,文实得其秘矣。玉依。

方节妇程传

方节妇程名群鸾,歙槐塘人,许字潜口方秉铨。秉铨幼贾于外,会姑病不及待秉铨至,逆之归,时年仅十有六。至即代理家秉,侍姑疾,昼夜弗倦。逾年姑殁,家中落,一切送死具咸倚办程一人手。秉铨归三年服阕,始合卺④成婚。越一年,举子汉翼,秉铨复出行贾,数年卒于淮。

程年未三十,闻讣几不欲存,念方氏两世系此貌孤,乃不敢死。汉翼童年令从师学书算,己挈归洪源母家以居。年十五有贾金陵者,其人以长厚闻,令从之学贾。戒之曰:"孺子远离,宁仅糊其口已哉,吾愿汝学为人尔。

---

① 劙:割;划开。

② 核:原文为"覈",米麦舂余的粗屑。

③ 辟纑:绩麻和练麻。谓治麻之事。《孟子·滕文公下》:"曰:'是何伤哉。彼身织屦,妻辟纑,以易之也。'"赵岐注:"缉绩其麻曰辟,练其麻曰纑,故曰辟纑。"[明]梁辰鱼《浣纱记·游春》:"夜夜辟纑,常向邻家借灯火。"[清]刘大櫆《郑氏节母传》:"间则辟纑,或为诸孙补纫,针缕不去手。"纑:麻线。

④ 合卺:旧时夫妻结婚的一种仪式,把一个匏瓜剖成两个瓢,新郎新娘各拿一个饮酒。

汝祖年七十久滞楚地，汝父骨久泊淮滨，汝家累世单传，不绝如线，孺子责綦重矣。汝母纵勤十指以佐汝，宁遽足恃耶？"盖程所为女红，实甲郡邑，一时巨阀争延之教其闺秀，传习之余举古名媛嘉言淑范反复晓谕，俾人人知重名节，矜细行，慎言笑，惜时日。群相庆曰："延一女红师，不图得一闺阁宗师也。"以是从学者日众，囊亦稍有余积。或谓："子长矣，早择配以延宗祧为急。"对曰："我非敢忘也，有更急于此者。"乃遣汉翼之淮，奉父樑①归安厝矣。旋即遣之楚，访祖所在而迎之。将以诘旦行，先一夕有老人从星月下扶杖来洪源村，道逢汉翼，问方氏居安在？汉翼询其姓字，知为祖也。为捧杖急走，告其母曰："祖父至矣。"及询知逢世难，久阻隔湖湘间，从间道得归。四邻闻之嗟叹，谓："非积诚所感不至此。"然后为汉翼娶尖山陈氏女为妇，同竭力养舅，终其天年。

汉翼以诚信为人所重，稍克自振，方思偕妇竭寸草心以报，而程不逮矣，卒年六十有二，守节三十三年。程守志至刚，持身至正，教子妇至严。然性仁慈，遇四民无告者，怜其与己同也，必量力为周济，人多德之。卒之日执汉翼手，谓曰："吾生平志愿五，微天幸而得遂者三。汝先人四世尚厝浅土也，汝嗣续尚无人也，斯二者，吾不及待矣。吾目如之何能瞑哉？"

赞曰：大厦将倾，非一木能支，为任人者言之也。使任事者，人尽诿为难支，家与国将何赖哉？程巍然一身，偕伉俪者未一年，而思存宗祊者在百世，人叹以为难。程曰："畏其难，斯不能支矣。"其家祖茔地吉，族有谋而售之他氏者，程闻多方阻之，谋者不遂，将遍伐荫木而甘心焉，程闻复尽弃衣饰保之。数百年封树几毁复全，谁之力欤？且望其子无坠先人之绪，未尝须臾而忘。若明知其难而责愈无容辞者，语云："人有善愿，天必从之，信斯言也。" ·205·方氏之泽，殆未有艾也。

其大旨在存方氏宗祊一念，特表而出之。读之，增长人无限志气。吴酣渔。

吾师尝谓能于琐碎闲谈处着精神，乃诗古文不传之秘，此文中祖孙相遇一段是也。子长、子美得意处，可以想见。门人洪时行。

大叔母江孺人家传

康熙辛酉春二月，大叔母江孺人以天年终，年八十有四。大叔母为歙江

村惠州府通判世济公女,生明万历己亥年,十八归大叔父士熊公。四年大叔父殁,时年二十有二,至是守节者六十二年。初寡时即毁容断发,誓不出闺门一步,族属子侄非正衣冠不见,为女为妇,乡邻以是罕见其面。死之日,亲族闻讣哭奠三朝夕,会葬者数百千人。叹曰:"真闺阁①宗师也!"

先是,未死前数月,一日晨起,敛袇②端肃泣拜于洪度之门,谓:"未亡人非不能亡也,志盖有待也,乃迟之,又久而终莫之遂,岂非天哉? 今日非子兄弟文不克传我。"因出手书自叙娓娓五千言以授洪度,其略曰:

嗟乎! 命之不辰,天何使我至斯极哉? 余生名门,然世守儒素,绮縠③曾未之御也。见御绮縠者,思有以胜之不可得。偶读《孟子》"令闻广誉"语,因问吾父身为女妇亦可为世传人不? 父曰:"何不可哉!"由是心异之,必相其可者而后字,已得吾夫于同邑之松明山。父寻司铎宣城,挈余往。

丙辰仲春,夫来宣城就昏,果翩翩然名家子也。昏三日即别馆居,读书外无他嗜好,私心窃幸,我异日可藉以传矣。每相见如宾,无敢纤毫燕昵。时吾姑见背,吾舅客居金陵。三年中,夫左右舅旁,居宣城不数月。己未,父量移惠州,始送予之金陵,时夫病数月矣。自是与父母别,不啻利刃之割予心焉。

初,吾之闻夫病也,未敢向人言也,暗祝天地,愿减年以益夫寿,病则请以身代,见诸事可代,病弗能代,岂我诚未至欤? 晓夜虔恭竭力扶持,幸稍有起色,体虽未复而神已渐王,则篝灯诵读,为文至夜分不休。余微讽身与名孰重? 则正色曰:"我读书不成,生负李师,死负吾嫡母,而妇人又何知?"余自是不敢复言。李师者,李太史维祯也,官南都时,见夫文,惊为神骏,以古文法秘相授。嫡母者,舅元配也,温恭好施济,待臧获赏罚严明,艰于嗣,为舅置媵生男,即吾夫也。天未明即起理家务,戒女侍,无惊觉我生姑,谓渠夜鞠吾儿,不遑安寝。嫡姑死,生姑哭之恸,谓:"安得复起斯人,扶持我母子哉?"生姑勤俭治家,病三年亦死。故母与师恩,夫尝思报之未能也。秋读书永庆寺,未一年病大作,始还家医治,月余卒不起,弃老父幼妻,曾无一语作别。初,吾两人思立志为传人,而今何望哉? 余绝粒经旬,已念舅继续无人,宗祧事大,又榇寄他乡必扶归,为舅立后,乃可以死。

无何,父卒于惠州,母迎余归里侍朝夕,遂不得死。每见人家夫妇偕老,

---

① 闺阁:亦作"闺合"。内室小门,借指内室;特指女子卧室。

② 敛袇:整饬衣襟,表示恭敬。袇:同"衽"。衣襟。

③ 绮縠:绫绸绉纱之类。丝织品的总称。绮:有文彩的丝织品;縠:有皱纹的纱。

即念吾夫抛荒烟野草中，今生不得再见。冬雨雪即悲念冢内祁寒无与伴也，秋见月即悲思月缺有圆时独夫一去不返。闻人读书即思病中拥鼻咿唔声犹盈两耳，凭几无言，对孤灯泪落不止。念世间除灯与几外，无有知此伶仃之苦者，又不知灯与几亦曾见他人如此伶仃之苦否也。舅孤身为客，老年失子，情何以堪？闻舅易簀①时，反念寡媳无依，目不能瞑。幸族有文太公仗义，为舅治丧，得还故里，更受遗托，解推恤我一家。

　　余初念抚继子成立，为两世营葬，乞文以传，而吾志毕矣。乃今年过八十，舅姑及夫草草归窀穸②，痛念吾舅挥金数十万，结交当世贤豪，济困扶危，卒不望报。我嫡姑及生姑仁贤为世罕见。吾夫笃孝，发愤显扬，赍③志而殒，皆泯泯④无闻也。伤哉！安得当代宗工俯赐矜怜，为我舅姑及夫作传，使后世知有此人名姓。我生不能报，九原下冥报为期矣。至终身持"令闻广誉"一念，虽不克就，然当急处一提，骨惊神耸，留洁清之体与夫相见地下，而今而后，吾庶几可告无愧矣。

　　夫舅讳道宏，字士能。左司马讳道昆，公从弟，嫡姑吴氏生。姑王氏夫讳士熊，字桓若。

　　论曰：大叔母高节懿行，由立志必为传人。始乃生乞一言以传而莫必者死，竟藉自叙以传，然则传岂必待人哉？余为节其繁冗，采其要而语尤入情者，著于篇。

　　详载本人自叙，前后提掇只数笔，是作者口气，此法从班、马得来。月黑灯青、蛩吟枭啸景况，凄然在目。门人洪云行识。

　　即以其人之言表彰其人之节，翁姑与夫亦并千古诚，则必著信矣夫。门人会雉识。

伯母吴孺人家传

　　甚矣！积财之为患，可畏矣哉。微特能令人愚，甚至同室操戈，不难覆宗而灭祀，独无如人之智勇者何也？智则取舍能明，勇则事变猝乘，能应机而立断，盖所见有独大彼攘而夺焉，此强为留焉，皆惑已。然则多财，诚众射

---

　　① 易簀：更换寝席。此指人去世。

　　② 窀穸：亦作"窀夕"。埋葬；引申为逝世；墓穴。

　　③ 赍：怀抱着，带着。

　　④ 泯泯：消失，灭绝。原文为"泯"，古同"泯"。

之的而能不为所中者,岂遂无人？作伯母吴传。

伯母吴,歙西溪南士立公女,年十六归伯父国政公。不一年,伯父即世,遗孤生甫三月,即兄宏嗣也。伯母矢志抚之。无何,舅姑相继逝。家故饶,族匪人与庶姑构而讼兴,家浸削,犹不满匪人意也。会天启末,逆珰矫诏杀溪南吴某,藉其家黄山钦产,株连姻党多人。谓宏嗣为吴至戚,积财巨万,为窜名钦产籍中,力不继不难煅炼而致之死。内难外祸交作,茕茕寡援。伯母念家与国,此何时也？岂玉石可分,黑白可辨哉？藐孤一身,宗祏[1]存亡所系,倘然者去可复来,宗祏一貃[2]不可复续,乃为薙发托之浮屠,寄食僧寮中。己归母家,产业尽置弗问。

宏嗣渐长,逆珰伏诛,族匪人以他事罹法纲。或有劝其平反者,伯母谢曰：“天不绝我汪氏,所获赊矣。”卒不与较,茹荼教子,家道复兴。后宏嗣久客豫章,伯母思之病作,妇黄为延医药弗效,病革时一语不及他事,数呼“吾儿,吾儿”,遂瞑。时崇祯辛未,距生万历癸未,得年四十有九。其冢孙淳每追忆,辄呜咽不胜,谓：“大母茹荼苦者三十三年,存孤危于一线,我子孙今百余指,生不能享一日奉,死不获徽一字褒也。伤哉！伤哉！母天性仁厚,薄于自奉而好施济人。其诸懿德,族党中犹有能称道其事者。”

论曰：使伯母与伯父偕老,享有富贵以终其天年,无非无仪,亦不失为母德。乃子生三月即称未亡,内外交讧,卒全毁卵于覆巢之下。论者谓：“不如是不足以见其才。”夫人生不幸莫如财多,至财多而因以才见,岂非不幸之尤不幸乎？然与偕老而享有富贵者,同一死耳。彼泯泯无闻,此独声施后世,天欲成就斯人,不使过于寻常,万万不止是母之得天为独厚也。然则财多固为不幸,而因盘错以见其才之终,非不幸也。

只数笔将节母防危虑患、舍轻取重一片苦心和盘托出,前后论赞尤酷,肖五代史。胡枢巢。

哀哉！世之以货财杀子孙者也。读伯母吴孺人传,愧当何如？吾兄目击心伤,故尺幅中饶有感慨。虞辑。

叔母闵孺人家传

叔母闵从从叔先明公居□城时,寇乱,数思返故乡,贫未能也。生子

---

①宗祏：宗庙中藏神主的石室。亦借指宗庙,宗祠。祏：古代宗庙里藏神主的石匣。

②貃：同“貊”字。山中精怪,又称山魈。

二。□□夏四月，□城被围，居人汹汹。时叔母方有身，从容语叔曰："城旦夕且下，二子可善匿之，若妾则有良策，君无忧矣。"叔问何策？对曰："闻屠城，戮丁男，掠妇子，君苟不免，我必不独生。虽然，安知我不食言哉？我死必在君前，计已决矣。"丙子北门破，诸军士噪謼①入室，见叔母匿爨下，颜色丽甚，争悦而强胁之，不从则以刃拟二子，叔母闭目骂不绝声，白刃交下卒不屈。叔泣谓曰："无自苦也。"叔母厉声曰："嗟乎！我心至此，犹不见白于君耶？"众牵叔母出门，扶上马，叔母忽仰天叹曰："惜哉！我累世金帛之藏，而乃为他人有也？"众闻语未毕，急令复入，攘臂从之。方入门，叔母忽乘间夺刃在手，与众殊死，敌众伤，身亦被伤无数，左肱断，始痛绝仆地，犹詈辱不堪以激其怒，得刃从腹下倒剖分身，出心肺。叔前以死，时年二十有九。方腹剖时，孕数月矣，从心肺血中滚出，众怒犹未解，以刃②断叔头，掠二子去。而军法屠城，独僧免，邻有僧素与叔善，见叔头断处微连而息未绝，急呼僧扶头安颈上，乞于篚中觅降香末傅之得苏，今尚在，二子寻赎还。

论曰：闻昔城破，同日死者八十余万人。交衢荒洫，其间义烈不知其几，惜名湮没无传也。余弟辑家乘，访求于叔，叔乃言，因请弟为状。状成，叔读未竟，忽号泣呕血失声。使弟不访求，叔亦几不复忆也，同湮没无传耳。可胜道哉！可胜道哉！

腥风血雨，目眯色飞，笔法从《荆轲刺秦王传》得来。而惜哉！我用世金帛之藏句，却又从左氏享江芊而勿敬一语化出，学古而不泥迹，文殆示之准矣。魏叔子。

叔言前两月过海陵，有叟附舟，类有道者，众不礼焉。叔以饮食周之，临别报以良方，遇刀创傅以降香末则无恙。后手指被创，试之果验，未尽之末存篚中，至是用以傅颈血止痛，亦止得不死。附记。

《萱圃诗》跋

右割肉诗，吾友陋轩翁山诸子倡于前，而吾师渔洋公读而书其后者也。割肉者谁？吾丘嫂吴安人也。嫂出溪南望族，归我从兄嵩如。舅文学公教授里中，岁甲寅，年七十矣。秋九月，滇闽寇起，邻贼数十万掠我郡县，里妇

---

① 噪謼：呼噪。[宋]王十朋《会稽风俗赋》："浪桨风帆，千艘万舻，大武挽缠，五丁噪謼。"謼：古同"呼"，大声叫号。

② 此处"刃"字后面的所有文字在康熙版中缺失。

孺走避山谷，或劝嫂行，嫂曰："昔伯姬火且弗避，贼可避乎？况吾夫客广陵，吾舅方病膈，食不下咽。吾将安行？"会舅病转剧，嫂仓皇无从问医药，引刀割左臂肉煎以进，病获瘳。兄归询其故，喜曰："子肉泂返魂丹矣。"无何，奉父命复贾广陵。不数年，暴疾卒。嫂闻，恨兄病未及知，恨两臂一虚生，效于前者弗克效于后也。日夜顾臂哀号，旅榇归，引刀割右臂肉荐灵，几血泪交渍襟袖，见者靡弗酸鼻流涕。

退有偶语者曰："若奚为哉！死不可复生，明知无济而愤不顾身，为名乎？抑为实耶？"余曰：明知无济而愤不顾身，此正古忠臣孝子不为名、不为实，但知君父而不知有身，所以历死生而不渝，蹈刀锯鼎镬①而不顾者也。嫂非效古人所为也，亦非必事之有济也。惟记返魂一言，犹未去耳。区区此臂，昔不靳于吾舅者，今忍靳于吾夫子哉？推此志也，虽与古名媛乳姑割臂，同辉青史可也。第闻所乳者姑也，若舅则未之前闻也。所救者生也，若既死而犹割臂，则未之前闻也。岂非本乎？至性发为至情，创而不悖与经奇，而不失其正者乎？吾师友皆负人伦月旦，不轻许人者，宜其闻风而慕，慕而长言之、嗟叹之不能已焉，其足传吾嫂无疑也。今宇内词人更迭，昌和嫂之子天与拜而受之，因檃括②诸名句为诗，并书于右藏之家塾，为吾家世谱及郡邑志之先资。其诸孙皆颖异能文，方同应乡举，他日国史下采取信兹册，庶不患于无征乎？

奇节至行可歌可泣，质言之而愈见文与人的堪千古。张朴村。

有此笔足传此事，自古深闺烈女特立志行，而名姓不朽于天壤，则笔彤之能扬之也。读此，乃复慨然。张匠门。

先嫂鲍孺人家传

先嫂鲍之称未亡人也，时年盖十有七云。岁壬寅，伯父瑶光公见其年五十而志不移也。叹曰："儿妇可谓贞矣。其守节诸勤苦状，我在弗志之，后不泯泯乎？"爰作《贞节鲍氏纪》。岁乙丑，嫂以天年终，于是称未亡人者六十年。子甫嵩奉大父所为纪，泣而稽颡，谓洪度曰："康强逢吉，大父昔有成言，侄憾未之逮也独是。谓更十年徽朝廷旌扬之典，可以无愧。顾母在，辱郡邑大夫表其闾，名载通志。母殁，辱郡邑大夫祠郡城，春秋从祀。越在草莽已

---

① 鼎镬：鼎和镬，古代两种烹饪器。古代的酷刑，用鼎镬烹人。

② 檃括：亦作"檃栝"。就原有的文章、著作加以剪裁、改写。檃：原文为"檃"，古同"檃"。

属过分,何敢望达天听? 倘藉叔一言,母不朽矣。"洪度敬诺。

按:嫂系出歙棠樾太学孚誉公次女,孝廉兰文学苣之女兄也。大母方与先任子公夫人同为杭州太守杨公女,两家世冠闾里。嫂生而太学极钟爱,见任子公仲孙聪慧能文,遂许字之,即余兄贻谋也。岁甲子,从父就昏金陵,旋偕归。兄负大志,专心制举业,久之遘疾,历二载,嫂侍疾备极劳瘁。丙寅冬,举子甫嵩疾,稍平,犹孳孳①佔毕②,嗽咯益甚,病革执嫂手以遗孤为托,嫂奉遗命默识于心。

自是蓬首垢面,尽绝铅华,勤绩纴,操爨汲冰雪之操,载伯父所为纪中。其抚甫嵩也,不以恩勤宽教诫。两母弟谓:"外甥才,可教制举义。"嫂谢曰:"吾儿苟读书明理,不斩先世之泽足矣。况吾家世受国恩,吾忍令其冒锋镝,侥幸博青紫哉?"甫嵩③稍长,即令弃儒服贾,又不欲远离,每朝出暮归,必手执茶汤候门隙,见甫嵩颜色稍异平时,则访诸同行,或邻里曰:"吾儿为人侮欤? 其诸受寒暑侵,抑饮食未节欤?"以手遍摹其体,觇④其疾与否,疾则心忧不寐,达旦以为常。问所与游何人? 贤豪长者则心喜,或近匪类,亦不遽加叱也,则抚膺呼天而泣曰:"司马公何辜,后人趋而日下也,岂非天乎?"俾甫嵩闻之,痛自惩与其人绝,然后已。迨甫嵩年及耆矣,嫂教育犹不异婴儿时也。嫂间有疾,恐甫嵩知,秘不言。既老疾大作,甫嵩膝行诣神祠,愿减身年益母寿,已果愈。历六年疾又作,甫嵩请祷如初,复愈三年。至是,疾又作,甫嵩仍膝行诣神祠以祷,而神不应矣。未卒前预知时日届期,熏沐盥栉毕,正襟端坐而逝,时七十有六。死之日,家人群号泣曰:"母声不出阃,足不出阈,目不能瞻眺城市纷华,性严毅极矣。乃事祖姑及舅姑,能曲意承顺。遇我诸姒,恂恂务以身下。教我诸犹子及诸孙,必以义方,拊循不啻己出,盖女宗也。而今岂可得哉?"

赞曰:嫂之苦节,读伯父所为纪,如将见之矣。节其大者,慈与孝特绪余耳。然嫂长于余四十年,生未睹其面,凡母慈子孝藉藉于乡邻之口者,其风尤足感人也。余闻之,辄不自知涕泗之何从云? 藉非受兄遗命,终身不忘,何以至是? 吾故取其慈与孝详哉言之,以续纪后焉。

・211・

---

① 孳孳:同"孜孜"。孳,通"孜"。勤勉;努力不懈。《礼记·表记》:"俯焉日有孳孳,毙而后已。"陈澔集说:"孳孳,勤勉之貌。"[汉]东方朔《答客难》:"此士所以日夜孳孳,修学敏行,而不敢怠也。"[宋]叶适《太府少卿李公墓志铭》:"在职二年,孳孳为民。"

② 佔毕:原文为"佔俾"。原指经师视简文教人诵读,后泛指诵读,吟诵。

③ 甫嵩:原文为"甫松",疑有误,应为"甫嵩"。

④ 觇:看,偷偷地察看。

苦于节，不忘故夫之职也；笃于慈，不忘故夫之心也。文能推见至隐，欲移向他人，一字不得具见匠心。吴听翁。

观其子，则母之教可知。篇中详及细琐，皆关键紧要处，使鲍孺人遗风素范照耀千古，可称神品。莛园。

先妣状附

呜呼！洪度、洋度年十二三而生妣见背也，微先妣不能有此身，不能至今日。即伯兄鉴、仲兄钰生，妣见背时一五龄、一三龄耳，微先妣不能有此身，不能至今日也。微特此也，大母晚而善病，微先妣扶侍其身，亦不能历艾耇以至于耄。呜呼！慈孝至我先妣至矣。其他三党称仁，四邻慕义，未易更仆数。不孝兄弟惧显扬之无日也，又不敢文饰一词，恐诬死欺生，罪益滋大，谨追忆生平质行诠次之。

先妣出歙西牌边程氏，外大父嘉善尹，府君为先大父季子。先妣来嫔时最幼，随诸母事大父母惟谨。大父殁，诸母争养大母，百计思博其欢，顾大母所喜独先妣也。大父所遗两淮鹾业，诸父以府君公平勤敏，群推代综其务，府君不忍远离大母，欲迎养广陵。大母耽田园风景，又性不喜纷华，谓："留汝妇事我，犹之汝也。客中置副室，佐汝经营以修世业，孝莫大乎是。"府君不敢违，先妣不得偕往，濒行属曰："我虽生有女，如宗祧何？君嗣续为大，且客中中馈不可无人，君无忘母命矣。"府君居广陵数载，得庶妣苏孺人，生伯、仲两兄，以疗府君疾，割臂身殒。先妣闻之心伤涕零，之广陵挈仲兄归以自抚，而留伯兄广陵。服除后，娶我生妣袁孺人抚之。

无何，生妣又见背，洪度、洋度茕茕在疚，先妣怜而呼归，教育以至成人，恩勤有加，视两兄无以异。闺门内雍雍肃肃，慈爱诸子妇、诸孙均平齐一。事诸父、诸母终其身，以舅姑礼礼之，惴惴然恐少有未周以逢其怒。大母中年患痰疾，成偏痹，艰动止，祁寒暑雨夜必数起溲溺，虽侍婢多人，必先妣扶掖上下而后即安。顾躯体丰厚，先妣屡弱，初甚艰，久之习以为常。自己巳至己亥，凡三十一年，未尝一日离。大母戏谓："汝挈我何异人家兄挈弟哉？且亲我如兄也，爱我如兄也，因以兄呼先妣。"人乍闻之惊笑，已而叹服不置去。大母年八十有二，所身出者百二十人，病革时独谓先妣"孝我，汝后人孝汝必与汝孝我同"。乃府君以思大母，故哀毁殒身。家因中落，先妣拮据持户者数年即见背，曾不获享后人一日之报也。天道谓何哉？

先妣毕生和婉，无疾言厉色，而未事有几先之明，人有淑慝①口不言心，未尝不辨若淄渑②也。所生只方氏姊，曾无纤悉偏私，或阴利所有欲起衅我骨肉。先妣能坚持大体，不为所动，反切责其人俾永不复进，详季弟《杂记》中。先妣殁后历年久远，遗泽之在人者犹咨嗟叹息，争相传诵云。

先妣生明万历丁未年七月十三日，殁今康熙庚戌年二月八日，得年六十有一，子男四人：鉴、钰、洪度、洋度。女一人适方守迪。孙男十三人，孙女十人，曾孙男七人，曾孙女六人，元孙男三人，婚嫁皆郡邑名族，不具载。伏惟有道先生重之言词以光泉壤，不孝兄弟世世感戴，与天无极。谨状。

曩③读伯外舅息庐先生所为内状三篇，语语皆从血性中流出，叙劳瘁处允足为事姑者法，叙恭俭勤敏处允足为相夫者法，叙义方仁术处允足为教子者法，皆闺阁中所当书诸绅者。顷同人有《女史征》之梓，余请编入，先生亟止之，谓④："状以乞灵当代作者耳，讵可俨然续诸节烈后哉？"余曰："《女史征》之命名也，本用为征以备作者之采择也，意者与乞灵之意似并行不悖乎？"先生以为然，乃为附梓于卷末。孙婿吴元奎识别。

以班马健笔写钟郝懿行，使女范母宗昭垂千古，岂徒为吾族之光也？左中允吴郡愚侄士钦敬识。

先庶妣状附

府君居广陵理世业，先妣侍大母故园，弗能从也。则奉大母命置副室，久之得庶妣苏孺人。苏先世家大梁，居广陵三世矣。归我府君，生伯、仲两兄，寻以烈死。凡所以事我府君者，伯兄才五龄，不能记忆，况不孝兄弟等。窃闻诸府君曰："汝庶妣幼读书，知大体，归我为中妇，虽秉家政，然每事不敢专，必请命后行。广陵习尚浮靡，四方竞相则效，寒暑衣饰、水陆珍异每与时递迁，汝庶妣独守儒素家风，不为转移也。间有馈遗，则受而缄封，先献大母，次献汝母，不敢自私。大母、汝母寄故园土物至，必拜而受之，常以不获侍寝门，独贻汝母勤劳为憾。其治家也，鸡初鸣即先藏获起，洁治茶汤，督理

---

① 淑慝：犹善恶。淑：善良；美好。慝：奸邪，邪恶。

② 淄渑：淄水和渑水的并称，皆在今山东省，相传二水味各不同，混合之则难以辨别。比喻性质截然不同的两种事物。

③ 曩：以往，从前，过去的。

④ 此处"谓"字后面的所有文字缺失，而康熙版中完整，现作补录。

庶务,宾客在座,我未尝归与谋也。饮馔务极丰洁,皆手亲调,谓非此无以结其欢心,收切劘之益。暇即治女红售之以供朝夕,精好常倍市价焉。"不孝兄弟敬志不忘。

已见客中岁时伏腊及大父忌辰,先生姒先期必奉遗像中堂,届期府君涕泣,率家人罗拜,粢盛牲醴,一如故乡之仪。又见天未明时,庭除洒扫至洁,臧获肃然听命,非奉呼召不敢前,梱内外言语不相出入。生姒曰:"凡此皆苏孺人治家遗法,我一一遵奉而行,非惟不敢擅更,实不容更也。"尝指所悬苏孺人画像,上有己卯冬云间陈先生继儒题曰:"白刃可蹈,抑何从容?碧血可洒,又何温恭?盖敛孝子贞臣之气,而立闺师女镜之宗。观于昨者①燕齐之变,彼弃城迎敌者,皆知重其七尺,而畏彼寸锋,孰知视死如遗,扣义如钟,不在眉须,而在此柔丰,又何讶乎史之青而管为彤?"教不孝兄弟读。已又见梁间棹楔署曰"义烈",未知何指,一日敬问府君,府君曰:"嗟乎!此我戊寅冬病几殆时,汝庶姒见医药无功,仓卒无所措,念世有以割股起亲病者,乃中夜吁天,愿以身代,遽引佩刀割臂肉,血流不止,犹勉和药以进,我饮而病瘳。当是时,汝庶姒产女未弥月,痛绝昏晕而殁。陈征君闻而惊叹,以'义烈'谥之者也。"因出征君手书《义烈传》及箧中封贮,佩刀血痕宛然,并所手制锦囊,以示不孝兄弟。谓:"宜世世宝之,无忘先烈矣。"

庶姒生明万历壬子年二月十日,殁崇祯戊寅年十月二十日,得年二十有七。鸣呼!不孝兄弟所闻见仅此耳。

府君弃诸孤时,洪度年十五,其他所遗漏不知其几也。追念府君生姒所言,及陈征君所为传赞,则生平亦大略可睹矣。谨摭拾敷陈,以备当代良史采入志乘,永垂草野幽芳,不孝兄弟死且不朽。

闻明崇祯末,金侍御正希先生见陈征君《义烈传》,欲与江烈士所为《奇孝惊天记》同入奏牍。奇孝者,某孝妇刳肝救姑也。因奉刳肝割股概不与旌之功令,遂不果。然义烈事已详载扬州府、徽州府、歙县诸志,今得此状,亦足以垂不朽矣。孙婿程允元附识。

先生姒状附

先生姒本姓袁,广陵旧族也。二岁外大父卒,又一岁外大母卒,无子,以

---

① 昨者:昔日,以前。[唐]杜甫《入衡州》诗:"昨者间琼树,高谈随羽觞。"[唐]韩愈《归彭城》诗:"昨者到京城,屡陪高车驰。"昨:原文似为"咋",应为"昨"。

生妣托于姊姚淑人。淑人者，明大理卿姚公思孝继母也，本歙人，居广陵。淑人以生妣为己女，同卧起，姓姚氏，今里族犹称孺人云。舅氏大理公甫生，母殁，赖淑人教育以至于成。由庶吉士改兵垣，时流寇张献忠来降，舅氏知其诈，疏上闻后果叛，又前后上八十余疏，皆系天下安危而一身祸福不计也。天子嘉之，擢以不次将大用。推本所自知母淑人马氏教，因诰封褒奖。凡淑人教舅氏读书成名，以及律身行己，生妣耳之熟矣。知"身名为重，富贵可轻"八字，实可以终身因默识于心不忘。

及府君来聘，淑人不知嫡妣之在故乡也。念从祖与舅氏丁卯同举于乡，以年家子许之。及笄来归，教育我伯兄一如淑人之教育舅氏者。先是，府君游南雍，爱其风土，后避乱移家南都，岁除日给国子生妻花粉，相传高皇后所遗，生妣受之，即驰寄先妣，而取其次藏之篋笥。嗣后十余年，每值岁除，必启示家人，不敢忘旧恩也。府君闻故乡兵乱，念大母山居，急挈生妣南归，拜大母床下。大母见生妣举止端方敬慎，不苟言笑，大喜，谓："吾家得人。"生妣循循然以身下先妣，不敢与敌耦，谓先妣事大母扶掖独劳，愿更番以代。先妣笑曰："是非尔所能代也，尔代我主中馈可矣。"相敬如宾，相亲如兄弟，同居一室无间言。及生洪度、洋度，未入塾前，口授唐诗百首，讲古今嘉言懿行大旨，不离所尝诵八字，以为之先入。

乱既定，念淑人不置，从府君如广陵。生妣性通敏，善书算，佐府君持筹贸易，以及岁时祭祀、宾友馈遗，丰约适宜。不数年，业复振。伯兄弱冠补诸生，更令亲贤友善，长者车长满户外。洪度、洋度学数与方名[1]时，即令往来外家，凡进退周旋、宴缮服饰，以及书法名画、彝鼎琴樽，悉令浸淫[2]浃洽[3]于心，曰："此先朝衣冠文物之遗也。"本朝重舅氏名，用大臣荐征召入都，郡邑敦请孔迫，舅氏以疾坚辞不赴，居康山草堂。康山者，山在扬城中，故康修撰海所居也，修撰遗荣隐居此地，后为舅氏别墅。生妣尝挈不孝兄弟登临，曰："此重身名、轻富贵者游息之地也。孺子即不能遍历，凡身所过名贤故迹，宜仰其高风而则效之。"府君因大母病，星夜遄归，一切委之生妣。身任繁剧，不敢言劳。丁酉岁，当大比，为伯兄治装赴试，有同学生约偕往，旋闻贿赂公

---

①方名：四方之名。指辨识方向。《礼记·内则》："六年，教之数与方名。"郑玄注："方名，东西。"《隋书·经籍志一》："古者童子示而不诳，六年教之数与方名。十岁入小学，学书计。"

②浸淫：沉浸。比喻被某种事物深深吸引。

③浃洽：贯通。

行,曰:"某氏子其不免乎?"戒兄勿往,后某果夤缘①入彀②,事觉罹重典。生姒夏患腹疾,庸师误投补药,入秋病渐深,越明年遂不起。痛哉!痛哉!弥留时,指不孝兄弟谓府君曰:"不幸以此累君矣。顾其体皆羸弱,其志皆高大,泛驾恐不免,可善教之。有小过失,幸念无母儿勿即笞笪,予心痛焉。"摩不孝兄弟顶曰:"今而后汝饥汝寒,汝可自知保护矣,尤宜保护者身与名。汝不富贵,我无忧。汝身名一失,异日无以见我地下。凡言不忠信、行不笃敬,以及倡家赌墅,及取非义财,皆身名所由败也。我死不忍见汝曹有此,以为不信,盖棺时我目不瞑以为验。"及卒,果不瞑。府君以手按之,目稍闭。及殓时,复睁目视不孝兄弟如初,盖至今犹未瞑也。痛哉!

　　不孝兄弟暗室屋漏中,每思母目鉴观犹在其上在左右焉。淑人仓皇来抚母身,长号曰:"汝本我袁氏姊女,三岁育于我,汝在时不知身之非我出者,以汝我二人如同命蒂,故不忍言,我死时当语汝也。岂意汝反先我死乎?汝尚闻我言乎?初意汝兄殁,为我穿送死衣,将有待于汝,岂知今反视汝敛乎?"家人由是方知生姒本姓袁也。伯仲两兄搦膺泣血曰:"我自幼迄今,亦几不知此身之非母出矣。盖母慈爱我,与所生两弟无异同也。"呜呼!痛哉!生姒生明万历戊午七月七日,殁今顺治戊戌六月二十七日,得年四十有一,子姓婚媾载先姒状中。

　　金陵故老相传明高皇帝后冬至夜步诣郊坛,所过凿壁引燎光照道,弗令人见也。经国子监,诸生墙头瞻仰,帝怒,将置法。后曰:"彼国子乎,我国母也。安有子不见母者哉?"望日召至,谕以温语,且各给花粉归赐其妇焉。遂沿为制,状中叙及可补国史之遗。孙婿洪书附识。

---

　　①夤缘:攀缘上升,喻拉拢关系,向上巴结。
　　②入彀:比喻中圈套。

后　记

　　原始文献资料的收集和整理是从事学术研究的一项必要且重要的基础性工作，也是安徽师范大学徽学研究团队的优良传统之一。近些年来，在徽学研究专家王世华、周晓光、李琳琦等先生的带领下，我也开始从事徽州地方文献的整理和研究工作，《新安女行录·新安女史征》校注即是其成果之一。该项工作获得2013年度全国高等院校古籍整理研究工作委员会项目的间接资助，这一课题由我主持，并在王世华先生的指导下完成。该项工作也得到了2015年度安徽师范大学学术著作出版基金的资助，后又作为我校出版社申报的"清代徽州乡土文献萃编"（一套五卷六种）而荣获2017年度国家古籍整理出版专项经费资助，在此表示衷心感谢！

　　传统地方文献的整理是一项极为细致而又繁琐的工作，需要整理者不辞辛劳而认真负责地完成。由于古人常用典故，加之地方文献又往往存在异体字、生造字、别字、俗字以及漏字、错字等问题，故稍有疏忽就可能导致错讹，从而影响校注文本的质量和利用价值。本校注工作非常重视文字录入、标点断句、段落拆分以及字、词和典故的注释等问题，尽可能减少失误。但由于本人能力有限，本书想必尚存不少的问题，恳请专家学者不吝指正，有待今后修订完善。

　　本书在校注过程中，我的导师王世华先生给予了细心指导；校注完成后，他又多次通读、审定全文，指出了不少错误，并提出了很好的修改意见。江苏省社会科学院王裕明研究员、复旦大学刘猛博士对本书原始文献的搜求获取提供了慷慨支持。国家图书馆古籍馆和上海图书馆历史文献中心为本书的文献查阅、版本核对等提供了便利与帮助。安徽师范大学历史与社会学院孙华莹副教授和梁仁志副教授，出版社原编辑韩敏和崔龙健，以及师弟骆辉仔和朱传炜、研究生张雅玮，尤其是歙县张艳红女士，在本书的文字录入、原文核对、字词注释等方面提供了诸多帮助。安徽师范大学中国区域文化研究院给予了部分出版经费的资助，我所在单位安徽师范大学图书馆的领导和同事也给予了关心和支持。安徽师范大学出版社的责任编辑胡志恒老师、策划编辑孙新文老师和排版冯君君老师，为本书的编辑和出版付出了辛劳和心血。在此一并致以最诚挚的谢意！

董家魁

2017 年 12 月 12 日

于安徽师范大学敬文图书馆